运动生理生化
及相关理论分析与应用

李芳成 著

内 容 提 要

本书重点对运动生理学及运动生物化学的相关理论及应用展开研究，在相关理论研究中主要内容有运动生理学、运动生物化学的研究进展、运动与人体各系统以及与人体新陈代谢的关系。在应用研究中重点分析了这两个学科在运动疲劳恢复、有氧与无氧运动、不同人群体育锻炼、提高人体运动能力以及提高人体身体素质等多方面中的实践应用。本书有利于加强与完善对运动生理生化的全面研究，使其在体育运动锻炼及训练中得到更加充分的运用。

图书在版编目（CIP）数据

运动生理生化及相关理论分析与应用 / 李芳成著
. -- 北京：中国水利水电出版社，2016.7（2022.9重印）
ISBN 978-7-5170-4507-6

Ⅰ.①运… Ⅱ.①李… Ⅲ.①运动生理学②运动生物化学 Ⅳ.①G804

中国版本图书馆CIP数据核字(2016)第149359号

策划编辑：杨庆川　责任编辑：陈　洁　封面设计：崔　蕾

书　　名	运动生理生化及相关理论分析与应用
作　　者	李芳成　著
出版发行	中国水利水电出版社
	（北京市海淀区玉渊潭南路1号D座 100038）
	网址：www.waterpub.com.cn
	E-mail：mchannel@263.net（万水）
	sales@mwr.gov.cn
	电话：(010)68545888（营销中心）、82562819（万水）
经　　售	北京科水图书销售有限公司
	电话：(010)63202643、68545874
	全国各地新华书店和相关出版物销售网点
排　　版	北京厚诚则铭印刷科技有限公司
印　　刷	天津光之彩印刷有限公司
规　　格	170mm×240mm　16开本　17.25印张　224千字
版　　次	2016年7月第1版　2022年9月第2次印刷
印　　数	2001—3001册
定　　价	52.00元

凡购买我社图书，如有缺页、倒页、脱页的，本社发行部负责调换

版权所有·侵权必究

前 言

  运动是人们通过身体锻炼、技战术练习、竞技比赛等方式来提高身体素质水平、丰富文化生活、改善生活方式、提高竞技水平的社会性活动。现代社会存在着激烈的竞争,不管是普通的运动爱好者还是运动员都面临着来自各方面的压力,在这样的社会环境下,他们迫切希望能够拥有良好的身体素质和竞技水平,因此科学遵循人体的生长发育规律和身体的活动规律进行运动和训练成为运动爱好者及运动员关注的热点,而运动生理学和运动生物化学恰好能为科学健身及运动训练提供系统的理论指导。

  运动生理学是从实用运动生理的角度对人体在体育运动的影响下机能活动变化规律进行研究的科学,是体育科学基础理论的应用学科。此外,运动能力的外在表现都有着坚实的内在物质基础,而运动生物化学正是探究其中物质变化奥秘的新兴学科。将运动生理学与运动生物化学相结合对体育运动进行综合而系统地研究能够为运动者在运动过程中了解人体机能活动与变化的规律以及运动技能形成和发展的生理学规律提供理论基础,能够使运动者更加清晰地了解如何通过身体锻炼增强体质与运动能力,能够在实践应用中为不同人群的科学锻炼与运动训练提供科学的指导。基于此,特撰写《运动生理生化及相关理论分析与应用》一书,以提高人们对运动生理学及生物化学相关理论的认识,从而使这两个学科能够在人们的体育锻炼及运动训练实践中得到更好的应用。

  本章共分八章,第一章是运动生理、生物化学的研究进展,在阐述运动生理学、运动生物化学学科知识的基础上对这两个学科的研究进展进行了分析。第二章是运动与人体各系统之间的关系,主要分析了运动与肌肉活动、呼吸系统、神经系统、氧运输系统以及内分泌系统之间的关系。第三章是运动与人体的新陈代谢,在简要阐述新陈代谢的基础上分析了运动与物质代谢及能量代谢之间的关系。第四章是运动疲劳与恢复的生理生化分析,主要内容包括运动疲劳产生的机制、分类与判断、运动疲劳与恢复的生化特点、疲劳恢复过程及措施。第五章是人体的有氧与无氧运动及训练,首先阐述了需氧量与过量氧耗的基本知识,然后分别分析并研究了有氧运动能力与无氧运动能力的生理基础与训练。第六章是不同人群体育锻炼的生理生化特点与评定,本章涉及的人群主要包括儿童少年、中老年以及女性。第七章是提高人体运动能力的生化分析,重点对影响人体运动能力的生化因素、提高人体代谢能力的生化理论以及提高人体运动能力的物质手段进行了全面地分析。第八章是人体体能素质的提高与运动处方的制定,首先简要分析了体能素质的基本知识,然后对体能素质训练的基本方法进行了阐述,最后提出提高人体体能素质的运动处方。

本书以运动生理学与运动生物化学的相关理论知识为指导,指出了体育运动的生理规律性,科学性强;突出了运动过程与生理学、生物化学知识应用的逻辑关系,结构清晰;对不同人群的体育锻炼进行了生理生化分析,有利于指导其进行针对性的锻炼,应用性强。总之,本书对于提高运动生理生化的理论研究水平与实践应用水平具有举足轻重的意义。

本书在撰写过程中,参考借鉴了相关学者的学术资料和研究成果,在此表示衷心的感谢。由于作者水平和精力所限,书中难免存在遗漏不妥之处,敬请专家和读者批评指正。

作　者

2016 年 4 月

目　录

前言

第一章　运动生理、生物化学的研究进展 …………… 1
第一节　运动生理、生物化学学科概述 …………… 1
第二节　运动生理学的研究进展 …………… 28
第三节　运动生物化学的研究进展 …………… 30

第二章　运动与人体各系统之间的关系 …………… 32
第一节　运动与肌肉活动 …………… 32
第二节　运动与呼吸系统 …………… 39
第三节　运动与神经系统 …………… 49
第四节　运动与氧运输系统 …………… 52
第五节　运动与内分泌系统 …………… 56

第三章　运动与人体的新陈代谢 …………… 70
第一节　新陈代谢概述 …………… 70
第二节　运动与物质代谢 …………… 71
第三节　运动与能量代谢 …………… 85

第四章　运动疲劳与恢复的生理生化分析 …………… 100
第一节　运动疲劳产生的机制 …………… 100
第二节　运动疲劳的分类与判断 …………… 112
第三节　运动疲劳与恢复的生化特点 …………… 119
第四节　运动疲劳的恢复过程及措施 …………… 125

第五章　人体的有氧与无氧运动及训练 …………… 132
第一节　需氧量与过量氧耗 …………… 132
第二节　有氧运动能力的生理基础与训练 …………… 136
第三节　无氧运动能力的生理基础与训练 …………… 155

第六章 不同人群体育锻炼的生理生化特点与评定 ……… 162
 第一节 儿童少年体育锻炼的生理生化特点与评定 … 162
 第二节 中老年人体育锻炼的生理生化特点与评定 … 174
 第三节 女性体育锻炼的生理生化特点与评定 ……… 188

第七章 提高人体运动能力的生化分析 ……………… 201
 第一节 影响人体运动能力的生化因素分析 ………… 201
 第二节 提高人体代谢能力的生化分析 ……………… 213
 第三节 提高人体运动能力的物质手段分析 ………… 222

第八章 人体体能素质的提高与运动处方的制定 …… 235
 第一节 体能素质概述 …………………………………… 235
 第二节 体能素质训练的基本方法 …………………… 236
 第三节 提高人体体能素质的运动处方 ……………… 264

参考文献 …………………………………………………… 269

第一章 运动生理、生物化学的研究进展

运动生理学和运动生物化学是与体育运动及训练有着密切联系的基础学科。通过从生理学、生物化学的角度来对运动人体进行科学化研究,使运动更加规范化、科学化。本章就运动生理、生物化学的研究进展展开论述。

第一节 运动生理、生物化学学科概述

一、运动生理学学科概述

运动生理学是以生理学理论为基础的一门应用学科,以安静、急性及慢性运动状态下机体的功能特点为研究对象。运动生理学的任务就是要研究运动状态和运动相关的特殊环境下这些生理功能的发生机制、发生条件以及机体所处的内在环境的各种变化对其的影响,掌握功能变化的规律。

(一)运动生理学的起源

运动生理学最早起源于人体解剖学和人体生理学。在古希腊时期就有关于人体形态结构与机能的研究记载,16世纪人们开始对人体形态机能进行系统科学研究,并且与人体生理学相比,人体解剖学研究要更早一些。Andreas Vesalius 所编写的《人体结构》(Sructure of Human Body)于 1543 年出版,这是人类历史上第一本关于人体解剖学的著作。这本书既对人体各个器官的

组成等解剖学基本知识进行了介绍,同时也从生理学的角度对人体的许多功能进行了解释。可以说,这本书的出版标志着人类开启了现代人体解剖学研究的大门,同时也打开了现代人体生理学领域研究的大门。

由于早期受到了研究设备和研究条件的限制,所以在开始阶段并没有进行更为深入的研究。例如,就对肌肉的研究来看,在当时只是对肌肉的体积和形态进行了研究,而并没有对肌肉力量如何产生、肌肉如何进行收缩等问题做出解释。1660年丹麦科学家Anton Xan Leeuwenhoek发明了显微镜,通过借助显微镜人们可以观察到肌肉组织的单个肌纤维形态。20世纪中叶,Huxley等提出了肌肉收缩的滑动学说。电子显微镜的应用,使人们清楚地观察到肌节、Z线以及肌纤维中的粗肌微丝和细肌微丝,同时也可以证实运动训练可导致肌肉超微结构发生损伤性变化。

(二)国际运动生理学的发展

虽然运动生理学与其他学科相比是一门较为年轻的学科,但在体育科学中,它又是发展相对较早的学科。19世纪体育运动已在西方国家广泛开展,但没有运动对人体形态与机能影响的研究报道。在19世纪中叶以前,人体运动的生理学特征等问题根本没人关注。到了19世纪后期,有关肌肉活动时的能量供应问题引起了科学家的关注,1889年法国的Fernand LaGrange出版了第一本运动生理学的教科书,书名为《人体运动生理学》(Physiology of Bodily Exercise),可视为运动生理学的研究起源。

1.哈佛疲劳实验室

世界著名的化学专家Lawrence J. Henderson在1927年创建了哈佛疲劳实验室(Harvard Fatigue Laboratory,HFL),这是世界上第一个专门从事运动生理学的实验室,该实验室在现代运动生理学的发展过程中起到了非常重要的作用。Henderson早期就意识到人体运动过程中生理机能变化特点的重要性,特别是环境因素(热环境、高原环境)对人体运动能力的影响。Henderson 提议,委托斯坦福大学的年轻化学专家 David Bruce Dill 作为实验室主任领导实验室的工作。在经历了 20 年的研究后,由于第二次世界大战爆发,需要重新组建军事实验室,哈佛疲劳实验室关闭。在这期间,哈佛疲劳实验室培养了来自 15 个国家的学者,这些学者回到各自国家后又相继建成了自己国家的运动生理学实验室,成为 20 世纪 50—60 年代世界运动生理学的领头人物和著名学者,为世界运动生理学的发展做出了重要贡献。

哈佛疲劳实验室的研究领域主要涉及了高原环境下和耐力性运动中的人体生理学特征;最大摄氧量的测定;运动过程中的气体分析;各个年龄段的最大摄氧量和最大心率变化的特征。

2. 斯堪的纳维亚医学研究

斯堪的纳维亚在运动生理学的发展过程中也起到了重要作用,20 世纪 30 年代在哈佛疲劳实验室从事研究的三名丹麦生理学者 Erik Hohwu-Chreitensen,Erling Asmussen,Maris Nielsen 回到斯堪的纳维亚后,他们分别开辟了各自的研究领域。Asmussen,Marirs Nielsen 成为哥本哈根大学的教授。Asmussen 从事肌肉收缩生物力学特征的研究,Nielsen 重点研究运动过程的身体温度控制。1941 年 Erik Hohwu-Chreitensen 到斯德哥尔摩,成为体育学院的第一位生理学教授。20 世纪 30 年代他和 Ole Hansen 发表了一系列有关运动过程中碳水化合物和脂肪代谢方面的文章,被认为是首次、也是最重要的运动营养学方面的研究成果,至今仍然被许多研究所引用。特别应该提到的是 Erik Hohwu-Chreitensen 将 P. O. Astrand 引入到运动生理学研究领域,后者在现代运动生理学的发展过程中起到了至关重要的作用。

P. O. Astrand 在 20 世纪 50—60 年代在生理学方面做了大量的研究工作,培养了像 Bengtaltin 等一大批高水平运动生理学人才,在国际运动生理学界享有盛誉,Astrand 曾多次来我国讲学,他的运动生理学专著被翻译成中文作为研究生教材,受到国内同行的好评。

20世纪以来,一批有影响的人物在运动生理学发展过程中起到了至关重要的作用,主要有苏联的克列斯托夫柯甫,芬兰的Komi,瑞典的Astrand、Saltin,加拿大的Green,英国的Hill(诺贝尔奖获得者),美国的Costill、Gollnick、Amstrong,美国的Mckenzie,日本的吉田章信,日本的猪伺道夫,苏联的雅可甫列夫等。

(三)中国运动生理学的发展

我国运动生理学研究虽起步晚,但发展速度较快。其发展应该追溯到由程瀚章编写的《运动生理》(1924年版)时,在这本教材中按人体的各功能、系统逐一阐述了运动对人体生理功能的作用和作用机制,并在与运动关系密切的各器官和系统如心脏、呼吸、骨、关节、肌肉、神经等用了较大篇幅进行叙述。我国著名生理学家蔡翘编著了第一部运动生理学于1940年问世,这本书的出版则巩固了运动生理学作为一门独立学科的地位。

北京体育学院(现改名为北京体育大学)在1954年首次招收运动生理学研究生,成为最早培养运动生理学师资和科研人员的基地。国家体委科学研究所于1958年正式成立,与此同时,各大体育院校也都相继成立了运动生理学教研室。这些都说明运动生理学在我国已成为重要的研究领域。此后,我国的运动生理学研究得到了蓬勃发展。

20世纪70年代末,我国自己开始招收并培养运动生理学硕士研究生,1987年我国首次招收运动生理学博士学位研究生,这也是我国体育科学首次招收博士研究生的专业。

从目前来看,我国各省市都成立了体育科学研究所,运动生理学是各科研所重要的研究领域,运动生理学专业技术人才在优秀运动员科技攻关与服务、全民健身理论与方法研究中均发挥重要作用,并已经取得显著效果。

在我国运动生理学中比较具有影响力的人物王义润教授,她作为我国运动生理学界的创始人指导并培养了一大批高水平运动生理学专业人才,是我国首位运动生理学博士研究生、也是我国首位体育学博士研究生导师,为我国运动生理学的发展做出了突出贡献。陈家琦教授作为我国运动生理学界德高望重的专家,长期从事运动生理学教学、研究工作,特别是在运动与气体代谢方面取得了显著成果。

(四)运动生理学研究相关知识

1.运动生理学研究的三个水平

研究机体运动机制需要从不同层次提出问题而研究,可分别从三个水平进行详解。

(1)细胞和分子机制的研究

运动的物质基础是机体,而构成机体最基本的结构和功能单位是各种细胞。器官的功能与组成该器官的细胞特性密不可分,如骨骼肌的功能与骨骼肌细胞特性之间的关系、内外分泌腺体的功能与腺细胞特性之间的关系密不可分。在细胞水平上,其功能特性又取决于构成细胞内的物理化学特性,特别是大分子的物理化学特性。心脏这一器官的功能之所以能够得到维持,是由于心肌细胞中的蛋白质分子在离子浓度变化和酶作用下,细胞内大分子变化而发生的兴奋性变化(如收缩或舒张、兴奋性的传导)。这种对心脏功能在心肌细胞和生物大分子水平上进行的研究即细胞、分子水平的研究。

(2)机体内各器官和系统的研究

这方面的研究着重于阐明器官和系统对于运动状态下机体的作用、活动规律及其活动受到控制的各类因素。血液循环系统的基础是心脏、血管及淋巴系统,器官和系统的研究需要阐明的则是心脏各部分如何协同运动、射血功能、血管特点、血液流动的动力和阻力、心血管活动的调节等规律。这类研究的着重点在于对完整的心脏、血管和循环系统进行观察,因此称为器官和系统水平的研究。

(3)整体分析相关关系与影响

整体分析并探索机体内各个器官、系统的相互联系和相互影响、机体与内外环境之间相互联系和相互影响。机体的整个生理活动并不等于心、肺、肾等器官水平生理功能的简单总和,而体现为各种生理功能之间相互联系、相互制约,完整而协调的过程。机体的生理活动还具有个体特点,且随着个体生活条件的变异而不断变化发展着。完整机体内心脏搏动的频率(心肌的自律性)和力量(收缩和舒张力)受体内外环境、健康状况及情绪等因素的影响。在这里研究的对象是整个机体,因此称为整体水平研究。

总之,机体安静及运动状态下,其生理功能虽然以细胞和分子特性为基础,遵循物理化学的规律,但其特点表现为既有细胞和分子水平的研究和科学规律,还有器官、系统和整体水平的研究和科学规律。因此在学习运动生理学时,全面地理解某一运动功能的机制,必须从细胞和分子、器官和系统以及整体三个水平进行把握。

2.运动生理学的研究对象

作为人体生理学的重要分支之一,运动生理学的研究对象是人。人体生理学主要是对人体机能活动规律进行研究的科学;运动生理学是对人体在体育活动中身体机能变化的规律进行研究的科学。

通常来说,运动生理学主要的研究对象主要是通过三个水平来进行的,即人体整体、器官和系统、细胞和分子。

(1)整体水平研究

所谓的整体水平研究是指从整体水平的角度研究人体在一定的环境条件下运动时,人体各系统、器官之间的相互关系以及人体各系统、器官对运动的反应和适应过程,如研究人体运动时肌肉工作能力、心血管系统的机能、呼吸系统的机能、内分泌机能物质和能量代谢等的变化以及它们对运动的适应程度等。

(2)器官、系统水平研究

人体运动时整体机能的表现,是建立在各器官、系统机能活动密切协调配合的基础之上。因此,探讨人体运动时的机能变化,必须对各器官系统的机能进行研究,如运动时心血管系统的机能会发生较大的变化,表现为心率、血压、心输出量升高。对引起这些指标升高的因素和变化特点的研究,就是器官、系统水平研究。

(3)细胞、分子水平研究

细胞和分子是器官、系统组成的基本单位。每个细胞的生理功能又依赖于构成细胞的生物分子器官,各器官、系统的生理机能则取决于一些具有特殊功能的细胞群。细胞、分子水平的研究主要是研究运动时细胞内各亚微结构的机能以及生物分子的特殊理化变化过程。有关运动时骨骼肌超微结构变化,收缩蛋白的结构和代谢水平变化,线粒体、生物膜、酶系统等机能的变化,就属于细胞、分子水平的研究。

上述三个层次的研究既有区别又紧密相关。细胞和分子水平的研究,有助于揭示生命现象的最本质的基本规律,并对理解其他层次的生理活动过程具有普遍的指导意义;器官和系统水平的研究,有助于把复杂的整体生命活动化整为零地分别进行研究,从而更加准确、方便地把握机体的生命活动规律;对这两个层次的研究和分析,都是为了能更准确地理解整体活动规律。但是,整体生理活动规律并不等于组成人体各器官、组织、细胞生理功能的简单总和。所以,要全面地理解某一生理机能,必须在三个层面的基础上进行分析、综合。

3.运动生理学研究领域

(1)运动对人体生理机能的影响

很多的实验研究证实,运动可以提高人体机能,还可以增加肌肉体积和肌肉力量,有训练的运动员肌肉力量明显高于一般人,优秀男子健美运动员肌肉发达,充分显示了人体形态的阳刚之气。

经常运动的人肺通气量、肺容量显著高于不运动者,不仅最大摄氧量绝对值和相对值大,而且在运动过程中动用最大摄氧量的能力强,最大摄氧量的利用率高,可以保证机体长时间从事运动,并在比赛中创造优异成绩。

经常参加运动锻炼对于提高心血管功能非常有利,虽然早期发现运动员出现心动徐缓、心脏体积增大现象,而被误认为病理性变化,但随后证实这心脏形态、机能性改变为生理性适应变化,运动可以增加血液中高密度脂蛋白含量,降低低密度脂蛋白含量而降低血粘度,预防心血管疾病的发生。

(2)运动对提高人体健康水平的生理学机制的研究

一些实验证明,运动能够提高人体机能水平,运动生理学研究将进一步揭示运动提高身体健康的生理学基础,以便为科学地从事运动提供理论依据。

运动与免疫学机能是近年来运动生理学十分活跃的研究领域,其研究内容主要包括运动员安静状态下的免疫机能、大运动量训练后的免疫学机能变化和运动对机体免疫学功能的影响等方面。事实表明,运动对人体免疫功能的影响是非常复杂的,这种复杂性不仅表现在免疫学功能本身受众多因素的影响,更在于运动本身的多样性和复杂性。

运动是控制体重最有效的方法之一,体力活动通过增加热能消耗对能量代谢产生的积极影响,限制能量摄入与有氧运动结合,是最佳减肥方案。坚持长时间的耐力运动可以减少多余脂肪的累积,而抗阻力练习加有氧运动有助于瘦体重和静息代谢率的提高。运动可以通过中枢调定点机制和神经内分泌机制,发挥控制体重的作用。

此外,运动对预防骨质疏松、提高心肺功能、抗衰老等方面也具有非常重要的作用。

(3)运动训练提高人体运动成绩的生理学依据

随着竞技运动的迅速发展,运动生理学的作用也越来越重要,它可以有效提高运动训练水平和科学的评定运动员的功能状况。

运动训练的生理学评定已经成为我国运动生理学研究的重要特色,在运动员的训练过程中,通过心率、肺功能、血红蛋白等生理学指标科学地评价运动员的身体机能,诊断运动性疲劳、促进运动能力恢复,以便提高训练效果,为运动实践服务。

对于耐力运动员来说,最大摄氧量直接影响了他们的运动水平发挥。20世纪80年代,学者们在最大摄氧量的直接和间接测定方法、影响最大摄氧量的生理学因素、最大摄氧量在训练中的应用等方面进行了卓有成效的工作,同时采用相关的无氧阈、通气阈和个体乳酸阈等指标用于耐力训练,使训练科学化水平不断提高。

运动生理学工作者在运动延迟性肌肉酸痛和运动性肌肉微损伤、骨骼肌肉纤维类型与运动训练、运动性心脏肥大与心血管机能适应、运动应激与免疫机能反应、无氧耐力和有氧耐力的生理学基础、运动与内分泌机能等也做了大量工作。

4. 运动生理学研究热点

(1) 运动科学选材

20世纪50年代,生命科学因DNA双螺旋结构模型的发现而发生了根本变化,也为运动科学选材提供了新的思路,DNA技术的引入极大地推动这一领域的研究向前发展,优秀运动员特异的DNA片段将成为21世纪运动选材的重要依据。

(2) 身体机能评定

在采用生物技术深入研究疲劳机制的同时,评定身体机能状态的指标将更趋向于简单实用。血液指标仍然是评定身体机能的重要参数;唾液、尿液等无创伤性方法是评定身体机能的发展方向;遥测技术以及数字化技术将会使身体机能评定更加简便、科学和准确。

(3) 运动性疲劳机制与身体机能恢复

运用高新技术探讨运动性疲劳产生机制仍然是今后运动生

理学的重点研究领域。研究者将继续从整体、器官、细胞和分子水平探讨不同运动项目的疲劳机制和疲劳特征;中枢疲劳研究在新世纪将会有新的进展,神经分子生物学的应用将揭开中枢疲劳的"黑箱"秘密。对兴奋剂的严厉处罚将会使人们更加重视消除疲劳和加速身体机能恢复的生理学研究。根据不同项目疲劳产生原因,有针对性地采用生理学手段消除运动性疲劳的研究将会大有作为。

(4)体育健身理论与方法

新世纪,人们更加注重生活质量,体育锻炼将成为提高大众健康水平的重要手段,因此运动与免疫机能、运动与抗衰老、运动与身体成分、运动与心血管疾病、糖尿病等慢性病的研究将在运动生理研究中占有重要位置。

(5)骨骼肌机能

骨骼肌运动能力及代谢特征是运动生理学的研究起源,20世纪后期更进一步证明骨骼肌在提高运动成绩中起着举足轻重的作用。在新世纪,肌肉力量训练的内分泌调节、核磁共振无损伤测定肌肉代谢、骨骼肌微损伤及适应、运动过程中肌细胞的血液供应等研究依然是运动生理学的研究热点。

5. 运动生理学的任务

运动生理学是通过专门对人体短期运动反应和长期运动的适应规律的研究,为体育教学和运动训练提供生理科学依据,对运动实践有着重要的指导意义。其具体的任务有以下几个方面。

(1)在正确认识人体机能活动基本规律的基础上,对体育运动影响人体机能产生的适应性变化的生物规律和生理机制进行进一步的研究。

(2)掌握体育教学和运动训练的一些基本生理原理,特别是不同年龄、性别特征与体育运动的关系,为科学地进行体育教学和运动训练提供生理依据。

(3)初步掌握评定人体机能能力的基本原则和依据、人体机

第一章　运动生理、生物化学的研究进展

能的变化特点以及从事体育教学和运动训练的基本原理。

6. 运动生理学的研究方法

运动生理学研究的发展是通过不断的经验总结,然后不断发现新的问题并在实践中检验。实验研究法是运动生理学研究的基本方法。除了实验研究,还有运动现场直接测试。实验研究法包括运动跑台、不同形式的功率自行车、测功计和台阶;后者包括运动现场的遥测心率、遥测肌电图、遥测气体分析和运动现场取样的血乳酸测定等。研究手段包括整体水平的无损伤分析,如运动对心血管功能的影响;有损伤的血液指标测定和组织活检测定,如血尿素氮测定、肌纤维类型分析等。除了运动生理学自身特有的研究手段和方法外,运动生理学研究工作者还大量借鉴和引入相关学科的研究方法,使运动生理学研究领域不断拓宽,研究内容不断丰富。近年来,对运动生理学研究影响较大的研究手段主要是分子生物学、生物物理学和计算机技术等。

(1) 分子生物学

20世纪90年代以后,分子生物学研究技术广泛地应用于运动生理学,包括核酸分子探针的标记、核酸分子杂交、基因克隆等,其中应用较普遍的为多聚酶链式反应(Polymerase Chain Reaction,PCR)技术。人们通过分子生物学方法可以确定运动员所特有的基因序列,预测运动员的"先天素质",以大大减少运动员的淘汰率。

(2) 电子自旋共振

电子自旋共振(Electmn Spine Resonance,ESR),也称电子顺磁共振(EPR),可利用具有单电子的物质在静磁场作用下吸收电磁波的能量而完成电子在能级间跃迁的这种特性,对上述顺磁性物质进行检测与分析。此技术的检测对象为具有单电子的特殊化合物,在体育科学研究中最常见的测试指标为氧自由基。

(3) 核磁共振技术

核磁共振技术包括核磁共振成像(Magnetic Resonance Imaging,MRI)、核磁共振光谱学(Magnetic Resonance speetroscopy,MRS)。MRI 显示解剖结构清晰而逼真,因而可以对骨骼肌横截面积、骨骼肌体积、心脏形态学(如壁厚、长短轴等)等进行精确测量。

MRS 可以测定活体静息态、运动过程中、疲劳态以及恢复过程中肌肉内无机磷(Pi)、磷酸肌酸(Pcr)、pH、ATP、ADP、磷酸盐等指标,从而成为研究肌肉能量代谢的有力工具。利用 MRS 对肌肉代谢的分析,已经发展了多种无创研究肌肉纤维类型分布的光谱学方法,并观察人体在运动恢复期的糖原再合成和血浆脂蛋白亚成分的变化。

(4)计算机技术

计算机技术的迅速发展使它已成为运动生理学研究工作者的有力助手,在运动生理学研究中的应用主要有图像分析、互联网技术等。计算机硬软件的发展,使图像处理技术得到了长足的发展,研究者可以通过电子扫描将原始信号输入计算机,然后由相应的图像处理软件进行识别和处理,使生物学图像的处理更加精确和方便。

互联网技术大大扩大了运动生理学工作者的信息来源,目前运动生理学研究工作者几乎没有不通过互联网获取运动生理学研究资料的,拥有亿万用户的因特网以信息查询、电子刊物、专题讨论和电子会议等形式为学者们提供一个崭新的信息交流环境,而且我国的运动生理学工作者已经开始利用网络技术与国内外同行及时交流信息,掌握最新的研究动态。

科技的进步给予运动生理学的研究奠定了坚实的基础。利用各种遥测、换能、多导记录等技术,可以在不影响人体运动状态的条件下,获得更真实的实验数据,使整体水平的研究有了新的提高。而肌肉活检、电镜观察、微电极、生物免疫、生物化学、分子生物学等技术已把实验者的视野带进了细胞分子水平的微观世界。

7.运动生理学研究展望

(1)广泛应用生物技术

21世纪是生命科学发生科技性革命的时代,生物技术的发展对运动生理学来说具有非常重要的影响。生物技术从生物大分子、生物膜和信息传递等方面研究体育运动对人体生理机能的影响。

(2)应用基础研究重点突破

应用基础研究是运动生理研究应用于体育运动实践的先导与源泉,作为运动生理学工作者要继续加强应用基础研究的创新探索,优秀运动员特异的DNA片段与选材、肌肉力量训练的内分泌调节、核磁共振无损伤测定肌肉代谢、骨骼肌微损伤及适应、运动过程中肌细胞的血液供应等,使研究成果既可以解决体育运动中的实际问题,并极大地推动运动生理学的学科发展。

(3)运动生理学中"运动"的特征

运动生理学是一门应用学科,因此,只有突出运动性特征,其研究成果才有生命力。20世纪后期,运动生理学研究在提高运动成绩和增进人民健康水平方面做了大量工作,在今后相当长的一段时间内,运动生理学要更加突出应用性研究特征。运动性疲劳与身体恢复、数字化技术评定运动员身体机能等研究成果在竞技体育方面将大有作为;运动与免疫机能、运动与抗衰老、运动与身体成分、运动与心血管疾病等慢性病的研究将在大众健康研究中占有重要位置。

(4)中国特色运动生理学

我们要充分利用具有中国特色的中医药学研究方法和研究成果为运动生理学研究服务,特别是将中医药学研究成果应用于消除运动性疲劳、加强身体机能恢复等。近年来,中医药学在运动生理学的应用中逐步得到重视,并取得了初步成果。此领域尚有相当大的潜力,利用现代化研究手段,注重中医药和运动生理学研究的有机结合,解决体育运动中的实际问题,以促进我国运动生理学研究的不断进步和发展,为中国的运动生理学走向世界创造条件。同时,也要重视中国传统项目的生理学基础研究,如中华武术健身机制和方法的研究,为中国的武术运动走向世界提供生理学依据,使中国的传统健身术为增进全人类的健康服务。

8. 生命活动的基本表现

生命活动是运动生理学的主要研究方向和内容。生物体具有生命活动,其生命活动现象至少包括生殖、新陈代谢、适应性、兴奋性等几个方面的基本特征。这是运动生理学研究中非常重要的一个部分。

(1)生殖

生命是有限的,这是宇宙之间普遍存在的规律,因此要想生命进行延续就需要生物通过生殖过程进行自我复制和繁殖。生物体生长发育到一定阶段后,能够产生与自己相似的子代个体,这种功能称为"生殖"。单细胞生物通过一个亲代细胞分裂为两个子细胞而完成生殖过程。高等动物则由雄性与雌性的生殖细胞结合以生成子代个体才能完成生殖过程。近年来,由于生物技术的发展,可以通过克隆技术使生命得以复制,使传统的生殖理论和观念受到了挑战。

(2)新陈代谢

任何生物体每时每刻都在不断更新自我,这个过程就是新陈代谢。新陈代谢是生命活动的最基本的特征。在新陈代谢过程中,分解自身的结构称为"分解代谢",合成和重建自身的结构称为"合成代谢"。体内一切分解、合成、转化、利用等活动都是在水溶液中进行的,而且绝大多数反应都是由酶催化完成的生物化学反应。生物体一方面不断地利用从外界环境中摄取来的营养物质合成为自身的组成成分和能源物质,另一方面,人体又不断地将已衰老的组成成分和能源物质进行分解,放出能量以供合成体内新物质和完成各种生理功能,并把分解产物排放到外部环境中。生物体的新陈代谢实际上是一种高级的、复杂的物质运动形式,生命活动就是这种运动形式的表现。

(3)适应性

生物长期存在于一个特定的生活环境中,在很多客观环境的影响下,可以逐渐形成一种与环境相贴近的、适合自身生存的反应模式。也就是当生物体长期处在某种环境变化时,机体会不断调整自身各部分间的关系,发生相应的机能变化,使自身和环境间经常保持相对稳定。生物体所具有的这种适应环境的能力,称之为适应性。例如,长期居住在高原地区的居民,其血液中的红细胞数量远远超过平原地区的居民。这种适应性反应对高原居民是十分必要的,因为血液中红细胞数量的增多,可大大提高血液运输氧气的能力,从而有效地克服了高原缺氧给人体带来的不良影响,创造了适应客观环境而生存的条件。再如,运动员经过长期的力量训练可使肌肉发达;长期的耐力训练可使心肺功能得以改善等,这些都是人体对环境变化产生适应的结果。

(4)兴奋性

生物体所持有的特征之一就是兴奋性,它是生物体生存的必要条件。生物体在不断变化的外界环境中生存,生活在一定的外界环境中,当环境发生变化时,细胞、组织或机体内部的新陈代谢及外部的表现都将发生相应的变化,这种变化称为反应。根据现代科学电生理技术的发展,科学家证实了所谓的兴奋来源,机体的一些组织,当受到刺激后能产生某种特殊的生物电反应,如神经、肌肉、腺体等,受刺激后能产生的生物电反应称为兴奋。各种能引起细胞、组织或机体发生反应的环境变化称为刺激。生物体对刺激发生反应的能力称为兴奋性。刺激有强弱或大小的差别,兴奋性也有高低。

可兴奋组织有两种基本的生理活动过程,即兴奋活动和抑制活动。其中,兴奋活动是指兴奋性由弱变强的活动状态,或由相对静止状态转为活动状态;而抑制活动是指兴奋性由强变弱的活动状态,或由活动状态转变为相对静止状态。对于人体的各种生理活动来说,既有兴奋活动,同时也存在抑制活动,这两种生理活动既相互对抗,又相互协调,并且两者之间还可以进行相互转化。可以说,兴奋与抑制是一种对立统一的生理活动过程。

(五)运动生理学的基本理论

1.运动生理学的基本理论

(1)运动技能的形成

运动技能的形成是一个相互联系、相互交错、和谐统一的过程,这一过程主要分为泛化过程、分化过程、巩固过程以及自动化过程四个阶段。

①泛化过程。在运动训练中,习练者进行训练所引起的刺激传入大脑皮层各有关中枢。因这时大脑的分析功能还不够精确,因而主要表现为动作僵硬、不协调,从而出现多余动作,能量消耗多而有效动作少,对于动作时机的掌握也不够准确。

②分化过程。随着习练者学习的不断深入,在掌握了一定的运动技能后,其大脑皮层运动区的兴奋、抑制过程在时空上的分化也日趋完善。在这样的条件下,运动训练泛化过程中的表现开始逐渐消失,并进一步形成运动动力定型。但由于欠缺一定的稳定性,因而在外界因素的干扰下,这种动力定型容易遭到破坏,习练者在训练中仍然会出现一定的错误动作。

③巩固过程。习练者通过反复的练习后,逐渐形成了一定的动力定型,这种动力定型也逐渐得到巩固,因而习练者的动作也更加精确、协调与省力,技术动作错误也很少出现,甚至某些环节也能够在脱离意识控制下完成,这就是所谓的初步形成自动化。一般来说,动作的初步自动化条件中,运动员运动技能的形成不会受到大的干扰,其技术技能开始走向成熟。即便是在不利条件下,运动的形成也不至于遭到破坏。

④自动化过程。在经过以上几个过程之后,习练者掌握了相关的运动技能,运用运动的技巧运用水平上了一个新的台阶,这就是所谓的自动化过程。自动化是运动员技能形成的重要阶段,

在这一阶段中,当运动员练习某一套动作时,以在脱离基本意识的条件下自动完成整个动作。

(2)人体新陈代谢

新陈代谢可以说是人体最基本的生理特征,人体在运动过程中的各种表现属于外显性表现。人体新陈代谢的过程就是指人体与周围环境进行物质与能量交换的过程中不断实现自我更新的过程。下面主要阐述一下人体新陈代谢中的物质代谢和能量代谢的内容。

①物质代谢:所谓物质代谢,就是指人体与其周围环境之间所进行的不断地物质交换。一般来说,物质代谢主要包括糖代谢、脂肪代谢、蛋白质代谢、水分以及无机盐代谢等几个方面的内容。

②能量代谢:能量代谢是指机体在物质代谢的过程中伴随着能量的释放、储存、转移以及利用的过程。某种意义上来说,能量代谢是人体进行运动以及一切生理活动的基础。

人体在运动的过程中,都会消耗一定的能量。在能量消耗后,人体通过食物的消化与吸收来摄取自身所需的营养物质,如糖、脂肪以及蛋白质等。这些营养物质在酶的作用下,经过一系列的生物氧化过程,其可以分解为CO_2、水以及其他代谢的终产物,同时释放出大量的能量。其所释放的总能量大部分是以热的形式释放于体外,从而以此维持体温。而另一部分则开始转化为化学能,并存储于三磷酸腺苷(简称ATP)的高能磷酸键中。三磷酸腺苷(ATP)的分解是人体活动的直接能量的主要来源。不仅肌肉吸缩需要ATP供能,而且消化管道的消化以及吸收也都需要ATP供能。可以说,ATP是供人体实现肌肉运动与其他多种生理活动的直接能量的来源。

在进行运动训练时,运动者应结合自己的具体实际选择合适的运动项目,同时还要注意训练手段和方法的科学性。在运动训练的过程中,运动者除了选择有氧氧化系统的项目外,同时还可选择一些乳酸能系统供能的项目,从而发展与提高自己的无氧耐力。

（3）人体肌肉的组成与收缩形式

①人体肌肉的组成：人体肌肉大约有400多块，主要包括骨骼肌、平滑肌以及心肌三大类。其中，骨骼肌的数量最多，占体重的40%左右。肌纤维是人体肌肉的基本组成单位，由许多肌纤维排列成肌束，表面有肌束膜包绕，许多肌束聚集在一起共同构成一块肌肉。其中，肌肉的化学组成中大约有3/4的水、1/4的固体物（主要包括蛋白质、能量物质、酶等）。此外，肌肉中还有为肌肉提供氧气与养料的丰富毛细血管网以及保证神经协调指挥的神经纤维。

一般来说，一块肌肉主要由各种组织构成，其中，肌组织与结缔组织是最为重要的部分，分别构成了肌肉的收缩成分与弹性成分。肌纤维作为肌肉的收缩成分，一般通过肌纤维的主动收缩放松来完成运动。肌肉中的结缔组织则是肌肉中的弹性成分。当收缩成分缩短时，单行成分被拉长而将前者释放的部分能量吸收并存储起来，接着便以弹性反作用力的形式发挥出来，从而促使肌肉产生更为强大的力量与更快的运动速度。

综上所述，人体肌肉是通过一定的收缩与舒张来完成活动的，在活动的过程中，肌肉产生一定的张力与长度变化，以此牵引骨杠杆产生一定的位移运动或使之保持一定的位置，最终实现各种各样的身体运动与维持各种优美的身体姿势。

②肌肉的收缩形式：收缩是肌肉最基本的功能，其基本构成单位是肌细胞。肌细胞外形被称为"肌纤维"，肌纤维主要分为慢肌与快肌两种类型。在进行运动训练的过程中，运动者可以结合自身的特点合理选择训练的手段和方法，以发展不同类型的肌纤维。

在运动训练的过程中，运动员的神经冲动会引起肌肉一定程度的收缩，来自中枢神经系统的神经冲动传到脊髓运动神经元，然后经运动神经纤维再传递给其所支配的肌纤维，从而引起肌肉收缩。当肌肉在完成各种动作时，其长度不会发生变化。按照肌肉收缩时的长度变化情况，可将肌肉分为向心收缩、离心收缩、等长收缩、等动收缩四种类型。

(4)心率与吸氧量

①心率:心率是指人体每分钟心脏搏动的次数,它是运动生理学中最常用的一项生理指标。在运动训练中,心率通常被用来反映运动员的运动强度以及运动训练对人体的影响。通常来说,健康的成年人的心率男性为65～75次/分钟,女性为70～80次/分钟。当人体在参加运动时,心率会发生一定程度的变化。一般而言,运动强度越大,其心率也就越高,二者之间成正相关的关系。

经常参加运动训练的人,随着运动训练的持续进行,其心率也会逐渐减少,这是运动训练的良好反应。在运动训练中,可将心率值作为判断运动强度的一项重要指标。

②吸氧量:

A. 氧运输系统。

人体要想维持正常的生命活动,就需要呼吸,呼吸是将氧气从体外吸入体内,并运送到各器官组织,以供人体生命活动的需要。在氧运输系统中,主要有呼吸系统、血液系统和心血管系统。

氧运输系统中,氧的运输与人体的呼吸有着极为密切的关系。运动员在进行运动训练的过程中,运动者应根据训练内容的特点,合理调整呼吸的形式,从而保证氧运输系统的正常进行,进而提高训练水平和效果。

B. 最大吸氧量。

最大吸氧量是指人体在剧烈运动过程中,呼吸与循环系统功能达到最大能力时人体每分钟所能摄取的氧量。一般来说,最大吸氧量不仅是个体最大有氧代谢能力的最为直接的反映,同时也是一个人氧运输系统功能强弱的重要标志之一。通常情况下,普通人的最大吸氧量为每分钟2～3升,一般的运动员能够达到4～5升,高水平运动员可达到6～7升。

C. 最大吸氧量与运动能力。

一般来说,人体运动能力与最大吸氧量之间有着极为密切的关系。运动者在参加剧烈运动过程中,机体对氧的需要要比平时大得多。因而,人体的最大摄氧能力的高低会对运动能力有着直接的影响。尤其对于一些耐力性运动来说,运动员的运动能力与最大吸氧量之间的关系最为密切。通常情况下,运动项目的耐力性要求越高,运动员的最大吸氧量也就越高。

(5)恢复与超量恢复

运动者在结束运动训练后,机体的各种生理功能与能量物质会逐渐恢复到训练之前的状态,这一过程就是运动训练的恢复过程。通常情况下,人体在运动中的能量消耗会大于补充的能量,恢复曲线也逐渐呈下降趋势。而在运动后,机体的能量消耗变慢并小于补充的能量,其恢复曲线逐渐呈上升趋势,这就是运动训练中的体能恢复原理。

运动者在进行了大负荷的运动训练后,其能量恢复不仅可以恢复到训练前的水平,甚至还会继续补充,并超过原来的能量贮备水平,这就是所谓的"超量恢复"。参加运动训练的主要目的就是为了促进超量恢复,超量恢复对人体体能的增强和技能提高都具有非常重要的作用。

二、运动生物化学概述

(一)运动生物化学的概念

运动生物化学是生物化学的一个分支学科,生物化学是研究生命化学的科学,它从分子水平探讨生命的本质,即研究生物体的分子结构与功能、物质代谢与调节及其在生命活动中的作用。生物化学的研究主要采用化学的原理和方法,同时与生理学、细胞学、遗传学等有着广泛的联系与交叉。随着科学的发展,人们又通常将研究蛋白质、核酸、聚糖等生物大分子的结构、功能及其代谢调控的学科称为分子生物学。分子生物学是生物化学内涵与外延的拓展,成为生物化学的重要组成部分。

运动生物化学是研究人体运动时体内的化学变化即物质代谢及其调节的特点与规律,研究运动引起体内分子水平适应性变化及其机理的一门学科。简言之,运动生物化学是从分子水平探讨运动人体的变化规律,并将这些理论应用于体育锻炼与竞技体育的实践。

(二)运动生物化学的研究对象及其分类

1.运动生物化学研究对象

生物化学研究所有的生命形式,人体是生物化学研究的重要对象。体育运动主要是人体的运动,因此运动的人体自然就成为运动生物化学的主要研究对象。

2.运动生物化学研究对象的分类

(1)从研究对象看,既涉及从事竞技体育的专业运动员,也更多地涉及进行体育锻炼的不同人群。

(2)从研究层面看,运动生物化学既研究一次急性运动机体代谢的变化,也研究长期系统的运动,即慢性运动对机体化学组成和代谢的影响。

(3)从研究时空看,运动生物化学的研究贯穿整个人体运动的过程,包括运动前、运动中和运动后恢复期。

(4)从研究效应来看,运动生物化学的研究成果既体现了基础性,具有理论上的突破和原创意义,也更多地体现了实用性,在体育科学研究和运动实践有着广泛的应用价值。

(三)运动生物化学的任务

1.揭示运动人体变化的本质

运动生物化学从分子水平更微观、更透彻地揭示急性运动与慢性运动体内物质代谢及其调节的特点与规律,探讨人体化学组成与代谢能力对运动的适应性反应,分析改善和发展运动能力的分子机理,诠释与论证各种锻炼、训练方法的原理……从而阐明长期、系统的运动对于改善人体健康水平、提高竞技能力的机制。

在体育锻炼和竞技运动训练中,人体化学组成会发生相适应的改变,这不仅是运动效果的体现,也是增强体质、防治慢性疾病的生化依据。如有氧运动可减体脂、控体重;运动中不同代谢物质和酶活性可产生相应的变化;力量训练增加肌肉蛋白质合成,有助提高力量;耐力训练可增加骨骼肌糖原储量、提高血红蛋白水平等等。

2.评定和监控运动人体的机能

应用运动生化理论和相应的生化指标对运动人体机能进行评价与监控,已广泛应用于体育实践中,作为监控运动负荷、合理掌握运动强度和运动量、了解疲劳与恢复程度、评定训练和锻炼效果等多层面、多视角评定运动人体机能状态的高效手段与工具,逐渐成为体育教师、健身指导员和教练员的科学助手。客观、准确地进行生化评定与监控的结果最终使运动更科学,更符合运动者的实际,更具有针对性和高效性。

3.科学地指导体育锻炼和运动训练

根据机体运动时物质代谢的特点、规律来作为体育锻炼和运动训练的健身方法和恢复手段的理论基础和依据,来对人们如何对运动负荷进行合理安排来达到机体代谢能力与化学组成两者之间产生最为理想的适应性变化,促进运动训练效果的提高;为了加快运动疲劳的消除及恢复身体机能,采用何种营养措施以及合理的运动节奏;为了预防和治疗一些慢性疾病的发生及发展,采用何种形式的锻炼方式最为适宜。根据流行病学的相关研究表明,肥胖、糖尿病、高血压、动脉硬化等一些慢性疾病和心血管疾病的发病率不断增加。究其原因,这些疾病之所以发生的共同危险因素是缺乏足够的运动。从细胞和分子水平探讨这些疾病

第一章 运动生理、生物化学的研究进展

的病因以及运动对这些疾病产生作用的原理及途径,能使我们更好地理解运动作为防治这些疾病"特效药"的重要性。总之,应用运动生化理论指导运动,可提高运动的科学性和有效性,从而达到增强体质、增进健康、提高运动能力的目的。

(四)学习运动生物化学的意义与方法

21世纪是生命科学的世纪。近20年来几乎每年的诺贝尔化学和生理学奖以及一些化学奖都授予了从事生物化学和分子生物学的科学家,如2004年诺贝尔化学奖授予以色列科学家Aaron Ciechanover、Allarm Hershk和美国科学家Irwin Rose。三人因在蛋白质控制系统方面的重大发现而共同获得该奖项。2003年诺贝尔化学奖授予美国科学家Peter Agre和Roderick Mackinnon,以表彰他们在细胞膜通道方面做出的开创性贡献。Agre得奖是由于发现了细胞膜水通道,而Maekinnon的贡献主要是在细胞膜离子通道的结构和机理的研究。他们的发现阐明了盐分和水如何进出组成活体的细胞。这些都足以说明生物化学和分子生物学在生命科学中的重要地位和作用。

运动生物化学是新兴的边缘学科,也是运动人体科学的重要组成部分。机体在运动时发生的一系列机能变化如肌肉收缩、神经冲动传导、激素分泌、耗氧量增加等都是以物质代谢和能量代谢为基础的,因此运动生物化学是了解运动时生命现象的重要环节,在体育科学领域的重要地位越来越凸显,与运动生理学、体育保健学、运动营养学、运动训练学、康复医学等的交叉渗透也越来越多。由于运动生物化学越来越多地成为运动人体科学的共同语言,当今已成为运动人体科学的前沿学科之一。在体育锻炼和竞技体育中,运动生物化学的理论和方法也已被广泛应用,因此,运动生物化学是体育专业一门重要的专业基础课。

1.学习运动生物化学的意义

体育专业的学生需要从不同的角度全方位地去认识、了解运动人体,如形态结构、生理机能、代谢变化及调节等,真正掌握运动人体变化的生物学本质,以更好地指导不同人群的体育锻炼和运动训练。学习运动生物化学是体育专业的学生知识结构和能力结构的需要,是今后服务于体育实践的需要。通过学习,认识急性运动或长期系统的慢性运动对人体代谢及其调控规律及机制,懂得体育教学和运动训练过程的生物化学原理,掌握不同年龄、性别和训练水平的人群进行运动时的代谢特点,在实际应用中科学地指导体育锻炼和运动训练。

因此,关注生命、关注健康,合理科学地组织好体育课、指导体育活动和运动训练,都应了解运动人体变化的规律;掌握运动生化知识,也为进一步学习运动营养学、运动训练学、学校体育学掸等后续课程打下良好的基础。这些都应成为我们学习的动力。同时学习运动生物化学还可使我们扩展知识,开阔思维,在探索生命奥秘中激发学习的兴趣。

2.学习运动生物化学的方法

(1)树立整体观、动态观

人体是一个复杂、动态的有机整体。体内的物质处于不断的变化之中,新陈代谢是生命的基本特征之一。而运动人体内物质代谢速度更快,变化更复杂、更激烈。从人的整体观出发,运动对人体的影响是全面的,而非孤立的局限的。因此,学习运动生物化学一定要树立整体观、动态观,用辩证的思维去看待生命、看待运动人体。

(2)注重掌握基本原理

在运动生物化学习过程中,要认真理解和掌握基本原理,这是学好课程的关键所在。既要有充满热情的想象和投入,又要有严谨的态度、严密的思维、严格的方法,要勤思考,多问为什么。知识之间是相互交叉与渗透的,在理解的基础上将知识点变成"线"和"面",并将本课程与前面所学的运动解剖学、运动生理学等课程的知识融会贯通,培养发散式的思维和学习方式,同时不断地加以应用和实践。

（3）加强实验环节

科学实验是一切科学理论的源泉。运动生物化学是一门实验性学科，要认识理论来自于实践，要认真投入实验操作，一方面可以巩固和验证所学的理论知识，另一方面，通过实验操作，掌握基本技能，提高动手能力，并在综合性和设计性实验中培养思考、观察与创新能力。

（4）紧密结合运动实际

学习的目的是能够在实际生活中进行应用。而应用也是将知识进行转化的过程。在对运动生物化学基本理论知识进行熟练掌握的基础上，还要与竞技体育和大众健身的具体实际相结合，针对体育实践过程中的问题进行有针对性的分析与解决，要学会有的放矢、举一反三，在具体的实践过程中，来加深对运动生物化学理论的理解，越能透彻地理解其理论，对这门学科的实用价值挖掘的就越深刻，在具体应用中就越自如。

（五）运动生物化学的基本理论

1. 评定人体机能的生化指标

（1）血红蛋白。血红蛋白作为红细胞运输氧气和部分二氧化碳的载体，同时又具有维持体液酸碱平衡的作用，它极大地影响了人体的物质代谢与能量代谢，进而影响人体运动能力。在运动训练中，血红蛋白可以作为评定运动负荷的一个生化指标。

（2）血乳酸。一般来说，人体的血乳酸浓度与运动强度有着密切的关系，另外运动员的运动训练水平也能影响人体运动后血乳酸的浓度。

（3）血尿素。血尿素与运动机体的机能状态、疲劳程度以及运动负荷的大小有着直接的关系。在长时间、大运动量的运动中，血尿素变化明显。所以，在运动训练中，常用血尿素指标来评定运动员的运动负荷。

(4)尿蛋白。一般来说,正常成人尿中蛋白质含量极少,但通过运动会引起尿液内蛋白质含量增多。而由运动引起的尿中蛋白质含量增多的现象就称为"运动性蛋白尿",运动性蛋白尿可以作为评定人体机能状态、运动强度和负荷的重要指标。

(5)血清肌酸激酶。长时间的运动会使人体血清肌酸激酶的活性升高,究其原因,是因为人体在运动时,缺氧、代谢产物堆积、供能相对不足等所引起的肌细胞膜通透性升高,或是肌细胞膜受到损伤,从而促使从细胞内释放加强。

(6)血睾酮。睾酮与人体运动能力具有十分密切的关系。睾酮在生物学方面有着非常广泛的作用,它除了对雄性性器官的发育起到相应的刺激作用,并维持性器官功能之外,对蛋白质等的合成代谢,加速体内抗体的形成,刺激红细胞生成等都具有非常重要的作用。

(7)尿肌酐。在人体代谢过程中,磷酸肌酸可以自行进行分解,当其失去肌酸之后生成肌酐经过肾脏随着尿液排出体外,即为尿肌酐。测定尿肌酐的含量可间接了解运动员体内磷酸肌酸的含量。因为人体的尿肌酐含量与运动水平之间有着极为密切的关系。

2.人体代谢能力的评定

(1)磷酸原代谢能力的评定

①尿肌酐系数评定法。一般来说,在安静状态下,人体的尿肌酐日排出量比较稳定,正常成人尿肌酐系数范围为:男性为18~32,女性为10~25。在进行力量、速度素质的选材以及评定训练效果时可以选用尿肌酐系数作为检测指标,其数值越高就表明肌肉机能就越好。

②10秒最大负荷测试法。10秒最大负荷测试法的具体流程为:首先要对受试者在安静状态下的血乳酸值进行测定,然后在让受试者进行10秒的最大负荷运动,对受试者的跑速或者完成功率进行记录,并对受试者运动后的血乳酸峰值进行测定并记

录,从而计算出受试者在运动中的血乳酸增值。

(2)糖酵解代谢能力的评定

①30秒最大负荷测试法。在进行30秒最大负荷测试时,要求受试者尽全力快速蹬自行车,并在3~4秒内对阻力负荷进行调整,将其调整至规定标准,同时开始计时,受试者进行全力蹬车运动,时间为30秒,对这30秒中的平均功率、输出总功率、5秒内的最大和最低输出功率进行记录,并根据相应的公式对疲劳指数进行计算。疲劳指数的计算方法为:5秒内的最大功率减去最低功率除以最高功率的商乘以100%。如果受试者平均输出功率和输出总功值大,疲劳指数小,是糖酵解供能能力强的表现。

②60秒最大负荷测试法。60秒最大负荷测试法的具体操作方法为:在田径场上,受试者进行400米的全力跑或者60秒的跑台跑,然后记录其成绩,在此过程中要分别测量受试者运动前和运动后安静时的血乳酸值和血乳酸峰值。

③90秒最大负荷测试法。90秒最大负荷测试法的具体流程为:让受试者在自行车功率计上作90秒全力蹬车运动,记录其在90秒内做运动的输出总功、最高功率和最低功率,然后计算出疲劳指数。持续90秒所完成的总功值表示无氧代谢能力,疲劳指数则反映肌肉耐乳酸能力。

(3)有氧代谢能力的评定

①最大摄氧量测试法。最大摄氧量是反映人体有氧代谢能力的一项重要指标,可以用推测法来判定运动员的最大摄氧量。其具体的操作流程为:在自行车功率计上,受试者进行次最大强度的运动,然后测量受试者的心率及输出功率,然后根据测得的值来对受试者的最大摄氧量进行推算。

②6分钟亚极量负荷测试法。这种方法对于评定运动员的训练效果十分有效,它主要被用于评定专项耐力运动的能力以及氧转运系统的适应性。运用此方法进行测试时,将运动时间定为6分钟,测定运动后的心率和血乳酸值。

③12分钟运动测试法。该方法能有效地评定人体的最大有

氧能力。其具体的操作流程为：先测人体安静时的血乳酸值，然后让受试者先进行充分的准备活动，然后进行 12 分钟跑，然后对这 12 分钟的最大跑距以及跑后 3、5、10、15 分钟的血乳酸值进行记录，然后用记录的跑距和测得的血乳酸值进行综合评定。

第二节 运动生理学的研究进展

对于运动生理学的研究进展，本节主要就运动生理学的研究现状展开论述。

一、关于肌肉纤维组成能否得到改变的研究

近年来，有关运动生理学的专家研究发现，在运动训练中，如果进行耐力训练的时间较短，就不会对人体肌纤维构成产生影响。根据有关针对中长跑、举重、摔跤、皮划艇运动员的肌纤维调查研究表明，这些项目的运动员至少接受了四年的专项训练。就项目来看，中长跑运动员的腿部肌肉中含有较多的慢肌纤维，而皮划艇运动员的手臂肌肉中则含有较多的慢肌纤维。有很多研究学者认为，进行时间较长的耐力训练会是其中参与运动的主动肌群产生一定的适应性，从而造成肌肉中的慢肌纤维比例增加。经常从事相关耐力性训练，会导致肌肉中蛋白质产生相应变化的同时，还会使肌肉中的慢肌纤维所占比例增大。

二、关于降低运动量的研究

关于运动训练量的研究。有学者认为训练量与训练效果之间并没有直接的联系，但在实际运动训练中，有相当一部分教练员与运动员确认为训练量与运动成绩之间成正相关的关系。运动员只有通过大运动量的训练才能提高自己的训练水平，进而提

高运动成绩。但近年来,一些运动生理学家的研究证明事实并非如此。例如,游泳项目运动员,根据有关对游泳运动员的相关测试表明,如图1-1所示。游泳运动员在1月份平均每天都用游9 144米,在此过程的中,运动员上臂的拉力所产生的功率也是最低的;到了3月份进行了为期3周的训练,每天游泳2 743米,手臂拉力功率也达到了最高水平。

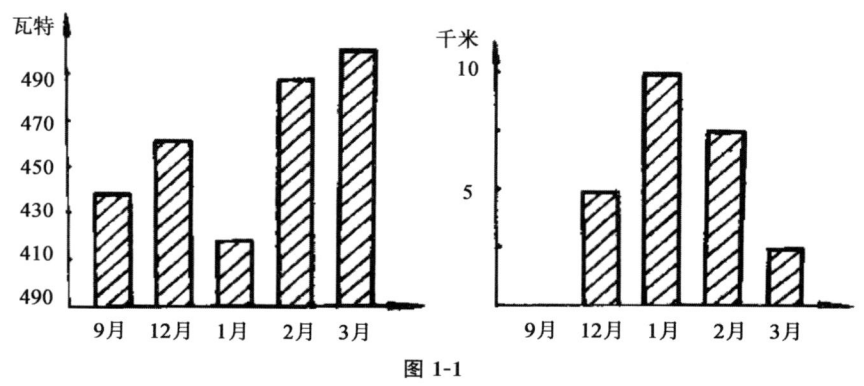

图 1-1

依照能量代谢对训练的适应性,当每天能量代谢超出8 000～10 000千卡时,如果此时运动员再进行训练,训练所起到的效果并不能对提高运动员氧的输送能力或呼吸能力产生实际性意义。而进行高强度、大运动量的重复训练,既会导致肌肉中糖原储量降低,同时还降低运动员的高强度运动能力,不利于运动水平的提高。

三、关于肌肉力量增加时的神经因素研究

有运动生理学方面的专家专门做过一个这样的实验,实验的内容是要求经常参加运动训练的人进行为期24周的肌肉力量训练,所采用的运动强度为最大肌肉力量的70%～100%,经观察研究发现,在前12周的时候,运动者的肌肉的横断面开始增大,尤其是快肌纤维,而在后12周则并无明显的变化。但12～24周这段时间,参与运动的人其肌肉力量都在逐步增加,并且随着肌肉力量的不断增加,肌肉的活动量也随之增大。从这个研究来看,

虽然肌肉通过进行长时间的训练,可以得到一定限度的增粗,然而随着神经系统机能得到不断改善,肌肉的力量也随之增加。

四、对于停训运动员生理机能变化的相关研究

研究停训运动员的生理机能变化,是最近几年才开始着手进行的研究课题。由于时间较短,关于这方面的研究也比较少。有学者通过研究发现,当耐力训练停止以后,一些接受训练的受试者的心血管功能、线粒体呼吸酶活性、有氧能力以及毛细血管密度会快速下降。与这些限制条件的受试者相比,那些有着更长耐力训练经历的高水平运动员在训练停止以后,中枢与外周适应的初始丧失差异并不明显。但在停训开始时肌肉糖原的含量为152毫克分子/千克湿重,在经过四周以后肌肉糖原的含量下降到了90毫克分子/千克湿重。如果运动员在一周之内不参加任何一项活动,其肌肉的呼吸能力也会急剧下降到训练时的50%,在第四周的时候则一直保持这个水平。

第三节 运动生物化学的研究进展

自从我国开展运动生物化学以来,已经取得了一定的进展,本节重点就运动生物化学的研究现状展开详述。

国内运动生物化学的研究内容基本上与国际相似,但由于受到客观条件的影响,我国的运动生物化学的普及面相对较小,并且深入层次也稍显不足,如受试者没有足够的认识、研究经费也比较短缺、重视程度不够、器材设备也相对缺乏等这些都是造成制约的因素。在当前阶段下,我国运动生物化学的研究概况具体表现出以下几个方面的特点。

第一,具有鲜明的中国特色。很多涉及省、部、局级的重大科研项目大都是将天然药物和祖国医学作为研究和开发的项目,通

过中医理论(经络学)和诊断技术(望、闻、问、切)对运动性疲劳进行探索性研究,已经得出"气虚、虚劳"的初论。而从运动生物化学相关理论来看,运动性疲劳之所以会产生,主要是由于人体代谢产生紊乱,并且代谢所产生的大量的副产物堆积,酶、激素失去了正常的调节作用,造成能源物质的过度消耗。在当前阶段下,在提高运动员体能方面,已经开发出了许多复合补品和天然药物,具有滋阴、补肾、壮阳、提神等功能,其中较具代表性的有部分中医秘方、中华鳖精、沙棘等。

第二,分布点广泛。各省、直辖市、自治区、体科所学术刊物在全国范围内都长期刊载大量运动生物化学专业研究论文、报道,这为运动生物化学学科的发展奠定了广泛、牢固的基础。

第三,对分子生物学的深入研究。通过对运动影响脂肪组织肥胖基因及运动性疲劳的研究,从分子生物学层面,以核酸乃至基因片段、产物(特殊蛋白质)作为测定物质,对运动及其影响的变化过程、模式特点进行了深入、详尽地探讨,这也表明运动生物化学的研究已经达到了新的阶段。

第二章　运动与人体各系统之间的关系

在运动实践过程中,运动与人体各个系统之间有着十分紧密的关系,本章主要剖析运动与肌肉活动、运动与呼吸系统、运动与神经系统、运动与氧运输系统以及运动与内分泌系统之间的关系,进而使运动生理生化对这方面的内容分析得更加深入、全面。

第一节　运动与肌肉活动

一、肌肉的基本结构

人体运动的起源可以追溯到肌肉,肌肉是运动系统中最重要的组成部分。分析肌肉的基本结构并非难事,肌肉实质上是由数不胜数的形状细长的及细胞构成的,"肌纤维"是肌细胞的又一个名称,是组成肌肉最为基本的结构。"肌内膜"是指肌纤维外部都存在的一层结缔组织,很多条肌纤维紧密连接在一起形成肌束,肌束的表面同样有肌束膜包裹着。人们肉眼看到的一块块肌肉,则是由无数肌束组成的,肌肉外部同样存在着结缔组织膜,这种结缔组织膜被称为"肌外膜"。在肌肉中,四分之三为水分,剩余四分之一是蛋白质、能量物质、酶等固体物质。除此之外,大量的毛细血管和神经纤维也存在与肌肉中,其作用在于给肌肉提供氧气和养料,从而最大限度地促使神经处于协调状态(图2-1)。

第二章　运动与人体各系统之间的关系

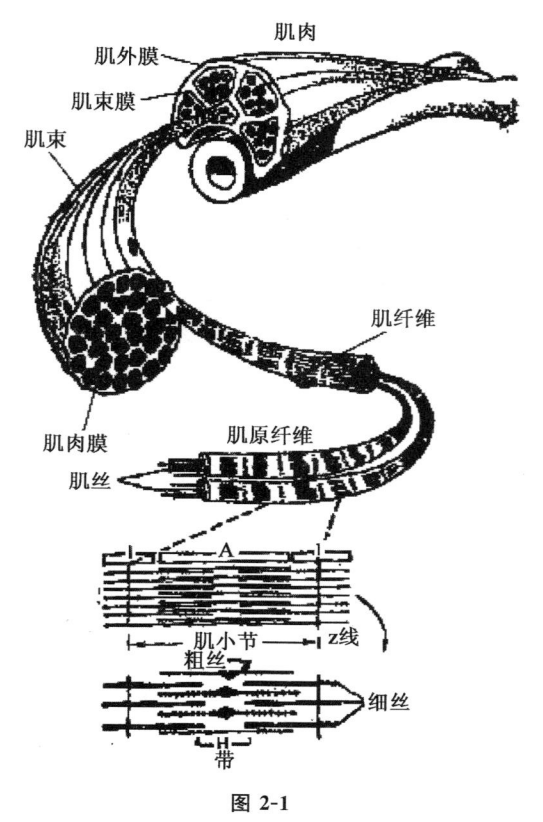

图 2-1

　　骨骼肌属于很多肌肉类型中的一种类型，具体是指附着在骨骼上面的肌肉。骨骼肌是人体肌肉中数量最多、分布最为广泛的一种，是人体运动系统中的主要部分。人体中大概包含着占体重36%～40%的400块大小各异的骨骼肌，其中约占男性体重的40%，约占女性体重的35%。

　　骨骼肌要想发挥收缩牵动骨骼、帮助人体保持某种姿势、促使人体产生局部运动、使得机体顺利做出运动需要的不同动作等一系列动作，都需要神经系统进行支配。如果把每块骨骼肌看作是一个器官，则可将其划分成中间膨大的肌腹和两端无法收缩的肌腱，肌腱是直接附着于骨骼上面的，运动来源于骨骼肌收缩时肌腱对骨骼的牵动。排列密切的胶原纤维束共同构成了肌腱，肌腱内部的胶原纤维彼此交织，进而形成形似辫子的腱纤维束。肌腱一端和肌内膜、肌束膜、肌外膜紧密相连。尽管肌腱不具备收缩功能,然而肌腱却能够对巨大的拉伸载荷加以承受。与肌腱相比,肌腹的抗张力强度则要逊色很多。

二、肌肉的类型

肌肉收缩并促使关节共同活动的运动方式,即肌肉工作。人体所有的细微运动都要通过肌肉收缩才能完成,如眨眼动作。肌肉做功的意义在于能够促使人体开始某种活动,或者促使人体保持某种静止的姿势和动作,但是肌肉只要做功就会对人体储存的能量物质进行消耗,运动的大小和强弱决定能量物质消耗的多少。但是即使肌肉不做功也存在能量消耗,只是这种情况下的能量消耗较少,通常被忽略不计。由此可知,倘若肌肉活动十分频繁,则人体新陈代谢必将十分旺盛,微毛细管也随之十分丰富。肌组织构成了肌肉的收缩成分,结缔组织构成了肌肉的弹性成分。通常情况下,一个动作需要多个肌肉共同协作才能得以完成。例如,在健身运动中,很少有通过一块肌肉就能够完成的健身动作,即使这个动作极为简单。只有在多块或者多群肌肉协同工作的情况下,才能达到完成不同动作或维持某种姿势的目的。

依照肌肉在人体工作中作用的不同,可以将肌肉划分为以下四种类型。

(一)原动肌

原动肌是指直接完成动作的肌群。在完成动作的整体过程中发挥主要作用的原动肌被称为主动肌,如"弯举"中的肱肌与肱二头肌。对动作完成起辅助作用或者在动作完成的某个阶段发挥次要收缩功能的原动肌被称为副动肌或者次动肌,如"弯举"中的肱桡肌与旋前圆肌。人体在完成持哑铃双臂弯举的动作中,肱肌、肱二头肌、肱桡肌和旋前圆肌等均属于"弯举"动作的原动肌(图 2-2)。

图 2-2

（二）对抗肌

对抗肌是指和原动肌作用截然相反的肌群，如在"弯举"动作中，肱三头肌属于肱二肌的对抗肌。原动肌与对抗肌并非是一成不变的，两者会随着环节运动方向的改变而有所变化。对抗肌不仅具有对抗原动肌工作的功能，而且还具有协调原动肌工作的功能。例如，当人体处于快速动作的结束阶段时，对抗肌会加强收缩，进而缩小关节的活动范围，并对运动速度起到减缓作用，防止关节附近软组织损伤的发生（图 2-3）。

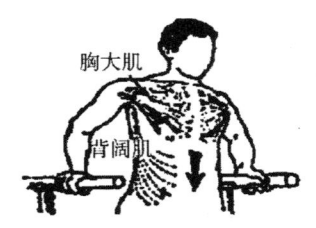

图 2-3

在维持肌肉平衡与防止运动损伤两个方面，对抗肌训练具有举足轻重的作用。多数情况下，骨骼肌均是成双成对进行工作的，倘若一块肌肉的运动超过其所能承受的正常负荷，同时与之相对应的肌肉缺乏运动，则会出现对抗肌力量不平衡的状况，在这种情况下该部位的肌肉极易受伤。

（三）固定肌

固定肌是指固定原动肌一端附着点所在骨的肌肉。固定肌能够将主动肌的拉力方向朝着主动肌的固定点，固定肌的作用是让肌肉的拉力方向维持在一定方向上。

固定的运动包含两种情况：一种情况是作用相反的两群肌肉协同工作，进而使得关节处于固定状态；另一种情况是一群肌肉和外部的某些力量共同作用，如当人体做"飞鸟展翅"动作练习时，伸大腿肌肉、腰背肌肉与重力互相作用，进而发挥固定躯干和固定骨盆的作用（图 2-4）。

图 2-4

在进行发展肌肉力量的训练过程中，要将其和功能锻炼紧密结合在一起，只有这样才能将大众健身力量训练的现实意义发挥到最大限度。因此，在力量训练过程中要同时训练原动肌和固定肌，在最大限度上促使两者得到均衡锻炼，不然难以保障原动肌的拉力方向，同时也会对原动肌力量的发挥效果产生不良影响。

（四）中和肌

中和肌的工作包含两种情况。

第一种情况是某些情况下两块原动肌包含一个共同作用，但是这两块原动肌的第二个作用是相互对抗的，如斜方肌具有上回旋和内收肩胛骨的作用，菱形肌具有下回旋和内收肩胛骨的作用，在做"飞鸟展翅"动作时，当斜方肌和菱形肌共同收缩时均为参与肩胛骨内收的原动肌，同时它们又是彼此的中和肌，中和了两者促使肩胛骨回旋的作用。

第二种情况是当原动肌具备多项功能时，某些肌肉参与工作进而导致原动肌的一些功能被抵消，最终促使人体做出的动作更为精准，这些肌肉叫中和肌。例如，当人们练习"飞鸟展翅"时，参与工作的肩胛提肌和菱形肌等对斜方肌使得肩胛骨上回旋的作用予以抵消,最终使得斜方肌仅仅发挥出促使肩胛骨内收的作用,肩胛提肌与菱形肌等肌肉就属于斜方肌的中和肌。

三、运动对肌肉的影响

(一)肌肉体积增大

表面看来,人们在进行运动时,肌肉就会受到来自外界的各种刺激,如果刺激很大,就会引起肌肉体积变大的现象发生。发生这一现象的原因是,当人处在进行运动时,外界力量会给肌纤维造成一种刺激,使肌纤维原有的排列状态受到影响,从而扰乱排列顺序。结束一次运动训练并处于休息状态后,肌纤维会重新进行排列与组合,受运动时外界刺激的影响,重新排列的肌纤维会变得更多、更粗壮。

(二)肌肉中脂肪的减少

在人的身体中会有一定量的脂肪存在,保温和作为储备能量等都是脂肪的主要功能与作用。但是,如果体内储备了大量的脂肪,除发挥自身的作用外,多余的脂肪会向肌肉周边转移,并在转移后的位置堆积起来。肌肉在收缩时,周围的脂肪会出现摩擦的现象,这会使肌肉收缩的速度减慢,使肌肉的运动负荷增加。而进行运动会使肌肉周围的脂肪逐渐减少,达到减肥与塑形美体的作用。

(三)肌肉毛细血管增多

运动能够改变骨骼肌中毛细血管的数量或者形态,当人体运动后肌纤维间毛细血管的平均分配数量会有所增加,而毛细血管数量的增多可以对骨骼肌的血液供给进行大幅度改善,进而使得肌肉的工作效率得以有效提高,最终保证肌肉更为持久地参与紧张活动。

(四)肌肉内的化学成分发生变化

长时间运动能够改变肌肉内部的化学成分,如增加肌肉中肌糖原、肌球蛋白、肌动蛋白、肌红蛋白以及水分等的含量。参与肌肉收缩的基本物质中包含肌球蛋白和肌动蛋白,这些物质含量的增多能够提升肌肉收缩能力、强化ATP(三磷酸腺苷)酶的活性,给肌肉及时供给能量。同时,肌红蛋白还有和氧结合的功能,倘若肌红蛋白的含量有所增加,则肌肉中氧的储备量也能够得以增加,进而在耗氧量很大时肌肉依然能够维持良好的工作状态。此外,肌肉中水分含量的增多,便于肌肉中氧化反应的顺利进行,对增长人体的肌肉力量具有积极作用。

(五)参加活动的肌纤维数量增加

研究表明,人体在运动时并不是肌肉中的全部纤维都会进行收缩,相反仅有部分肌纤维会对神经冲动产生反应进而进行收缩,剩余没有进行收缩的肌纤维叫不活动纤维。肌纤维未产生收缩的原因在于在神经控制过程中没有使用这些肌纤维,这些肌纤维进行运动终极的神经冲动过少过弱。

长时间运动能够对神经控制起到改善作用,使得神经冲动的传递功能得以强化,促使那些不活动的肌纤维变得活动起来。通常训练水平较低的运动者,其肌肉中参与收缩活动的肌纤维约占60%;对于训练水平高的运动者来说,其肌肉中参与收缩活动的肌纤维可能会高达90%。

(六)肌肉延迟性疼痛

肌肉延迟性疼痛是指当肌肉骤然得到过多刺激后的1~2天,使用肌肉的部位会出现酸痛感,通常这种酸痛感会持续2~3天的时间,随后这种现象得到逐步缓解。一般情况下,所有骨骼肌进行激烈运动后都可能出现延迟性肌肉疼痛的现象,尤其是长时间为参与运动或者突然变换运动项目的人群。在运动后的24

~72小时,肌肉的酸痛感会达到极点;在运动后的5~7天,肌肉的酸痛感会基本消除。人体在感受到肌肉有酸痛感的同时,还会出现肌肉僵硬感,轻度的运动者只会出现压痛感,重度的运动者则会出现肌肉肿胀,更为严重的运动者可能还会因肌肉僵硬感而对其正常的工作和生活产生影响。

第二节 运动与呼吸系统

一、呼吸系统的功能

人体在进行运动的过程中,肺会伴随胸廓的运动而产生运动,原因在于肺与胸之间密闭胸膜腔的存在以及肺本身所具备的弹性。因此可以说,肺部的呼和吸并未使得胸廓产生起伏,相反是因为胸廓起伏推动肺部进行呼和吸。外呼吸、内呼吸以及气体运输是人体呼吸过程的三个组成部分。从本质上来说,气体交换是肺换气(外呼吸)和组织换气(内呼吸)的总称(图2-5)。

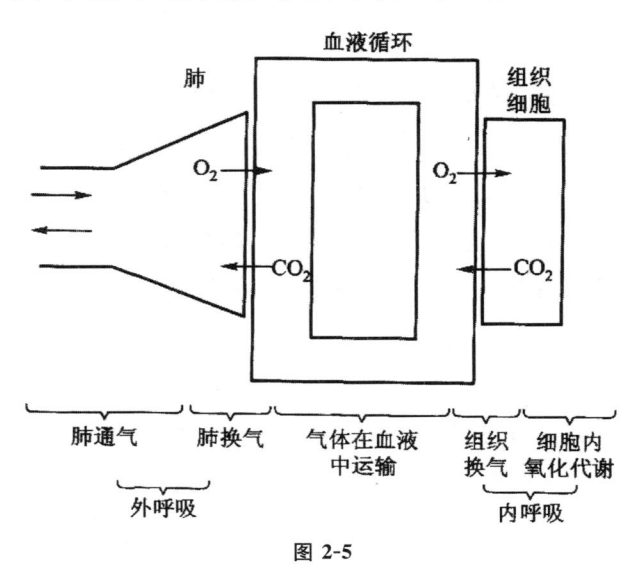

图 2-5

(一)肺通气

肺和外部环境间的气体交换过程,即肺通气。呼吸道、肺泡、胸廓以及胸膜腔是实现肺通气的主要结构。呼吸道是气体进出肺的通道,肺泡是气体进行交换的场所,胸廓节律性的运动是呼吸运动得以实现肺通气的动力。

1.肺通气的动力

肺通气的动力,即由呼吸肌的收缩与舒张进而引起的呼吸运动。当人体处于平静吸气时,吸气肌收缩,胸廓扩大,膈肌降低,肺部的容积增加,肺内压小于大气压,外部空气经过呼吸道进入肺部,进而完成了整个吸气过程。进行收缩的吸气肌数量越多,则吸入气的数量变得越大。吸气过程的末尾,胸廓不再进行扩张,肺内压和大气压处于平衡状态,外部气体不再进入肺部。之后,人体进入平静呼气的状态,吸气肌舒张,胸廓和肺部回位,膈肌上升,肺部的容积减少,肺内压大于大气压,内部气体经过呼吸道流出肺部,进而整个呼气过程得以完成。当人体用力进行呼气时,呼气肌和腹壁肌共同进行收缩,进而使得肺内压明显升高,最终使得呼出的气体得以增加。

憋气是指吸气之后将声门紧闭,用力呼气的动作。在日常运动中,憋气的现象经常出现。憋气可以反射性加强肌张力(胸膜腔内压是胸膜腔内的压力的简称。一般情况下,不管处于吸气状态还是呼气状态,大气压总是高于胸膜腔内压,因此胸膜腔内压也被称为胸膜腔内负压),同时还能固定胸廓,为人体上肢部分的发力赢得较为稳定的支撑点。但是,当人体做憋气动作时,胸膜腔内压处于正压状态,使得静脉难以实现回流,减少了心输出量,进而导致心肌、脑细胞以及视网膜出现供血不足,最终使得人体产生头晕、恶心、耳鸣、"眼冒金星"的不适感。憋气结束之后,反射性深吸气导致胸膜腔内压突然减小,静脉中的血液快速流回心脏,人体的血压骤然升高。需要注意的是,憋气之前吸气不宜过深,当深度吸气之后憋气可以稍微开启声门,进而节制性地从声门部位挤出少量气体。憋气对于儿童和青少年的心脏发育有很大的消极影响,所以儿童和青少年在运动过程中应当减少憋气的次数。

2.肺通气功能的指标

(1)肺容积

肺容积又被称为"肺总量",是指肺能够容纳的最大气体量,潮气量、补吸气量、补呼气量以及残气量是肺容积的四个组成部分(图2-6)。人们的性别、年龄、身材、运动状况以及体位变化都会对肺容积的大小产生影响,成年男性的平均肺容积约为5 000毫升,成年女性的平均肺容积约为3 500毫升。

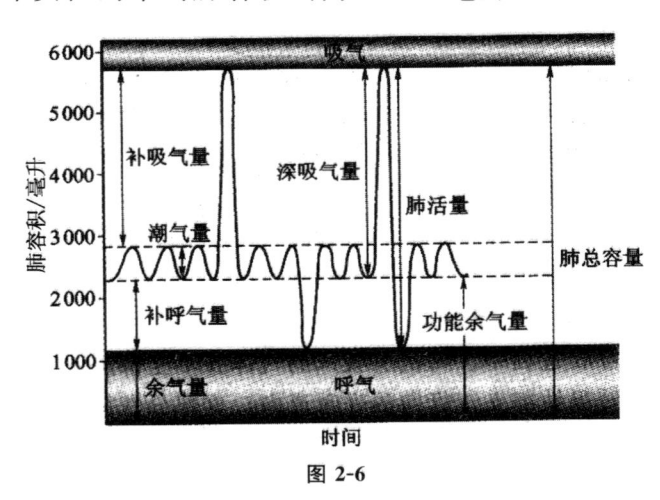

图 2-6

潮气量具体是指人体每次呼吸时吸入或者呼出的气体量,当正常成人在平静呼吸的状态下,潮气量大约是500毫升;补吸气量具体是指人体在平静吸气的末尾,再次竭尽全力吸气能够吸入的气体量,正常成人的补吸气量大约是1 500～2 000毫升;补呼气量具体是指人体在平静呼气的末尾,再次竭尽全力呼气能够呼出的气体量,正常成人的补呼气量大约是900～1 200毫升;残气量具体是指人体在极限呼气的末尾时残留于肺部无法再次呼出的气体量,正常成年人的残气量大约是1 000～1 500毫升。功能残气量是指人体在平静呼气状态的末尾残留在肺部的气体量,功能残气量是补呼气量和残气量的总和,正常成年人的功能残气量大约是 2 500 毫升;深吸气量是补吸气量和潮气量的总和,是人体最大通气功能的重要衡量指标之一,胸廓形态和吸气肌发达程度对深吸气量发挥着十分重要的影响。

(2)肺活量和时间肺活量

人体在最大程度的吸气之后,竭尽全力能够呼出的最大气量,即肺活量。肺活量是潮气量、补吸气量以及补呼气量的总和。性别、年龄、体位以及呼吸肌力量强弱等多种因素都会对肺活量的大小产生影响,因此肺活量的大小并不是一成不变的,通常成年男性的肺活量大约是 3 500 毫升,女性的肺活量大约是 2 500 毫升。

长期参与运动能够促使呼吸肌发达、胸围增大,从而对肺部弹性和胸廓弹性起到增强作用,最终加大运动者的肺活量。经过专业训练的运动员在接受长时间的身体素质训练和体育技术训练之后,他们的肺活量会比常人高很多,尤其是长跑、划船以及游泳等有极大需氧量的运动项目的运动员,他们的肺活量有的可能高达 7 000 毫升左右。肺活量是人体一次通气的最大能力的有效反映,是测定肺通气机能最为常用的指标之一。

由于对肺通气机能进行测定时,没有对呼气时间进行限制,所以对人体的肺通气功能无法进行全面的反映,故而时间肺活量由此产生。在人体吸气之后,竭尽全力用自身的最快速度进行呼气,对第1、2、3秒呼出气量在肺活量中所占的百分比进行计算,计算出的百分数则为时间肺活量。对于正常的成年人来说,在第1、2、3秒的时间肺活量依次是83%、96%以及99%,在这3秒的时间内第1秒的时间肺活量尤为重要。人体的肺容量和肺的通气速度都可以通过时间肺活量很好地反映出来。

(3)肺通气量和肺泡通气量

人体在每分钟内吸入或者呼出的气体总量,即每分通气量。每分通气量是潮气量(毫升)和呼吸频率的乘积。当正常的成年人处于平静呼吸状态时,每分钟在呼吸上的频率大约是 12～18 次,潮气量大约是 500 毫升,由此可知正常成人在平静呼吸时每分通气量约为 6～8 升。当人体处于运动状态时,伴随着运动强度的增大和运动时间的增长,人体每分通气量也会渐渐增大。

在单位时间内,肺的所有通气能力得以足够发挥时的通气量就是最大通气量,最大通气量是对肺通气功能进行测定的重要指标之一。在我国,成年男性的最大通气量能够达到 100～120 升/分钟,女性的最大通气量能够达到 70～80 升/分钟,训练水平较高的运动员能够达到 180 升/分钟。

在呼吸的全过程中,并非每次被人体吸入的全部气体都能够顺利进入肺泡,在呼吸性细支气管前的呼吸道中也有少许气体被留存,被留存的气体无法完成气体交换过程,这些气体占据的空间被叫做解剖无效腔,解剖无效腔的容积大约是 1 500 毫升。一般情况下,仅有顺利进入肺泡的气体才能被算作有效通气量,即肺泡通气量。肺泡通气量计算公式为:肺泡通气量=(潮气量-无效腔)×呼吸频率(次/分钟)。倘若人体处于平静状态时,潮气量为 500 毫升,每分钟的呼吸频率是 12 次,肺泡通气量则为:(500 毫升-150 毫升)×12 次/分=4 200 毫升/分钟。

针对每分通气量和肺泡通气量,潮气量和呼吸频率对两者发挥着不同的作用。当潮气量减半、呼吸频率加倍或者呼吸频率减半、潮气量加倍的情况下,每分通气量始终保持在 6 000 毫升,但在这种情况下肺泡通气量会因为解剖无效腔的影响产生较大的改变。因此,如果想要使得肺泡更新率得以提高,当处于一定范围时,与浅而快的呼吸相比,深而慢的呼吸更有利于提高肺泡更新率。

(二)气体交换

1.气体交换过程

肺泡和血液之间以及血液和组织细胞之间 O_2 和 CO_2 的交换

均属于气体交换,第一种交换被叫做肺换气,第二种交换被叫做组织换气。因为 O_2 和 CO_2 均属于脂溶性分子,可以直接穿过生物膜开始扩散,因此扩散是这两种气体交换得以实现的方式,从物理原则的角度出发,两种气体交换是一致的。

因为肺通气在持续不断地进行着,所以组织代谢始终处于不断消耗 O_2、不断产生 CO_2 的状态,肺换气和组织换气同样处于不断进行的状态中。换言之,即肺泡不断供给 O_2 给肺循环毛细血管的血液中,同时肺循环毛细血管的血液不断释放出 CO_2;体循环毛细血管的血液持续地提供 O_2 给组织,同时运走释放的 CO_2,进而促使组织代谢进入正常的运行状态(图 2-7)。

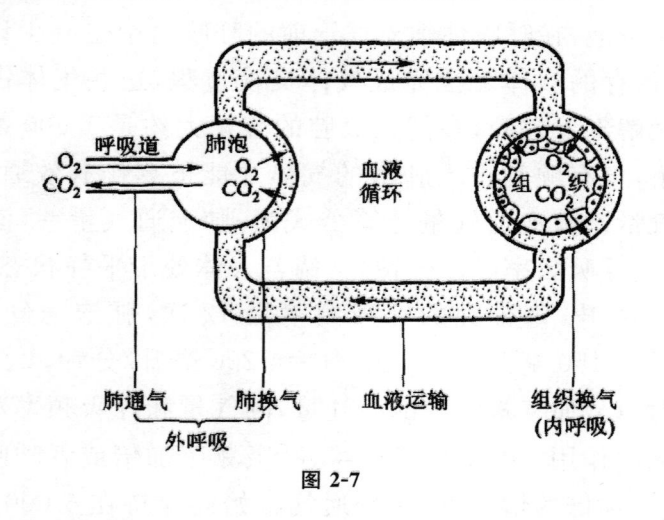

图 2-7

2.影响气体交换的因素

(1)呼吸膜的通透性和面积

肺泡与肺毛细血管间是肺交换气体的主要场所,气体穿过的膜叫做呼吸膜,呼吸膜也称肺泡与肺毛细血管膜。呼吸膜具有薄和透气性极佳的特点,因此十分容易被气体穿过。气体扩散速率和气体扩散面积属于正比例关系,正常成年人的呼吸膜的总体扩散面积大约为 70 平方米,具有十分大的贮备面积。当人体处于运动状态时,肺毛细血管的开放数量和开放程度会大大增加,扩散面积也会随之大幅度增加,最终促使肺的换气效率得到显著提升。

(2)通气/血流比值

通气/血流比值是指每分钟肺泡通气量和肺血流量(心输出量)之间的比值。正常人在安静状态下的通气/血流比值是0.84,这一比值下的通气量和血流量之间的匹配最为适宜,气体交换的效率处于最高值。当人体进行中小强度的运动时,机体一方面要利用对呼吸运动的调整进而增加肺通气量,另一方面还需增大心输出量,进而促使通气/血流比值处于相对稳定的状态。但是,倘若运动强度过大,心输出量的增加难以与肺通气量的增加保持一致时,通气/血流比值也会随之增高。在这种情况下,血液无法灌流给每一个肺泡,进而导致未得到血液灌流的部分肺泡中的气体难以和血液进行充分交换,在一定程度上降低了气体交换效率。因此,通过对心泵功能的不断强化,可以增加人体在剧烈运动过程中单位时间内灌流肺泡的血流量,进而促使通气/血流比值维持在0.84,最终对肺换气效率起到提高的作用。

(3)组织局部血流量

从组织换气的角度出发,除血液和组织的PO_2这一要素之外,组织局部的血流量也对组织细胞从血液中吸收O_2的多少发挥着重要的影响。当人体处于运动状态时,肌肉中毛细血管的开放数量会明显增多,肌肉组织的换气效率也会得到一定程度的提高。

二、呼吸运动的调节

呼吸运动属于一项节律性的活动,伴随着机体代谢水平的变化,呼吸的深度和频率也会随之发生改变。例如,当人体在运动过程中加大呼吸深度和频率,进而吸入更多O_2、释放出更多CO_2,以此来对机体的代谢需求进行更好地适应,而这一适应过程就是通过神经和体液的协同调整而得以实现的。

(一)呼吸中枢

呼吸中枢是指在中枢神经中对呼吸运动有产生和调节作用的神经细胞群分布的部位。大脑皮质、间脑、脑桥、延髓以及脊髓等不同等级的中枢部位均属于呼吸中枢分布的部位,这些部位在产生和调节呼吸节律方面具有不同的作用,只有在不同等级呼吸中枢的共同配合,才能实现正常的呼吸运动。在各级呼吸中枢中,处于延髓部位的呼吸中枢属于最为基本的一种,能够自动产生节律性兴奋,进而引发节律性呼吸。

(二)呼吸的反射性调节

尽管脑是呼吸节律的产生部位,但是化学感受、呼吸器官本身、其他器官系统感觉器传入冲动也会对呼吸节律产生反射性调节。

1. 化学感受性呼吸反射

动脉血液或者脑脊液中的 CO_2、O_2 以及 $[H^+]$ 等的改变,会对化学感受器产生刺激作用,进而对呼吸运动产生调节作用,这里所说的化学感受器包括外周化学感受器和中枢化学感受器。颈动脉体和主动脉体是外周化学感受器存在部位,外周化学感受器可以对血液中 P_{CO_2}、P_{O_2} 和 $[H^+]$ 的变化进行感受,延髓腹外侧的浅表部位是中枢化学感受器的存在部位,中枢化学感受器无法敏感地感受低氧刺激,其直接和脑脊液接触感受 CO_2 和 $[H^+]$ 变化带来的刺激。

2. 肺牵张反射

肺扩张或者缩小导致的吸气抑制或者兴奋反射,即肺牵张反射。肺扩张反射与肺缩小反射是肺牵张反射的两个成分。肺扩张反射具体是指肺充气或者肺扩张时抑制吸气的反射,感觉器是牵张感受器,具体位于气管到细支气管的平滑肌里面,其特点是阈值低适应慢。肺缩小引起的吸气反射就是肺缩小反射,其感受器位于气道的平滑肌中。肺缩小反射只有在肺缩较为强烈时才会出现,在阻止呼气太深和肺不张等方面发挥着一定的作用。

3. 呼吸肌本体感受性反射

呼吸肌本体感受器(肌梭)被牵拉时,因传入冲动导致的反射性呼吸变化,即呼吸肌本体感受性反射。人体正常呼吸运动的调节要求呼吸肌本体感受性反射进行参与,所以当呼吸肌负荷增加时,呼吸肌能够发挥较为显著的影响。

4. 防御性呼吸反射

咳嗽反射与喷嚏反射等均属于防御性呼吸反射。人体有许多感受器存在于呼吸道中,这些感受器位于黏膜上皮的传入神经末梢,当分布的感受器受到机械刺激或者化学刺激之后,会引起人体产生防御性呼吸反射,进而防止机械刺激或者化学刺激进入到肺泡内。例如,在游泳过程中倘若有液体不小心进入到鼻腔,为防止进入鼻腔的液体顺势进入到呼吸道,防御性呼吸反射就会在机体中被引发出来,这一反射的具体表现是机体快速停止吸入,转换为呼出并且有咳嗽与之相伴,进而促使将要进入到呼吸道的液体尽快排出体外。除此之外,当血压发生大幅度地变化时,也会反射性影响呼吸。当机体血压升高后,呼吸变得弱小缓慢;当机体血压降低后,呼吸频率加快且深度加强。

三、运动对呼吸系统的影响

(一)促进呼吸肌发达

肋间肌、腹肌、膈肌等肌肉都属于呼吸肌。一般而言,在运动的过程中,人体肌肉需要大量的氧气供应,要比静止时需要的氧气量多。在运动中,所有的动作是与人体自身的呼吸节奏相互配合的,呼吸肌随着动作而有节奏地配合着。呼吸肌有节奏性的运动能够锻炼其内部的腹肌、肋间肌及膈肌肌肉,能够促进肌肉力量的强壮,从而促进呼吸肌的壮大。肌肉舒张力收缩力量也会随着呼吸肌的壮大而增强,呼吸时会伴随一定的肌肉运动,肌肉运动的幅度会随着呼吸肌的增强而不断增大。通常用呼吸差来对呼吸运动幅度的大小进行衡量,呼吸差是指尽力吸气和尽力呼气的胸围大小变化的差额。人们如果经常参与运动,其呼吸差就能够达到8~16厘米,与之前没有参与运动相比,高出其一倍多。呼吸时吸入与排出的气体都很多,气体频繁交换,这有利于运动时人体组织细胞对氧气的需求得到不断地满足。

(二)增强肺活量

人体肺部能够容纳空气量的最高限度就是肺活量,人体呼吸系统的工作能力水平能够通过呼吸系统反映出来。所以,人们经常使用肺活量的测量来对自身的体质状况进行衡量。性别、年龄以及运动程度等都会影响人体肺活量的大小。通常而言,男性成年人正常的肺活量平均值是3 500~4 000毫升,女性成年人正常的肺活量平均值是2 500~3 000毫升。与正常的成年人相比,儿童与老年人的肺活量平均值要小。有规律地参与运动,能够明显促进肺活量的增强。

(三)降低呼吸频率

人体每分钟呼吸的次数就是呼吸频率。通常来说,正常男性成年人的呼吸频率是12~18次/分钟,与男性相比,正常女性成年人的呼吸频率要较快一些,老人和孩子的呼吸频率要比成年人更快。因为参与运动能够使人体的呼吸肌变得强壮,从而也会增加每次正常呼吸的气体量,加大呼吸的深度,这就使得呼吸频率不断减少。人体的呼吸系统是否有较强的功能,主要从呼吸频率的快慢中反映出来。

第三节 运动与神经系统

一、神经系统的结构分类

中枢神经系统和周围神经系统是人体神经系统的两个主要类别,这是以位置的不同为依据进行划分的(图 2-8)。

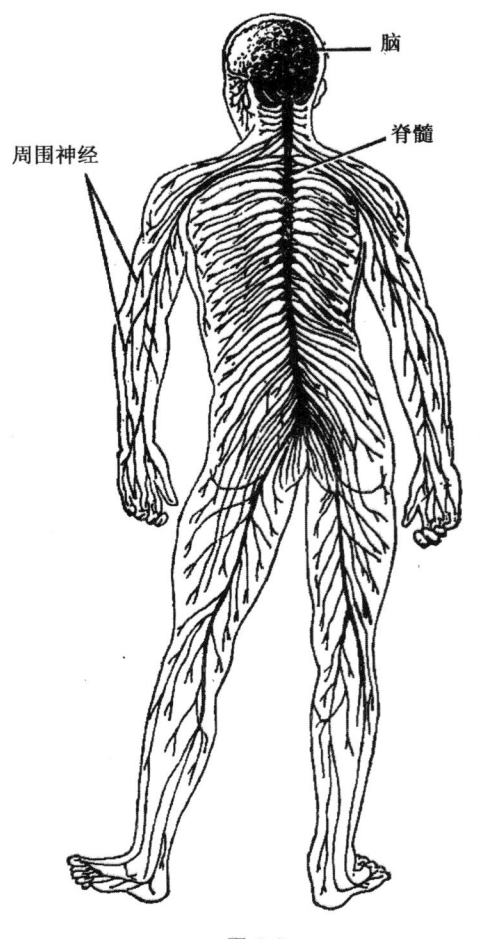

图 2-8

(一)中枢神经系统

　　脊髓与脑是组成中枢神经系统的两个部分,也是组成人体神经系统的关键部分。中枢神经系统的主要功能是对信息进行加工、储存与传递,对人的一切行为活动进行支配与控制。

　　脊髓所在的位置是椎管,脑所在的位置是颅腔。中枢神经系统主要接受的是来自周围神经系统传入部分的信息,而周围神经系统传入部分的信息主要来源于耳朵、眼睛、鼻子等人体各部位的感受器。这些感受器能够接收来自外界的信息,从而对其进行一步步的传递。中枢神经系统接收到信息之后,会对其进行判断、分析、整理与综合,经过这些步骤之后,下达指令,把这些加工过的信息传到周围神经系统的传出部分,传出部分再把这些信息传达效应器,对人体造成不同的刺激,从而使人体表现出相应的反应。所以说,在人体一切活动的神经调节中,中枢神经系统发挥着关键作用。

(二)周围神经系统

　　除了中枢神经系统之外,遍布身体各个部位的神经结构和神经组织就是周围神经系统。脊神经与脑神经是组成周围神经系统的两个关键部分。周围神经系统的一端连着中枢神经系统,另一端连着身体的其他系统与器官,主要通过各种末梢装置而连接。通常情况下,把周围神经系统分为三个主要部分,即脊神经、脑神经与内脏神经,这样划分主要是为了方便进行系统的研究。

二、神经系统的基本活动方式

(一)反射

　　神经系统的基本活动方式之一是反射。反射指的是,神经系统在对机体机能的活动进行调节的过程中,在受到内环境与外环境的刺激作用后所表现出来的相应的反应。条件反射和非条件反射是神经系统的两种反射类型。无论是哪种反射,其顺利实现离不开下面所讲的反射弧的作用。

(二)反射弧

反射活动所通过的结构就是反射弧,它是反射活动的形态学基础。反射弧是保证反射得以实现的结构基础。组成反射弧的部分有五个,即感受器、感觉神经、联络神经元、运动神经元和效应器(图 2-9)。一次反射活动的整个过程是:感受器—感觉神经—联络神经元—运动神经元—效应器。[①]

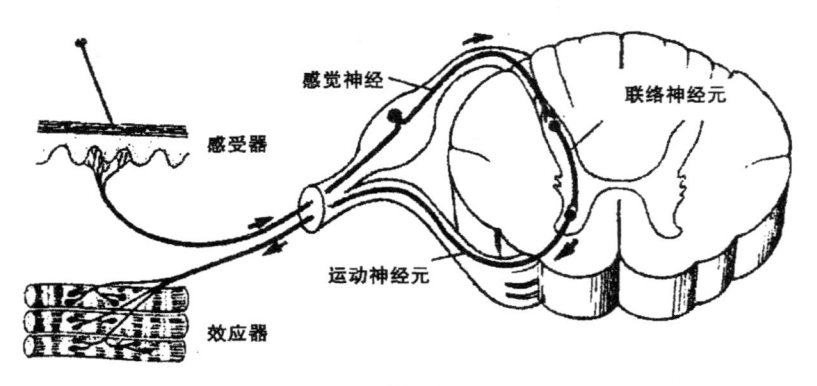

图 2-9

三、运动对神经系统的影响

神经系统对人体的各个器官系统具有主导作用,能够对人体的活动进行调节与控制,促使人体发展成为一个有机的整体。这个有机整体不仅能够对不断变化的外界环境加以适应,而且可以通过自身的不断变化来保持与外界环境的相对平衡。各种不同的简单或复杂的反射活动共同组成神经系统的活动,从形态和机能两方面来看,神经系统的活动是不可分割的一个完整体。运动

---

① 王健.运动人体科学概论[M].北京:高等教育出版社,2003.

主要从以下两个方面影响神经系统。

(一)促进神经系统反应灵敏、准确

由于脑、脊髓和周围神经是构成神经系统的主要成分,在运动时,身体所做的动作都是通过神经系统支配其骨骼、肌肉和关节来完成的。神经系统不仅能够对运动过程进行调节与控制,而且能够对动作完成方法是否正确进行直接感受,在神经系统的支配作用下,参与运动能够使骨骼、肌肉与关节变得更加准确与灵敏。

(二)加强神经系统的调节作用

在运动过程中,每个动作几乎都需要身体的左右侧相互配合来完成,身体的配合有利于均衡地发展人的左右脑。在运动过程中,动作的刺激有利于人体神经系统反应能力的增强与提高,使神经系统的调节能够快速、准确地判断外界环境的变化,并做出一些支配或调整来适应外界变化。

人体在进行运动时,当自身体内积累的热量达到一定程度时,或面对极高的外界气温时,神经系统会及时并且准确地做出一些反应,并向相应的器官传达相关的命令,从而增加皮肤的血流量,使皮肤表面的毛孔不断扩张,这时汗液就会从毛孔中排出,从而达到消热的效果。同理,当人们在冬天进行运动时,面临寒冷的刺激时,神经系统会及时做出正确的反应,从而使肌肉变得紧张,同时收缩皮肤血管和毛孔,减少血流量,达到积热的效果。

第四节 运动与氧运输系统

运动与氧运输系统的关系主要体现在运动与呼吸系统、运动与心血管系统两个方面,本章第二节已经阐述过运动与呼吸系统的关系,因此这节主要解析运动与心血管系统的关系。

一、血液的成分及功能

　　心血管系统是血液存在的主要系统，血液是一种流动液体的结缔组织，它由血浆和血细胞组成。各部分组织液相互沟通、组织液与外环境进行物质交换都是在血液贮存地进行的。维持生命是血液最大的作用。

　　血量是人体内血液的总量，血量等于血浆量加血细胞量。通常情况下，成年人的血量大约为体重的 7%～8% 左右。蛋白质、水和低分子物质都会存在于血浆中。其中，存在于血浆中的低分子物质中含有不同种类的电解质和小分子有机化合物。组织液中电解质的浓度基本上可以用血液中电解质的浓度代表。

　　血浆蛋白包括球蛋白、白蛋白与纤维蛋白三大类。血浆蛋白的分子很大，不能从毛细血管管壁透过。不同的血浆蛋白，其生理功能也各有差异。

　　血细胞可以分为白细胞、红细胞与血小板三类。白细胞最大生理功能就是免疫功能；血液中数量最多的是红细胞，对氧气和二氧化碳进行运输是红细胞的主要生理功能。此外，红细胞还能够缓冲血液酸度的变化；血小板的保护功能是其最为突出的生理功能，人体生理止血、凝血与使血管内皮保持完整等是血小板保护功能的最明显的表现。

二、心血管系统的组成

　　血液在有机体循环系统（由心脏和血管组成）中，以一定的方向周而复始地流动的过程就是所谓的心血管系统，也被称作"血液循环系统"。心血管系统的主要功能是使体内的物质运输得以顺利完成，对人体代谢所需的氧气与能量物质进行运输，同时也对代谢产物进行运输,使机体新陈代谢的正常进行有所保障。[①] 血液的所有功能能否实现,取决于血液循环能否正常进行。心脏和血管是组成心血管系统的两个部分。

三、运动对心血管系统的影响

(一)提高心脏的动力

长期坚持运动有利于加强心脏的跳动力,也有利于增加其搏出血量。这主要是由于有规律科学地进行运动的人要比不经常运动的人的心脏体积大。此外,经常参与运动的人,其心脏的容积与心脏壁的厚度也比不运动的人要好。据调查,参与运动的人每次心脏收缩的搏出量要比不运动的人高10%左右,这就使其心脏跳动的次数随着每搏出量的增多而减少。例如,不运动的人每搏出量如果是70毫升,其心脏跳动的次数每分钟需要达到70次才可以使身体各器官代谢的需求得到满足。参与运动之后,人的每搏出量如果达到80毫升,那么其心脏跳动的次数每分钟只要62次就可以使各器官的需求得到满足了。人体心脏每分钟跳动的次数变得缓慢之后,就会延长心脏舒张时间,使心脏有充分的时间来休息,如此心脏便能不断趋于健康。

除此之外,人们在运动时,因为所要完成的动作比较剧烈,所以身体需要大量的能量,能量需求量要远远大于静止时的需求,为了使内脏与肌肉的能量需求得到保证,心脏就会以高频率跳动,从而增加了跳动的搏出血量。体内血液循环的频率也会因血管舒张而加快。当心跳的频率为100次/分钟左右时,并且持续十分钟以上保持这样的频率时,则能够使心脏得到很好的锻炼,促进心肌的大幅增强,也有利于血管韧度和强度的加强,从而使各种心脏病发生的可能性降低。

---

① 王瑞元,苏全生.运动生理学[M].北京:人民体育出版社,2012.

第二章　运动与人体各系统之间的关系

科学研究与运动实践表明,运动锻炼能够促进运动者血液循环质量的提高,从而使血液供应不足的现象得到有效避免,而且能够促进血管舒张能量和收缩能力的加强,保证血液能够畅通地循环。

(二)改善心血管系统

运动对心血管系统功能的改善也有着举足轻重的价值。这主要是由于运动能够增加血管的收缩度与舒张度,也会增加毛细血管量,从而使血液的流通更加顺利通畅,血液能够在短时间内向身体不同部位的组织细胞流通,同时身体不同组织细胞也能够更加充分地获取氧气和营养物质。与此同时,经过身体各个组织细胞代谢所产生的物质向排泄系统各个器官运输的进程也会加快。这一过程有利于肌肉耐力的增强,也有利于肌肉疲劳的延缓。运动对心脏本身的血管功能的改善也是有益的,其能够使心脏细胞对血液与氧气供应更加充分,从而减小心肌梗死与冠心病的发病可能性。

(三)加强组织和细胞的活力

长时间进行运动有利于增加体内血液中的白细胞与红细胞。白细胞具有很好的免疫能力,它能够使抗体得以产生,并能够有效地消灭在人体内部侵入的细菌或病毒,从而促使身体保持健康状态。大量的血红蛋白包含在红细胞中,血红蛋白的携氧能力很好。有越多的红细胞,就说明在血液循环中血液能够携带越多的氧气。当有了充分的氧气供应时,身体就能够在较为轻松的状态中运动,否则在运动过程中极易产生疲劳。通过参与运动,能够不断增强组织和细胞的活力。大量实践证明,运动不仅能够促进血液运氧能力的提高,使运动疲劳有效减少,同时还能够促进人体免疫力的提高。

(四)加快人体新陈代谢转化

人们要想使自身的生理功能维持一个正常状态,就需要将体内的代谢物向外界不断排出,排出的同时从外界获取细胞所需的营养物质,这是使机体顺利进行新陈代谢的基础保障。因为代谢物质向排泄系统各个器官的输送离不开血液循环,由此可知,运动在促进心血管系统功能改善的同时,也促进了人体新陈代谢能力的增强。

第五节 运动与内分泌系统

一、内分泌系统概述

(一)激素的概念与分类

1.激素的概念

内分泌腺或者内分泌细胞分泌出来的高效生物活性物质,即激素。对机体生理过程进行调节是激素在机体中的主要作用,激素是人体维持正常生命活动的重要物质。在机体代谢、机体生长、机体发育、机体繁殖等方面,激素都起着十分重要的作用。内分泌腺是指分泌激素的腺体,内分泌腺没有导管,其分泌的激素直接进入到其附近的血液或者淋巴中,进而最终运输到全身各处。脑垂体、甲状腺、胰腺以及肾上腺是人体中主要的内分泌腺。

存在于人体内的激素,在生理调节等方面具有十分重要的影响。然而,并没有大量激素留存在血液中。特异性是激素在其作用方面的一项特征,就是指一种类型的激素仅对一种组织细胞或者某些组织细胞的某些代谢过程发挥作用,受某一种类型激素作用的器官、组织或者细胞,被称为这一激素的靶器官、靶组织或者靶细胞。机体中的多项激素和神经系统共同调节人体代谢与人体生理功能。通常人体中多种不同的激素水平大多是处在平衡状态下的。但当多种激素水平的平衡状态被打乱之后,如某一种激素骤然增加或者激素减低,就会出现内分泌失调的问题。

2.激素的分类

在人体中,激素种类数不胜数,同时激素的来源广泛而复杂。以激素的作用原理进行划分,可以将激素划分为非类固醇激素(含氮类激素)和类固醇激素两种类型。

(1)非类固醇激素

非类固醇激素(含氮类激素)包括如下丘脑多肽、垂体激素、胰岛素以及消化道激素等肽类与蛋白质类激素;还包括如甲状腺素、肾上腺素以及去甲肾上腺素等肽类激素。

非类固醇激素,又被称之为"第一信使"。非类固醇激素能够在细胞中产生环腺苷酸(cAMP),进而对作用于细胞中的生化过程。环腺苷酸(cAMP)是激素产生作用的细胞内媒体,一般将激素作用的媒体称之为"第二信使"(含氮类激素作用机制模式如图2-10所示)。作为第一信使的激素,会伴随着血液循环到达激素对应的靶细胞,充分与靶细胞膜上面的具有特异性的受体结合,进而形成激素受体复合物。在Mg_z^+存在的情况下,激素受体复合物激活了腺苷酸环化酶,进而使得ATP转化成cAMP,激素带有的信息随之被传到cAMP中,cAMP推动没有活性的蛋白激酶变得活化,磷酸化酶被激活,进而加快或者减弱靶细胞本来存在的反应,如腺细胞的分泌、肌细胞的收缩和舒张、神经细胞的电位变化、细胞膜通透性的变化、细胞分裂与分化等。第二信使实现了非类固醇激素的功能与价值,第二信使学说也由此产生。

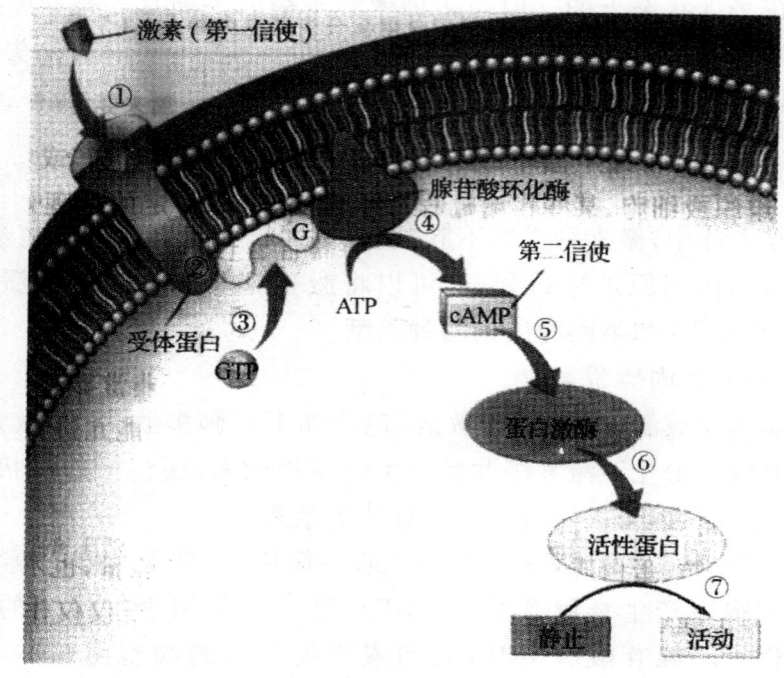

图 2-10

（2）类固醇激素

类固醇激素包含皮质醇、醛固酮以及雄性激素等，追溯这些物质的分泌源头，可知主要包括人体肾上腺皮质分泌的激素以及性腺分泌的激素。特异性受体并未存在于固醇类激素的靶细胞之上。此类激素属于脂溶性激素，其分子相对较小，这些分子能够通过细胞膜进入到胞浆中来（图 2-11 是固醇类激素作用机制模式）。此种激素伴随着血液在人体中的不断循环达到靶细胞之后，从细胞膜穿过进而达到细胞内部，随后在胞浆这一载体中激素和受体充分结合在一起，最终形成了激素—受体复合物。激素—受体复合物穿过核膜进入到细胞核，将特异基因激活，信使核糖核酸就此形成，诱导酶类、结构蛋白和调控蛋白质合成，激素生理效应得以实现。类固醇激素是通过影响基因进而实现其作用的，所以这一作用的原理也被称之为基因调节学说。

图 2-11

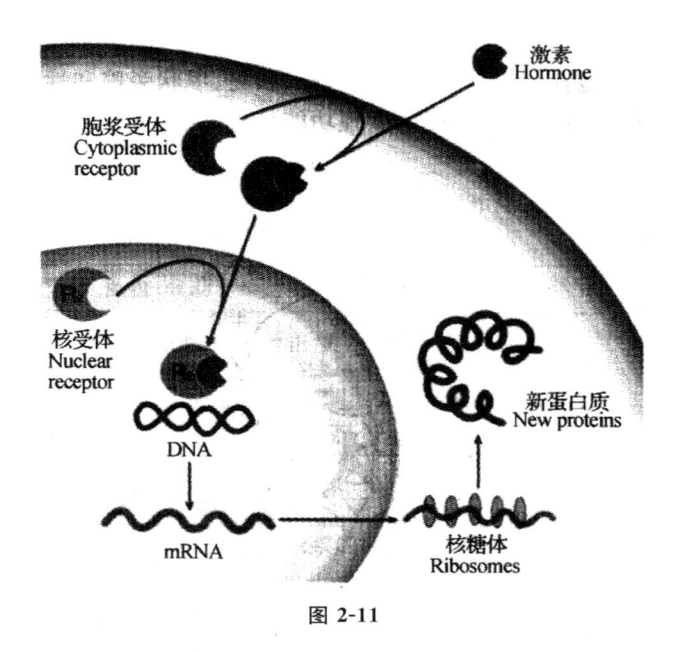

(二)激素的特点与作用

1. 激素的特点

(1)激素的特异性

血液运输活动和淋巴液运输活动是激素在体内循环的主要方式,激素在人体内的循环并不是依靠人体各个系统的全部器官,相反只是选择性作用于一些特定器官、组织或者代谢过程,激素作用的这一特性就是激素作用的特异性,以上可以接受激素且在激素参与下产生特异性的反应的人体器官或者人体组织就是这一激素的靶器官或者靶组织。

(2)激素的高效性

在人体中,激素是微量物质的一种。虽然激素在其含量上不多,但其放大效应却十分巨大,激素的这一特点就是其高效性的反映。由于激素具备高效性,所以假如由于某些原因导致人体内激素分泌太多,则有可能促使机体的某种功能产生亢进,相反假如由于某些原因导致人体内激素分泌太少,则有可能促使机体的某种功能不全或者减弱。

2.激素的作用

尽管在血液中只有很少含量的激素,但是这些含量甚微的激素却发挥着极为关键的作用。激素的作用主要体现在以下五个方面。

(1)对体内原有的代谢过程有直接影响或者间接影响,即加速体内原有代谢过程或者抑制体内原有代谢过程。

(2)影响学习、记忆以及行为在内的中枢神经系统与植物性神经系统的发育状况和活动。

(3)促进细胞分裂、细胞分化、形态发生和形成,对人体中各个器官和组织的生长、发育、成熟、衰老的整体过程造成影响。

(4)紧密与神经系统加以配合,强化人体对外部环境变化和内部环境变化的抵抗与适应能力,机体适应高强度运动在生理功能方面的变化的能力属于其中的一种。

(5)对人体生殖器官与生殖细胞的发育和成熟具有促进作用,对受精、妊娠以及泌乳等生理过程进行调节。

二、人体主要内分泌腺及其作用

(一)人体主要的内分泌腺

"源头"和"生产地"是激素分泌必不可少的条件,内分泌腺是激素得以分泌的"场所"。人体中内分泌腺数量较多,其中主要的内分泌腺包括下丘脑、垂体、甲状腺、甲状旁腺、性腺以及胰岛(图2-12)。表2-1是对内分泌腺的分泌激素、作用的靶器官及其主要生理功能的具体体现。

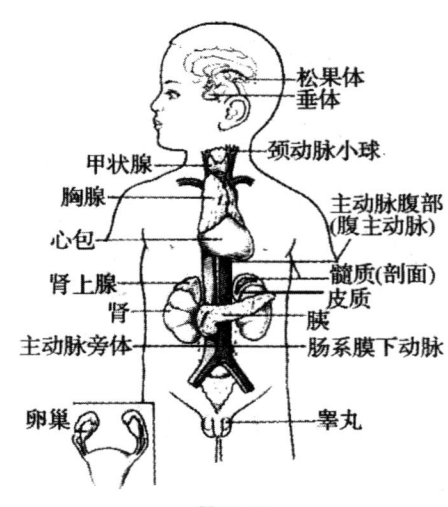

图 2-12

(二)内分泌腺的作用

表 2-1　人体内主要内分泌腺分泌的激素及其主要生理作用

化学性质		激素名称	主要来源	主要作用	异常时的主要表现	
					分泌不足	分泌过剩
非类固醇激素	氨基酸衍生物	甲状腺激素	甲状腺	促进糖和脂肪氧化分解(新陈代谢),促进生长发育,提高中枢神经系统兴奋性	幼年易患呆小症	甲状腺功能亢进
		去甲肾上腺素	肾上腺髓质	可使多种激素,如促性腺素、促肾上腺皮质激素、促甲状腺激素的分泌受到影响。收缩动脉、静脉,升高血压		
		肾上腺素	肾上腺髓质	提高多种组织的兴奋性,加速糖原利用,增加骨骼肌血流,增加氧耗,增加心率、心肌收缩力		
		胰岛素	胰岛 B 细胞	调节代谢,增加葡萄糖利用和脂肪的合成;降低血糖,调控血糖水平	糖尿病	

续表

化学性质		激素名称	主要来源	主要作用	异常时的主要表现	
					分泌不足	分泌过剩
非类固醇激素	氨基酸衍生物	胰高血糖素	胰岛A细胞	调节代谢,刺激蛋白质、脂肪分解功能,使血糖升高	消化管	促进胆汁和胰液中HCO的分泌
		抗利尿激素	神经垂体	增加肾小管、集合管对水的重吸收,减少水分从尿中排出;收缩血管,升高血压		
		生长素	腺垂体	促进生长;影响代谢(增加蛋白质合成;增加脂肪动员;减少糖的利用)	幼年期侏儒症	幼年期巨人症或成年期肢端肥大症
		催产素	下丘脑、神经垂体释放	具有刺激乳腺和子宫的双重作用;促进乳腺排乳(正反馈调节)		
		催乳素	腺垂体、胎盘	发动和维持泌乳		
		促性腺激素	垂体	维持性腺的正常生长发育,促进性腺合成和分泌性腺激素		
		促肾上腺皮质激素	腺垂体、脑	促肾上腺皮质的功能,从而调节糖皮质激素的分泌与释放		
		促甲状腺激素	腺垂体	促进甲状腺激素的释放		
		肾上腺皮质激素	肾上腺皮质	控制糖类和无机盐等的代谢,增强机体防御能力		
		醛固酮	肾上腺皮质	调节机体的水—盐代谢;促进肾小管对钠的重吸收、对钾的排泄,是盐皮质激素的代表		
		雄性激素	睾丸间质细胞、肾上腺	维持和促进男性生殖器官和第二性征的发育	性器官萎缩、第二性征减退	
		雌性激素	主要是卵巢;肾上腺	维持和促进女性生殖器官和第二性征的发育		
		孕激素	黄体、胎盘	促使子宫内膜发生分泌期的变化,为受精卵着床和妊娠的维持所必需	受精卵种植障碍	

三、运动对激素的影响

长期参与运动能够对机体形态结构和功能起到较为深远的影响,机体形态结构及功能的改变都需要激素的参与和作用才能得以实现。运动对激素的影响是相对复杂的,其影响产生的变化体现在激素分泌的反应过程与适应过程。运动项目的差异、持续时间的长短、运动强度的大小以及运动者的身体素质都与运动对激素的影响有极为紧密的关系。

(一)运动对生长激素的影响

人体分泌的生长激素和运动强度之间有十分密切的关系。垂体是分泌生长激素的"场所",在参与中等强度的运动时,垂体分泌的生长激素也会随之升高。一般情况下,运动和生长激素之间的关系是:在参与运动的强度负荷相同的情况下,运动素质高的运动者血液中的生长激素水平低于运动素质较低的运动者,当机体完成大强度运动之后,运动素质较高的运动者血液中生长激素的下降速度比运动素质较低的运动者快。

(二)运动对胰岛素、胰高血糖素的影响

通常在运动过程中,机体会降低血浆胰岛素水平,进而利用节约下来的血糖满足剧烈运动中肌肉和脑组织对血糖的需要。胰岛素分泌适应运动的具体表现是:在运动负荷相同的情况下,偶尔运动的人对血浆胰岛素的反应幅度相对较小,进而促进脂肪利用和糖异生的增加,最终推动机体更加有效地对血糖浓度进行控制;经常参与运动的人,当其停止运动之后再次进行运动时,停止运动前的胰岛素活性能够立即得以恢复;长期坚持运动的人胰岛素活性能够得到大幅度提升,其运动后机体会降低血浆胰岛素浓度,增加胰岛素分泌速率和排除速率,减少胰岛素的阻力。胰岛素水平降低的原因是运动过程中需要糖和脂肪充当底物进行供能。

当人体进行运动时,会增多胰高血糖素的分泌含量,对机体血糖水平的维持发挥积极作用,使中枢神经系统的营养供应和能量供应得到基本保障,对心肌收缩能力与心输出量起到不断增大的作用。当运动者的耐力练习持续几周之后,其参与运动时胰高血糖素的降低程度较为显著,这一变化是胰高血糖素分泌适应运动的充分反映。胰高血糖素对肝脏糖异生过程的脂动员以及脂肪组织对脂肪酸的不断释放具有较为重要的促进作用。胰高血糖素具备的功能,恰好有益于人体运动时继续代谢燃料(葡萄糖与脂肪酸)的供应。

(三)运动对雄性激素的影响

男性睾丸间质细胞是产生雄性激素的主要"场所",肾上腺皮质和卵巢也能够分泌出少数雄性激素。由此可知,除男性拥有雄性激素外,少数雄性激素也同样存在于女性体内。

站在化学结构的角度进行分析,雄性激素和胆固醇激素较为相似。当前,人类不仅能够人工合成睾酮,还可以利用修饰睾酮分子结构来获取数百种睾酮衍生物。人类获取的所有衍生物均是合成类固醇。人体通过口服合成类固醇或者注射合成类固醇这两种方式,能够实现增加肌肉力量的目的。但是,口服或注射合成类固醇也伴随着很大的副作用,对服用者有着巨大的危害,同时也在很大程度上破坏了体育运动公平公正的原则。因此,合成类胆固醇已经被几乎全世界的体育组织归到违禁药物的行列。

从运动员的角度出发,雄性激素的分泌状况和运动者在运动能力、肌肉力量增长状况、疲劳消除状况等在内的体育运动成绩有着十分密切的关系。相互促进是运动和雄性激素分泌两者之间关系的体现,就是说运动能够对雄性激素分泌水平起到提升作用,反之雄性激素分泌水平的提升又可以推动运动者运动水平的持续提升。经研究表明,睾丸分泌的睾酮和双氢睾酮会伴随着短时间极限运动的进行而有所增加,但长时间小强度运动的进行,

第二章 运动与人体各系统之间的关系

睾丸分泌出的雄性激素则会发生衰竭,同时当运动负荷停止之后,经过48小时睾丸激素方能得以恢复,故而提出男性血睾低于100纳克/分升,正常血睾为250~1000纳克/分升,女性血睾低于20纳克/分升,正常血睾为40~50纳克/分升,男性和女性都有可能会出现过度训练的状态。

大量研究分析得出,运动的密度、运动负荷的强度、运动负荷量、运动持续时间等要素均为运动改变血睾酮的原因所在。运动首先会升高血睾酮,随着运动时间的增长,血睾酮会增加到顶峰,然后开始下降。倘若人们继续运动,其血睾酮水平与运动前的相比会明显降低。运动导致血睾酮升高的原因有着各种各样的解释,运动减少肝血流量以及血睾酮在肝内外的清除率下降是血睾酮升高的主要原因。还有研究表明,运动导致血睾酮升高的关键原因还包括交感肾上腺系统兴奋。长时间大强度运动导致血睾酮降低的原因同样包括很多。首先,长时间运动减少了泌乳素,减弱了下丘脑功能,进而导致睾酮降低。当机体处于正常的生理条件时,泌乳素能够强化黄体生成素对间质细胞发挥的作用,进而推动睾酮的合成;其次,高水平的皮质醇会对黄体生成素的分泌产生抑制作用,如果皮质醇长时间处于过高的水平,则可能会继发低睾酮症。通常认为长时间参与紧张的训练,人体会释放大批的皮质醇,进而导致血睾酮水平有所下降。与非运动员相比,长时间进行耐力训练的运动员的血清锌含量明显较低。倘若机体缺乏锌元素,则会对睾丸产生特殊的损害,对机体产生间质细胞以及睾酮的分泌产生直接影响,进而导致血清睾酮的降低。

血清睾酮和皮质醇常常被作为运动员内分泌机能的评价标准。要想对运动员机体内部的代谢情况进行了解,可以对恢复期前运动员血清睾酮和皮质醇这两项评价指标的比值进行测定。表2-2的数据表明某优秀男子马拉松运动员在比赛之前血清睾酮和皮质醇的比值较高,经过比赛后的调整,睾酮升高、皮质醇降低,由此可知该名运动员的恢复效果良好。

表 2-2 某优秀男子马拉松运动员比赛前后 T/C 比值

时间	T	C	T/C
赛前	574	303	189
赛后	581.7	18.1	321
赛后两周	623 9	11.6	538

(四)运动对其他身体激素的影响

1. 甲状腺素

运动实践表明,当运动者进行急性的运动之后,有益于机体分解能量物质,进而提供更多的能量给肌肉;对于甲状腺的分泌活动,长时间进行运动训练对其影响甚微;还有研究表明正常人甲状腺中 T4 的半衰期大概是 7 天,然而当运动结束时甲状腺中 T4 的半衰期是 4.2 天,T4 半衰期的变化表明在运动过程中甲状腺素的周转率呈逐步加快趋势。

2. 糖皮质激素

机体糖皮质激素分泌增多的原因是人体对运动刺激产生应答性变化的一般性反应。糖皮质激素的分泌和运动刺激强度之间属于正相关的关系,当机体完成中小程度的运动负荷时,因为机体受运动负荷的刺激甚微,所以血液中糖皮质激素水平未产生显著变化,但是当机体完成力竭性运动负荷的时间段内,因为机体受运动负荷的刺激几乎达到最大值,所以糖皮质激素的水平也在一定程度上升高。能够升高糖皮质激素是运动的一项重要作用,原因在于它可以推动肝脏的糖异生活动,对机体内部蛋白质等非糖物质转化为葡萄糖的进程具有加速作用,从而增加了运动过程中能被机体利用的能量底物。

第二章 运动与人体各系统之间的关系

3. 肾上腺髓质激素

动员能量贮存、提高机体功能是儿茶酚胺的主要功能。当人体处于运动应急状态时，会激活机体中的交感神经系统，运动过程中儿茶酚胺定然会有所升高，同时其升高程度和运动强度有着十分密切的关系，即伴随着运动强度的不断升高，儿茶酚胺的升高幅度也越来越大。近似所有的实验都表明，运动过程中儿茶酚胺的分泌含量处于不断增加的趋势。当人体以 $50\%VO_2max$ 参与运动时，去甲肾上腺素升高幅度明显；肾上腺素在 $60\%\sim70\%VO_{2max}$ 时也会有所升高，然而其升高幅度却没有 $50\%VO_2max$ 时明显；以 $60\%VO_{2max}$ 持续运动 3 小时，血浆肾上腺素水平和去甲肾上腺素水平都会有所升高。肾上腺素在运动结束后只需要数分钟，就能够恢复到平静时的水平；去甲肾上腺素在运动结束后则需要数小时才能够恢复到平静时的水平。

在运动过程中，机体中儿茶酚胺含量的适度增多，在很大程度上对运动者的运动能力具有十分显著的推动作用，其能够使心血管系统功能得以提高，对血液的重新分配起到调节作用，强化肝糖原分解和脂肪分解，从而促使肌肉运动顺利有效地进行。但是，倘若机体中儿茶酚胺含量过高，运动员则会产生亢奋、恐慌、缺少自信等不良精神反应，在比赛中难以获得优秀的运动成绩。

4. 心钠素

心房的心肌细胞分泌了心钠素（ANF）。心钠素的生物作用有：排钠利尿、调节体内水与电解质之间的平衡；舒张血管、改善心肌供氧；降低血压；改善心律失常，调节心功能；保护心肌细胞；促进脂肪组织分解和脂肪动员的作用。

研究发现，特别是中等强度耐力运动等急性运动会明显增加心血管组织合成释放心钠素，进而对抗因为肾素—血管紧张素上升导致的血压升高，这是机体保护性代偿反应的一种。长时间进行耐力性训练，可以使平静时血浆心钠素水平得到显著提升，在调节运动过程中心血管系统功能和稳定机体内环境发挥着尤为关键的作用。同时,当运动者的耐力性训练彻底停止后,心房和血浆中的心钠素含量会比运动过程中的含量明显下降,几乎恢复为正常的水平。

(五)运动中激素对机体代谢的调节

1. 激素对运动时糖代谢的调节

运动过程中不可或缺的一项能量物质是葡萄糖。血糖来源于糖异生和肌糖原或肝糖原的分解这两个部分,激素在调节糖的过程中发挥着极为关键的影响。例如,胰高血糖素、肾上腺素、去甲肾上腺素以及肾上腺皮质激素都能够提升血浆葡萄糖水平。

要想维持运动过程中的血糖浓度,必须依靠肌肉摄取与糖代谢两者之间的平衡。这时,在这些激素的共同作用下,儿茶酚胺与胰高血糖素的增多在很大程度上推动了糖原的分解。大量研究表明,运动过程中肾上腺皮质激素的升高能够对蛋白质分解为氨基酸起到加快速度的作用,当氨基酸达到肝脏之后,受糖异生的作用会升高血糖的浓度。除此之外,生长激素能够促进自由脂肪酸(FFA)含量的增多,从而节省糖原的使用效率;甲状腺素也能够对葡萄糖代谢与脂肪代谢起到提高的作用。

2. 激素对运动时脂代谢的调节

脂肪酸在安静状态和运动状态均为不可或缺的能源物质。追溯脂肪酸的来源,其是由甘油三酯分解来的。长期的运动中,糖原的贮备会持续减少,这次脂肪酸便会充当主要能量物质这一角色。当运动者参与运动时,脂肪酸被肌细胞摄取的量和脂肪酸在血浆中的浓度密切相关,同时脂肪酶脂解甘油三酯的水平对脂肪酸的浓度具有决定性作用。生长激素、皮质醇、肾上腺素以及去甲肾上腺素都和甘油三酯的脂解有着不容忽视的关系。

皮质醇能够对脂解起到加速的积极作用,能够释放出大量的

第二章 运动与人体各系统之间的关系

FFA 到达血液。但当运动时间达到 30～45 分钟后，血浆皮质醇的浓度值达到顶端之后将会开始下降到正常的浓度水平，这时血浆肾上腺素、去甲肾上腺素以及生长激素开始呈现出上升趋势，进而在最大限度上推动脂肪氧化、释放出更多的 FFA。

3. 激素对运动时水盐平衡的调节

在对人体心血管功能和体温调节功能的维持上，水盐平衡发挥着举足轻重的作用。在运动过程中，伴随着血压的增高和汗水蒸发作用，引发人体血浆容量的下降，机体的水盐流失程度不断加强，肾血流量不断减少，进而导致运动者在运动能力上的降低。

肾脏属于靶器官的一种，是盐皮质激素和血管紧张素等抗利尿激素得以对机体内部水盐与电子平衡进行调节的靶器官。醛固酮是机体内部主要的盐皮质激素，起作用主要体现在推动肾远曲小管与集合管对 Na^+ 和水的重吸收及 K^+ 的排泄，醛固酮作用于髓质集合管，进而对 H^+ 的排泄过程发挥推动作用。由此可知，在维持机体水盐平衡的激素中，盐皮质激素属于重要的激素之一，盐皮质激素分泌过少会导致机体

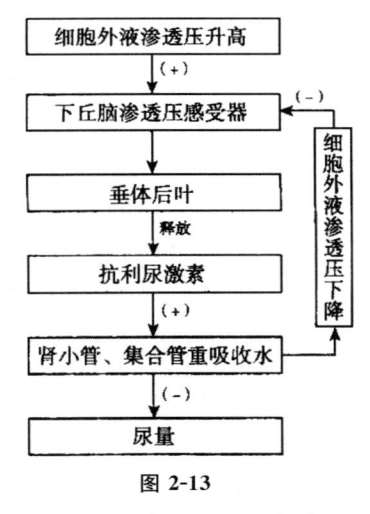

图 2-13

在长期运动中因为发汗等因素引发严重脱水以及代谢性酸中毒。

抗利尿激素主要由下丘脑视上核产生的神经垂体激素。在生理和肌肉活动的条件下，发汗等因素导致血浆浓缩以及渗透压上升，在血液流经下丘脑渗透压感受器时，会对垂体后叶产生刺激进而释放出 ADH，ADH 和受体有机结合在一起，从水通道蛋白—水孔蛋白（AQP）转位，进而使得远曲小管与集合管对水的重新吸收起到强化作用，从而减少尿量，最终达到维持人体水盐平衡的目的（图 2-13）。

第三章 运动与人体的新陈代谢

运动过程中伴随着人体的新陈代谢，了解新陈代谢的相关原理对于运动的科学开展具有非常重要的意义。新陈代谢包括物质代谢与能量代谢两个方面，本章将分别从这两个方面对新陈代谢的相关原理进行分析。

第一节 新陈代谢概述

新陈代谢指的是生物体与外界环境通过不断进行物质和能量交换以实现自我更新的过程。从新陈代谢的含义中可知，新陈代谢的过程包括物质代谢与能量代谢两个方面。

新陈代谢是人体生命活动的一个基本特征，它对人体具有非常重要的作用与意义。如果人的新陈代谢过程停止，那么人的生命活动也会随之结束，生命就会终结。在新陈代谢的过程中，同化作用与异化作用是同时进行且相互依存的，并在人体生长发育的不同阶段和运动中表现出不同的特点，具体如下。

（1）在儿童青少年时期，同化作用占优势，人体内物质合成的速度远大于物质分解的速度，从而使得人体不断地生长发育。

（2）在成年时期，人体内的同化作用与异化作用基本上维持在平衡的状态，新陈代谢旺盛，从而为人体提供充沛的精力。

（3）在老年时期，人体内的异化作用占据优势，身体逐渐衰退，衰老加剧，使得老年人体质不断下降。

在运动过程中，人体内能量的消耗增加，异化作用占据优势，而在运动后的恢复阶段，被消耗的能量物质得到恢复，同化作用占据优势,从而使得人体的物质与能量代谢有所增加。

第二节　运动与物质代谢

一、物质代谢概述

物质代谢是指人体与外界环境之间不断进行物质交换与体内不断进行物质转换的过程,它包括同化作用与异化作用两个过程,这两个过程之间是既相互对立又相互联系的。其中,同化作用是指人体将从外界环境中摄取的食物合成自身的成分,同时储存能量的过程;异化作用指的是人体通过分解自身成分,排除代谢产物,同时释放能量的过程。

二、物质代谢的基本生理过程

具体来讲,物质代谢可以划分为消化吸收、中间代谢与代谢物的排泄三个基本的生理过程。

(一)消化吸收

食物的营养成分除了水、无机盐、维生素、单糖等小分子物质能够被机体直接吸收之外,多糖、蛋白质以及核酸等都需要经过消化分解成为较简单的水溶性物质,之后才可以被吸收到机体当中。食物在消化道内经过酶的催化进行水解就是所谓的"消化";各种营养物质的消化产物、水、维生素以及无机盐经过肠黏膜细胞进入到小肠绒毛的毛细血管与淋巴管的过程就是所谓的"吸收"。

运动会对人体的消化系统产生一定的影响,其影响的大小与运动者的运动强度存在很大的关联,具体如下。

（1）中小强度的运动对于人体消化吸收的影响主要表现在两个方面：一方面，运动会造成胃肠蠕动的增强，消化液分泌相应增多，人的食欲明显增强，这对于人体胃肠道的功能具有很好的促进作用，同时还对胆石病与便秘也有一定的改善作用，对肠炎、胃肠出血也有一定的抑制作用；另一方面，运动会造成人体血液的重新分配，使运动器官（骨骼肌、心肌等）的血管扩张，血流量增加，而消化器官的血管收缩，血流量减少，消化液分泌减少，从而导致人体消化与吸收能力的下降。因此，运动者在运动过后30分钟内不宜就餐；进餐之后30分钟内不适宜进行运动。

（2）大强度的运动会导致运动者的身体产生不适，如腹泻、腹痛、呕吐、恶心以及"吐酸水"等胃肠症状，这就是所谓的"运动性胃肠综合征"。一般情况下，运动强度越大、持续时间越长的运动导致人体胃肠功能紊乱的几率就会越大。

（二）中间代谢

当摄入的食物经过消化吸收之后，由血液及淋巴液运送到各组织中参与代谢，在很多相互配合的各种酶类催化下进行分解与合成代谢，进行细胞内外的物质交换与能量的转化。在机体当中，各种组成成分也经常通过分解与合成代谢不断进行自我更新，物质在细胞当中进行的这一系列分解、合成、转变等化学过程就是所谓的"中间代谢"，主要表现为能源物质在代谢过程中完成能量的转化。

糖、脂肪以及蛋白质等营养物质经消化、吸收进入到人体当中，人体的组织、细胞一方面通过合成、代谢构建与更新自身储存的能源物质，另一方面通过分解代谢（氧化分解）产生能量。具体能源物质的能量转化这里不再赘述。

（三）排泄

通过中间的代谢过程，摄入人体的食物会产生很多终产物，这些物质会经过肾、肠、肝以及肺等器官随着尿、粪便、胆汁以及呼气等方式排出体外。对于具体的某一特定的物质分子而言,它也许并没有完全经过这几个方面的程序。

1. 肾的结构与特点

肾是人体泌尿系统的一部分,其主要作用是过滤血液中的杂质、维持体液以及电解质的平衡,最后产生尿液并排出体外。另外,肾还具有调节血压的功能。

(1)肾单位

肾单位是肾的基本功能单位。科学证实,人体两侧的肾有170万～240万个肾单位,每个肾单位是由两个部分构成,即肾小体与肾小管。其中,肾小体包括肾小球与肾小囊;肾小管是由近球小管、髓袢以及远球小管3部分组成。集合管不包括在肾单位内,但是在功能上与远球小管存在着密切的联系,在尿液生成过程中尤其是在尿液浓缩过程中具有非常重要的作用。每一集合管接受多条远球小管运来的液体,许多集合管又汇入乳头管,最后形成的尿液经肾盏、肾盂与输尿管进入膀胱,最后通过尿道排出体外。

(2)肾的血流特点

①肾血流量大:一般人的肾血浆流量为500毫升～700毫升/分钟·1.73平方米体表面积。在安静状态下,每分钟流过两侧肾的血液相当于心输出量的1/5～1/4,而两侧肾的重量只有300克,约占体重的0.4%。其中,94%的血流供应肾皮质,其生理作用是促进尿液的生成。

②肾血流经过两次毛细血管网:第一次是形成肾小球毛细血管网,入球小动脉粗而短,出球小动脉细而长,入球小动脉比出球小动脉粗一倍,这种结构就导致了肾小球毛细血管血压比较高,这样有助于肾小球的滤过作用;第二次是在肾小管周围的毛细血管网,由于原尿的滤出,其毛细血管压比较低,这样有助于肾小管的重吸收。

2.尿液的生成过程

肾主要是通过生成尿液的形式完成相应的排泄功能。尿液的生成过程主要是在肾单位与集合管中进行，其过程主要包括以下几个环节。

（1）肾小球的滤过作用

生理学研究表明，在循环血液经过肾小球毛细血管时，血浆中的水与小分子溶质，包括少量相对分子质量较小的血浆蛋白，通过滤过膜进入肾小囊内的过程称为滤过作用。影响肾小球滤过作用主要包括滤过膜的通透性和滤过面积、有效滤过压以及肾血浆流量三个因素。

通过滤过膜进入肾小囊内的滤液称为原尿，每昼夜从肾小球滤过的血浆总量可达 170～180 升。实验表明，滤液中除了蛋白质含量很少外，各种晶体物质如葡萄糖、氯化钠等的浓度都与血浆中的非常接近，此外滤液中的渗透压、酸碱度与血浆也很相似。

（2）肾小管与集合管的重吸收

原尿中大部分是水、无机盐、电解质以及葡萄糖等经过近曲小管，远曲小管，经过肾小管与集合管重吸收后的、经输尿管到膀胱排出体外的滤液，就是终尿。人体两侧肾每昼夜生成的滤过液约为 180 升，而终尿一般只有 1.5 升。

根据肾的生理代谢，在滤过发生的同时滤过液中约99％被肾小管重吸收，而且肾小管的重吸收作用是有"选择性"的，具体表现在以下几点。

①滤液中的水：99％被重吸收。

②滤液中的葡萄糖：全部被重吸收。

③滤液中的 Na^+ 和 Cl^-：大部分被重吸收。

④尿素：部分被重吸收。

⑤肌酐：完全不被重吸收。

肾对正常血浆成分的滤过量、重吸收量与排泄量详见表3-1。

表 3-1　肾对正常血浆成分的滤过量、重吸收量与排泄量

物质	滤过量（克/24 小时）	重吸收量（克/24 小时）	排泄量（克/24 小时）
Na^+	540	537	3.3
Cl^-	630	625	5.3
HCO_3^-	300	300	0.3
K^+	28	24	3.9
葡萄糖	140	140	O
尿素	53	28	2.5
肌酐	1.4	0	>1.4

（3）肾小管和集合管的分泌作用

肾小管与集合管的分泌作用指的是肾小管、集合管上皮细胞新陈代谢的产物分泌到小管的过程。一般情况下，肾小管与集合管的分泌物质主要包括 H^+、K^+、NH_3 等，其分泌作用具体表现为能够调节机体内环境中的酸碱平衡与离子浓度。

血浆经肾小球滤过、肾小管和集合管重吸收后剩余的残留物质以及肾小管分泌的物质混合形成了终尿。终尿的成分主体仍然是水，为 95%～97%，其余固体物质主要包括尿素、肌酐等，无机盐主要是 NaCl、硫酸盐、磷酸盐等。尿液的 pH 多在 5.0～7.0 之间，根据饮食结构的不同会有所差别。

3. 尿液的理化特性

通常来讲，正常人排出尿量的多少受到水的摄取、环境、运动、食物性质、外界温度以及人体功能状态等多方面的影响，正常人一般每昼夜尿量的排出量为 1～2 升。

（1）尿量的生理变化

运动中，如果其他途径的排水量不变，单纯的饮食与饮水对排尿量的影响主要表现在以下几个方面。

①运动者在大量饮水或者进食含利尿作用的食物时，其尿量会出现明显地增加。每昼夜的尿量长期超过 2 500 毫升以上时就

被称为多尿。

②当外界温度升高或者进行激烈运动时,运动者如果摄入的水量不足,就可能导致尿量的减少。尿量在 100～500 毫升范围内称为少尿。

③在异常情况下,每昼夜尿量可显著地增加或减少,甚至无尿。少于 100 毫升称无尿。

尿量太多,机体水分丧失过甚就会导致脱水状况的发生。尿量太少或者无尿会造成代谢产物在体内堆积而引发中毒。

(2)尿液的成分构成

一般情况下,尿液成分中水占 95％～97％,溶于水的固体物质占 3％～5％,其中的固体物又可以划分为有机物与无机物两大类。有机物中主要成分是尿素,另外还有肌酐、马尿酸、尿色素等代谢终产物。无机盐中主要成分是氯化钠,另外还有硫酸盐、磷酸盐以及钾、铵等盐类。其中,尿素的量最大,约占固体物的一半,氯化物(氯化钠、氯化钾等)占 1/4,其余 1/4 则为其他各种有机物与无机物。

人体尿液中尿素的含量会随体内蛋白质代谢的程度而发生变化,钠、钾、氯等的含量则随着食盐的摄入量变化而有所增减。正常尿液中含有微量的蛋白质、葡萄糖,但是通过常规的化验方法不容易检出。

4.运动对尿量与尿液成分的影响

人在运动过程中,机体内的代谢会显著增强,代谢的终产物会增加,尿量以及尿内的成分也会发生相应的变化。这种变化总的表现为尿量减少,尿的相对密度加大,代谢终产物排出增加等。

(1)运动对尿量的影响

在进行剧烈的运动时,由于肾血流量会相应减少,从而使得肾小球滤过率降低而造成尿量的减少。在夏天运动会排出大量的汗液,这时候的尿量减少更加明显。

(2)运动对尿液成分的影响

一般情况下,正常尿液中乳酸的含量甚微,约为 0.05 毫克/100 毫升(100 毫升的尿液中乳酸含量为 0.05 毫克)。但是在进行剧烈的运动时,由于体内糖的无氧分解增多,血中乳酸含量会显著上升,这就导致了一部分乳酸随着尿液排出体外,最高时尿乳酸含量可达 140~280 毫克/100 毫升。在进行剧烈的运动之后,尿乳酸排出量增加,可有效维持机体内环境 pH 的稳定。

(3)运动性蛋白尿

运动性蛋白尿指的是健康人在运动后出现的一过性蛋白尿,属于功能性蛋白尿(或良性蛋白尿)。运动性蛋白尿常常会发生在运动负荷量大以及运动强度高的运动项目当中,如马拉松、足球、游泳、长距离自行车等。

运动后短时间内会出现蛋白尿,可伴血尿,没有明显的自觉症状,尿蛋白的现象一般会持续几小时,在数小时至 24 小时内基本消失。根据实践经验得知,运动者运动后出现蛋白尿的阳性率和排出量与运动强度以及持续时间存在着密切的联系,与运动者的运动情绪、训练水平、身体素质以及所从事的运动项目等也存在着很大的关联。因此,尿蛋白已经被广泛地用来作为评定运动量、训练水平、运动员适应能力的生理指标。但是,这一指标也存在非常明显的个体差异,因此用它评定运动训练水平时不可以在不同运动者的身上进行对比,而只能以一个人的不同阶段进行对比。

三、人体主要营养物质的代谢

根据在代谢过程中能量的释放情况的不同,可以将人体摄入的主要营养物质划分为能源物质与非能源物质。

(一)机体能源物质的代谢

机体当中的能源物质以糖类为主,以脂类和蛋白质类为辅,这三类物质在分解代谢过程中所释放出的能量是维系人体各种生命活动的主要来源。

1. 糖代谢

糖是人体的一个重要组成成分，它在人体组成中的含量约占人体干重的2%。糖类是人体必备营养物质之一，它是人体十分重要的供能物质。人体不管摄取的糖质是植物还是动物性食物中的，它们在机体的代谢过程具体如下。

（1）食物中的糖会在消化酶的作用之下，逐渐转变为葡萄糖分子（果糖可直接被吸收，不需经转变），是可以被人直接吸收的。

（2）糖经小肠黏膜的上皮细胞葡萄糖运载蛋白转运进入血液，成为血液中的葡萄糖，即血糖。

（3）血糖可以合成糖原，成为大分子的糖。一般来说，可以将糖原分为两类，一类是肌糖原，即肌肉中合成并储存的糖原；另一类是肝糖原，即在肝脏中合成并储存的糖原。除此之外，肝脏还能够将体内的乳酸、丙氨酸、甘油等一些非糖质物质合成葡萄糖或糖原，这一过程就是所谓的糖的异生作用。可见，人体中糖的合成代谢是由两个过程组成的，即人体合成糖原的过程和糖异生的过程。

（4）体内的糖原和葡萄糖分解代谢主要是通过有氧氧化过程、糖酵解过程、乙醛酸途径、戊糖磷酸途径等实现的。

在机体中，糖分解代谢可释放能量，能够满足机体运动对能量的需要。人在参与运动过程中，机体肌肉中 ATP、CP 下降，肌糖原无氧分解功能有一定的增强，肌细胞内钙含量增多。生长激素、甲状腺激素、雄性激素、儿茶酚胺等激素也会发生相应的一些变化，从而对肌细胞产生一定的影响和作用，进而使肌细胞不断地产生适应性变化。

人在进行运动时，机体在运动中消耗的 ATP、CP 和肌糖原，在运动后的恢复期往往会出现超量恢复的现象，能够有效增加肌肉中 ATP、CP 和肌糖原含量、提高 ATP 的无氧再合成的速率，

第三章　运动与人体的新陈代谢

进而增大 EK、PFK、磷酸化酶等活性。运动中,如果氧供应充足,机体的肌糖原或者葡萄糖就会被彻底氧化分解成水和二氧化碳,同时释放大量能量(该过程即糖发生有氧代谢的过程)。一般来讲,人的运动健身主要依靠机体的糖代谢提供运动所需能量,运动后的恢复期或者长时间运动过程中,机体又可以重新合成糖来提供所需的能源。

2. 脂类代谢

脂肪是人体当中主要的贮能物质,一般贮存在皮下组织、内脏器官周围、肠系膜等处。人体摄入的脂肪主要来源于动物与植物油。脂肪的吸收以及转运过程非常复杂,一般认为脂肪的吸收方式包括两种:一种是小肠上皮细胞直接吞饮脂肪微粒;另一种是脂肪微粒的各种成分,分别进入肠上皮细胞,在细胞内,进入的脂肪分解产物又重新合成脂肪,形成乳糜微粒。乳糜微粒与分子较大的脂肪酸最后转移到淋巴管当中。甘油与分子较小的脂肪酸能够溶于水,在被身体吸收之后扩散到毛细血管当中。因此,脂肪的吸收包括淋巴与血液两种方式,其中前者是主要的吸收方式。

脂肪的分解代谢首先是脂肪分解成甘油与脂肪酸,甘油与脂肪酸之后分解成为二碳单位,最后转化成为二氧化碳和水。脂肪供能的特点是氧化时释放的能量多。脂肪分解代谢释放的能量能够用于很多生命活动的过程,是人体长时间、小强度运动重要的供能物质。

3. 蛋白质代谢

蛋白质是一种非常重要的生命物质,它是构成机体细胞的主要成分,而氨基酸是构成蛋白质的最小单位。人体中蛋白质的代谢必须遵守一定的规律,否则就会导致代谢紊乱,诱发疾病。

在人体中,蛋白质的代谢特点主要表现在以下几个方面。

(1)正常代谢——蛋白质代谢平衡。人体组织蛋白质及一些含氮物质总是处在不断的分解与再合成的过程。一般情况下,可以通过测定食物中的氮含量和尿中排出的氮量,来将人体蛋白质的代谢状况确定下来。通常来说,人体蛋白质的代谢状况与组织的生理活动是相符的。正常成年人体内的蛋白质分解与合成处于一种动态平衡状态,也就是摄入氮等于排出氮,这种状态被称为"氮总平衡"。

(2)代谢不足。如果机体组织细胞中的蛋白质的合成大于分解,也就是摄入氮大于排出氮,这种状态被称为"氮的正平衡",由于老年人消化系统的退化,对蛋白质的吸收能力较弱,因此,这种情况在老年人身上比较少见。

(3)代谢过度。机体的蛋白质支出有时候会大于收入,如饥饿者或消耗性疾病患者的组织细胞中的蛋白质的分解就明显地加强,也就是排出氮大于摄入氮,这种状态这被称为"氮的负平衡"。对于老年人来说,更需要增加蛋白质的摄入,以提高身体抵抗力。

在运动状态下,人体内的蛋白质代谢主要表现在两个方面:一方面,机体运动时蛋白质可提供一部分能量;另一方面,运动导致骨骼肌蛋白质合成增加,可表现为肌肉壮大。

(二)机体非能源物质的代谢

机体中的非能源物质包括水、无机盐以及维生素,这三种物质虽然不能够直接产生能量,但是它们在能源物质的代谢及其调节的过程中发挥着非常重要的作用。

1. 水代谢

水是人体重要的组成成分,它是人体各种生理功能的重要基础。人体当中的水主要是通过从外界摄入,食物当中的水分主要由小肠吸收,大肠可以吸收通过小肠后剩余的水分,而在胃中吸收很少。小肠吸收水分主要是通过渗透作用,渗入到上皮细胞然后再进入到血液当中。

人体中水的含量非常高，正常人体每天水的摄入与排出处于平衡的状态。食物与饮料是水的主要来源，水的排出形式主要是尿液。尿液的主要成分是水，另外还有其他的代谢废物。

水是人体当中进行生物化学反应的场所，水能够参与机体的体温调节，具有润滑的作用，同时与体内的电解质平衡存在着密切的关系。运动时人的出汗量会大量增加，水的丢失也会增加，水的丢失会降低人的运动能力。

2. 无机盐代谢

矿物质在人的日常食物中大量存在，不同的无机盐被人体吸收的程度不同，主要包括以下三种情况。

（1）钠、钾、铵盐等一般单价碱性盐类，人体吸收很快。

（2）人体吸收很慢的主要是多价碱性盐类。

（3）人体不能吸收的主要是硫酸盐、磷酸盐和草酸盐等能与钙结合而形成沉淀的盐。如3价的铁离子不易被吸收，要想增进其被吸收率，就需要与维生素C有机结合起来，因此维生素C能够使高价铁离子被还原为2价的亚铁离子，从而促进人体对铁的吸收。

在人体中，无机盐主要是以磷酸盐的形式存在的，其主要在骨骼中存在（如钙、镁、磷元素等），作为结构物质，其他少量的无机盐（如钙、镁）的存在形式者主要是离子。在体液中解离为离子的无机盐，称为"电解质"，其在调节渗透压和维持酸碱平衡等方面有着非常重要的作用。体液中离子有阳离子和阴离子之分，这些物质在人体的细胞代谢活动中具有十分重要的作用。

因此，运动者应该重视钙的补充，从而保证正常生理活动以及运动的进行。

3. 维生素代谢

维生素是维持人体生长发育以及代谢所必需的一类小分子有机物。需要注意的是，人体内不能合成维生素，虽然人体对维生素的需求量非常小,但是维生素也是必需营养,需要通过食物供给。

人体所需各种维生素在结构上不存在共性。一般情况下,以溶解性质为主要依据可以将维生素分为包括维生素 B_1、维生素 B_2、维生素 B_6、维生素 B_{12}、维生素 C、维生素 PP(烟酸)、叶酸和烟酰胺等在内的水溶性维生素和包含维生素 A、维生素 D、维生素 E、维生素 K 等在内的脂溶性维生素两大类。

虽然维生素不是组织细胞的结构成分,也不能直接为机体参与运动提供能量,但是它对机体的能量代谢及其调节过程具有非常重要的作用。在人体中,大多数维生素都会参与辅酶的组成,因此如果缺乏维生素就会对酶的催化能力产生影响,导致代谢失调,从而使机体运动能力有所下降。

如果缺乏维生素就会影响机体内部酶的催化能力,从而造成机体的代谢失调,进而影响机体的运动能力。但是,过多地摄入维生素并不能够提高人的运动能力,良好运动能力的获得主要有坚持运动与补充营养两个途径。

四、物质代谢的相互关系与调节

生物体内的物质代谢是一个完整统一的过程,这些代谢的过程是相互制约与相互促进的。

(一)物质代谢的相互关系

物质代谢通过各代谢途径的共同中间产物相互联系,但是在相互转变的程度上表现出很大的不同,有些代谢反应是不可逆的。生物化学研究表明,三羧酸循环是三大营养物质的最终代谢途径,是进行转化的枢纽。

1.糖代谢与脂肪代谢的关系

糖能够转化成为脂肪:葡萄糖代谢能够产生乙酰 CoA,羧化成丙二酰 CoA,进一步合成脂肪酸。糖分解也能够产生甘油,与脂肪酸结合成脂肪,糖代谢产生的柠檬酸,ATP 可以变构激活乙酰 CoA 羧化酶。因此,糖代谢不仅能够为脂肪酸合成提供相应的原料,同时还能够促进这一过程的进行。

人体当中的大部分脂肪并不能够转化成糖,脂肪分解产生甘油与脂肪酸。脂肪酸分解生成乙酰 CoA,但是乙酰 CoA 并不能够逆行生成丙酮酸,从而不能循糖异生途径转变为糖。甘油能够在肝、肾等组织中转化成磷酸甘油,进而转化为糖,但是甘油与大量由脂肪酸分解产生的乙酰 CoA 相比是微不足道的,因此大部分的脂肪并不能够转化成糖。

2. 糖代谢与蛋白质代谢的关系

糖不可以转变成蛋白质,但是蛋白质却能够转变成糖。糖代谢的中间产物如丙酮酸等可以通过转氨基作用合成非必需氨基酸,但是体内不能转化合成必需氨基酸。蛋白质分解的大部分氨基酸(除亮氨酸、赖氨酸外)可以转化为糖。

3. 脂肪代谢与蛋白质代谢的关系

人体大部分的脂肪并不能够转化成为蛋白质,这是由于脂肪酸转变成氨基酸仅限于谷氨酸,并且需要草酰乙酸的存在(来源糖)。蛋白质能够转化成为脂肪,各种氨基酸经过代谢都能够生成乙酰 CoA,乙酰 CoA 在体内合成脂肪酸与胆固醇,脂肪酸能够进一步合成脂肪。

4. 核酸与其他物质代谢的关系

核酸与其他物质的代谢存在着密切的关联。核酸通过控制蛋白质的合成对细胞的组成成分与代谢类型产生影响,酶与调节蛋白对于核酸的代谢必不可少。

很多核苷酸在物质代谢中都发挥着非常重要的作用,尿嘧啶三磷酸核苷酸(UTP)参与糖的合成,胞嘧啶核苷酸(CTP)参与磷脂的合成,CTP是蛋白质合成所必需的物质。很多辅酶都是核苷酸衍生物。氨基酸及其代谢产生的一碳单位,糖代谢磷酸戊糖途径产生的磷酸核糖是合成核苷酸的原料。

(二)物质代谢的调节

一般情况下,机体中各种代谢途径是相互联系、相互协调进行的,从而适应内外环境的不断变化,维持机体内环境的稳定状态,这样有利于保持正常的机体生理环境。代谢调节的现象普遍存在于生理界当中,进化程度越高生物的代谢调节方式越复杂。

通常来讲,代谢调节根据调节水平的不同可以划分为细胞水平、激素水平以及整体水平三级代谢调节。其中,细胞水平代谢调节是基础,激素以及整体水平的调节都是通过细胞水平的调节来完成的。

1. 细胞水平的调节

生物体最基本的调节方式是细胞水平的调节,它主要是通过改变限速酶的结构或者含量来对酶活性产生相应的影响,从而对物质代谢进行调节。所谓限速酶指的是整条代谢通路中催化反应速度最慢的酶,这些限速酶不仅会对整条代谢途径的总速度产生一定的影响,同时还可能改变代谢的方向。

2. 激素(内分泌)水平的调节

细胞与细胞之间以及各个远离的器官之间可以通过激素来对自身的代谢与功能进行相应的调节。这主要是通过与靶细胞受体特异结合,将激素信号转化为细胞内一系列的化学反应,最终表现出激素的生物效应。

激素是靶细胞外的信号分子,它对代谢的调节是通过细胞信息传递,需受体介导的,受体的作用表现出专一性、可逆性以及放大性。

3. 整体水平的调节

机体通过神经体液的途径对各组织的物质代谢进行调节，从而对不断变化的内外环境产生适应，并在动态中保持相对的稳定状态，这样有助于组织的更新以及提供生命活动的能源。例如，当人处于短期的饥饿时，肝糖原分解会增强，肝中糖异生增加，从而维持血糖浓度的恒定，为机体的脑组织提供相应的能源物质；脂肪动员增加，分解产生脂肪酸，从而为机体的肌肉组织提供能源物质。当人体处于长时间的饥饿时，肝糖原会被耗竭，特异生作用会出现大幅度的减弱；脂肪大量动员，其中间代谢产物酮体成为脑、心、肾、肌肉组织的主要供能物质。

第三节 运动与能量代谢

一、能量代谢概述

能量代谢指的是物质代谢过程中所伴随的能量储存、释放、转移和利用的过程。糖、脂肪以及蛋白质是人体进行机体结构建造，是实现组织自我更新的原料，同时也是人体所需能量的重要来源。

在运动过程中，人体内的新陈代谢会不断加强，能量的消耗也会随之不断增大。通过参与运动能够有效提高人体组织细胞内酶系统的适应性，使酶的活性得到提高，从而促进人体的物质代谢过程和能量代谢过程的加快，使能量物质的恢复更加充分，从而达到比运动前更高的水平，人体各器官系统的功能也得到进一步增强，这也是运动能够增强人体体质的重要原因。另外，在进行运动时，能量的供应是保持运动者充沛的体力与获取良好运动成绩的重要条件。

二、能量代谢的规律与特点

(一)机体物质能量储备及其供能能力

正常人体内储备有大量的能源物质(脂肪、蛋白质和糖类),其中储备能量最多的是脂肪,为 4×10^8 焦耳;其次是蛋白质储备的能量,为 1×10^8 焦耳;糖类储备的能量最少,为 $(4\sim5)\times10^6$ 焦耳。

在人体的三大能源物质中,蛋白质的能量储备虽多,但是不可以大幅度地使用,不然就会危及正常的细胞结构与功能。因此,人体在运动状态下,脂肪与糖类是主要的供能物质。实验表明,1分子的糖在体内酵解可以生成 2~3 分子的 ATP,彻底氧化成 CO_2 和 H_2O 生成 37 分子 ATP,而脂肪分子彻底氧化生成的 ATP 数量更多,可高达 450 分子 ATP 左右。

需要指出的是,如果以单位时间内生成能量的数量或者以单位重量肌肉在单位时间内生成 ATP 的数量计算,能源物质的各种分解代谢途径提供能量的速率与上述情况有所不同。各供能代谢途径 ATP 最大合成速率的排列次序为:磷酸原、糖酵解、糖有氧氧化、脂肪酸氧化,其递减速率接近 50%(表 3-2)。当机体内部的各个供能代谢系统在运动中分别以其最大供能速率向机体提供能量时,维持相应强度运动的持续时间分别是:磷酸原系统 6~8 秒,糖酵解系统 30~90 秒,糖有氧氧化 90 分钟,而脂肪酸供能时间相对不限。蛋白质作为能源物质氧化供能在有氧代谢中所占的比例不大,最多不超过 18%,一般情况下是在运动开始以后 30~60 分钟左右开始,一直持续到运动的结束。

表 3-2 人体的能源物质分解代谢提供能量的速率

供能代谢系统	最大供能速率/(卡/分)	最大供能速率/毫摩尔 ATP(千克湿肌/秒)
ATP+CP	36	2.6
糖原酵解	16	1.4
糖有氧氧化	10	0.15~0.68
脂肪酸氧化	——	0.24

（二）运动中三大供能系统活动的关系

在运动过程中，各个供能代谢途径提供能量的能力与速率表现出一定的差别，磷酸原系统与乳酸能系统都供应能量，但是 ATP 与磷酸肌酸的最终合成以及糖酵解产物乳酸的消除却需要通过有氧氧化来实现。因此，糖与脂肪的有氧氧化是人体肌肉活动所需能量的最终来源。人体中磷酸原系统供能的绝对值不大，所维持的时间非常有限，但是可以在短时间内快速作用。总体而言，运动中各供能代谢系统的活动及其相互关系与运动负荷的强度和持续时间存在着密切的关联。

如图 3-1 所示，在 0～180 秒最大运动时，人体各供能代谢系统的基本活动表现出的特点为：在 1～3 秒的全力运动中，基本上是由 ATP 提供能量的；在完成 10 秒以内的全力运动时，磷酸原系统起主要供能作用；30～90 秒最大运动时以糖酵解供能为主；约为 2～3 分钟的运动，糖有氧氧化提供能量的比例增大；而超过 3 分钟以上的运动基本上是有氧氧化供能。

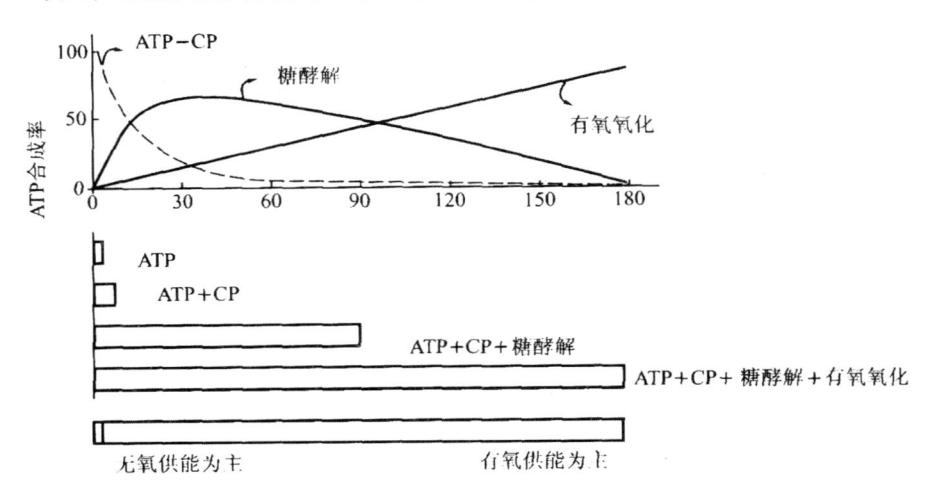

图 3-1

运动实践表明，随着个体运动时间的延长，供能物质由以糖有氧氧化为主逐渐过渡到以脂肪氧化为主，长时间耐力性运动中糖与脂肪氧化供能百分比的变化如图 3-2 所示。

图 3-2

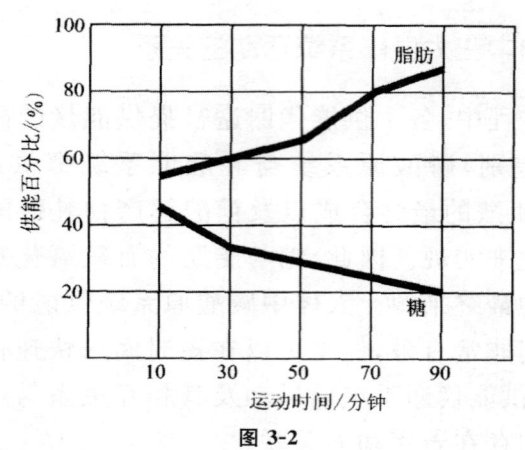

总之,个体在运动过程中主要是由一个供能系统完成供能的任务,但是整个供能任务不可能只靠一个供能系统就可以完成,它需要两个甚至三个供能系统一起共同完成。每个供能系统都具有自身独特的特点与供能能力,不同的功能系统所需要的能源物质也存在很大的差别,运动中的输出功率与供能时间也会表现出明显的不同(表 3-3)。

表 3-3　三大供能系统的特点

供能系统名称	能源物质	输出功率	供能时间
ATP-CP 系统	ATP、CP	最大	最大为 6～8 秒
糖酵解系统	肌糖原、血糖	约为 ATP-CP 系统的 50%	30～60 秒达最大,可维持 2～3 分钟
有氧氧化系统	肌糖原、血糖	约为糖酵解系统的 50%	1～2 小时
	脂肪	约为糖酵解系统的 20%	理论上无限

(三)不同活动状态下的能量代谢特点

对于正常人而言,其每天的能量消耗量约为 11 286 千焦(男子)与 8 360 千焦(女子),这些能量主要消耗在以下三个方面。

首先,能量消耗用于维持安静状态下的各种生命活动,这部分能量的消耗约占人体总能量消耗的 60%～75%。

其次,能量消耗用于消化与吸收食物中的各种营养物质,这部分能量的消耗约占人体总能量消耗的 10%。

最后,能量消耗用于维持日常生活中的各种体力与脑力的劳动以及体育运动,这部分能量消耗的变化一般比较大,通常约占人体总能量效果的 15%～30%。

从运动的角度来讲,参与不同的运动项目会造成不同的能量消耗,运动训练中的机体所需要的能量均由体内的 3 大供能代谢系统提供,但是各个供能系统提供能量的比例以及总能量消耗率与消耗量则取决于不同项目的运动强度以及持续的时间。不同项目运动中各供能代谢系统提供能量的比例以及不同运动项目的能量消耗率见表 3-4 和表 3-5。

表 3-4 不同项目运动中机体各供能代谢系统提供能量的比例

项目	ATP-CP 和 LA	LA-O$_2$	O$_2$
篮球	60	20	20
排球	80	5	15
网球	70	20	10
冰球	50	20	70
橄榄球	50	20	30
高尔夫球	95	5	——
体操	80	15	5
田赛	90	10	——
滑雪	33	33	33
划船	20	30	50
击剑	90	10	——
1 500 米游泳	10	20	70
短跑	90	10	——
耐力跑	10	20	70

表 3-5 不同项目的能量消耗率　　　　　　　　　单位:卡/分

项目	男性	女性
睡眠	1.2	0.9
坐	1.7	1.3
站	1.8	1.4

续表

项目	男性	女性
走(5.6 千米/时)	5.0	3.9
跑	——	——
自行车	——	——
举重	8.2	6.4
摔跤	13.1	10.3
手球	11.0	8.6
网球	7.1	5.5
游泳(4.8 千米/时)	20.2	15.7

三、机体的运动供能

能量代谢对于人体的各种运动能力与机能水平会产生很大的影响。一般情况下,可以将人体能量代谢划分为磷酸原供能系统、糖酵解供能系统以及有氧氧化供能系统三大系统。人的运动也是由这三大供能系统来提供运动所需能量的。

(一)磷酸原系统

1.磷酸原分解供能

磷酸原是人体供能的主要供能系统,机体供能代谢中,ATP（三磷酸腺苷）、CP（磷酸肌酸）都通过高能磷酸基团的转移或水解释放能量,一般把 ATP、CP 这种含有高能磷酸基团的物质称为"磷酸原",将 ATP、CP 分解释放能量与再合成的过程称为"磷酸原"或者"ATP-CP 供能系统"。

ATP 的供能特点表现为:它是人体内瞬时能量的供体,而不是能量的贮存形式。在运动过程中,肌肉内 ATP 分解直接供能,这是人体内能量代谢的中心环节。ATP 水解的放能反应能够为各种需要能量的生命过程供能,完成各种生理功能,如肌肉收缩、生物电活动、物质合成及体温维持等。另外,磷酸原系统供能特点还表现为,供能总量不大,持续时间不长。但是,其供能快速,是细胞唯一直接利用的能量来源,能量输出的功率最高。

2.运动与磷酸原功能

在进行短时间剧烈的运动时,人体肌肉 ATP、CP 消耗速度的变化模式略有不同。如图3-3所示,在持续时间为14秒的剧烈运动中,在最初的8～10秒当中,ATP 含量有一定的减少但是还能够维持稳定,CP 含量迅速下降;但是到运动后期身体达到耗竭状态时,ATP 与 CP 含量都会下降到很低的水平。

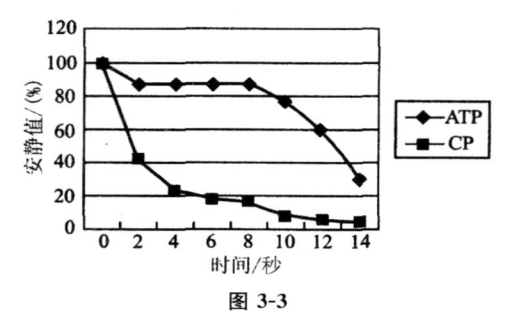

图 3-3

在3个供能系统中,磷酸原系统能量输出功率最高,因此短距离疾跑、跳跃、投掷、旋转、冲刺或其他需数秒内快速完成的动作技术主要是通过磷酸原系统实现供能。有训练的运动员的非乳酸能供能能力要强于一般人,在完成需氧量相同的肌肉活动时,运动员血乳酸出现上升的时间要比一般人迟,这就表明运动员非乳酸能供能的持续时间较长。

(二)糖酵解系统

在不同运动项目及形式中,机体的供能系统利用也有所不同。一般的,当机体运动持续的时间在10秒以上且强度很大时,磷酸原系统能供给的能量就无法使机体所需能量得到满足。这时,以支持运动所需的 ATP 再合成的能量就主要靠糖原酵解来提供,而不能靠磷酸原系统供给。

肌糖原是糖酵解的原料,它在人参与运动时可以分解供能并产生乳酸。作为一种强酸,乳酸在体内积聚过多会对内环境的酸碱平衡产生一定的破坏作用,使肌肉工作能力下降,造成肌肉暂时性疲劳。这样一来依靠糖原无氧酵解供能也只能使肌肉工作持续几十秒钟。无氧酵解供能时,不需要氧,但产生乳酸,因此,被称为"乳酸能系统"。在缺氧情况下仍能产生能量,以供体内急需,是其重要的生理意义。

糖酵解途径或者糖酵解供能主要在人体氧供应不足的条件下进行,骨骼肌糖原或者葡萄糖酵解,生成乳酸并释放出能量合成ATP,从而使运动中消耗的ATP得到有效地补充,维持运动的继续进行。在无氧的情况下,1摩尔或者180克糖原理论上可产生2摩尔或180克乳酸及3摩尔ATP。这种糖经过一系列代谢反应生成乳酸,并释放能量,此过程是在细胞质中进行的一连串复杂的酶促反应。

磷酸原系统与糖酵解系统供能过程都是不需要消耗氧的无氧代谢过程,它们是人体运动时的无氧代谢供能系统的重要组成部分,为短时间人体进行极量运动提供所需的能量。随着ATP、CP迅速消耗,糖酵解供能过程在数秒内即可被激活,当运动持续30秒钟左右时其供能达最大速率,可维持1~2分钟,随后供能速率下降,其主要表现为运动强度下降。

(三)有氧氧化系统

1. 有氧氧化系统供能

在参与运动的过程中,当氧的供应充足时,人运动所需的ATP便主要由糖、脂肪、蛋白质的有氧氧化来供能。有氧氧化能提供大量的能量,从而使肌肉较长的工作时间得到有效地维持,这种有氧氧化供能系统就是有氧氧化系统。

有氧氧化系统是人进行长时间耐力活动的主要耐力系统,有氧代谢能力与人体心肺功能存在着密切的联系,是耐力素质的基础。提高有氧氧化系统功能对于人的运动具有非常重要的作用。

2. 运动与有氧氧化系统

(1)糖在进行有氧氧化时所产生的能量要远多于糖酵解,在扣除氧化过程中消耗的 ATP 后,一分子的葡萄糖彻底氧化成二氧化碳和水时,能够净生成 36 分子的 ATP,是糖酵解的 18 倍。在安静状态下,糖有氧氧化供能可能需要 10~15 分钟,但是在剧烈的运动中只需要不到 1 分钟。

(2)脂肪与蛋白质只有在糖类供应不足的情况下才会缓慢地转化成直接利用的能源物质。通过有氧运动能够消耗人体的脂肪,因此有氧运动具有很好的减肥效果。

(3)蛋白质在体内并不能够储存,这一点与糖类脂肪不同,通常来讲,人体在运动过程中缺乏能量时各种营养物质的供能顺序是糖原—蛋白质—脂肪,蛋白质大量分解时脂肪也在分解。

运动实践表明,人体中有氧氧化系统供能的输出功率约为每千克体重每秒 15 焦,当氧供充足时,从理论上说,由于体内糖与脂肪不易耗尽,因此供能能力的容量无限大。但是当肌肉中糖原含量降低至一定水平时(小于每千克体重肌肉 3 克时),有氧氧化系统的供能速度会表现出下降的趋势。

四、能量连续统一体的理论及其应用

(一)能量连续统一体的概念

参与不同的运动项目,由于运动强度、持续时间以及技术结构等方面的差异,磷酸原供能系统、糖酵解供能系统以及有氧代谢供能系统三者在不同的项目中所占比例也各不相同,即每个能量系统再合成 ATP 的比例与所参与的运动专项存在着很大的关系。不同类型的运动项目的能量供应途径之间,以及各能量系统之间相互联系形成的连续统一体,称为"能量连续统一体"。

能量连续统一体可通过无氧和有氧供能百分比与运动时间

两种形式来表示,具体如下。

1. 无氧和有氧供能的百分比

根据不同运动项目无氧与有氧代谢供能比例的不同,可以大致确定各类活动在能量连续统一体中的相对位置,进而根据其位置了解某一运动项目的无氧和有氧代谢的百分比(图 3-4)。

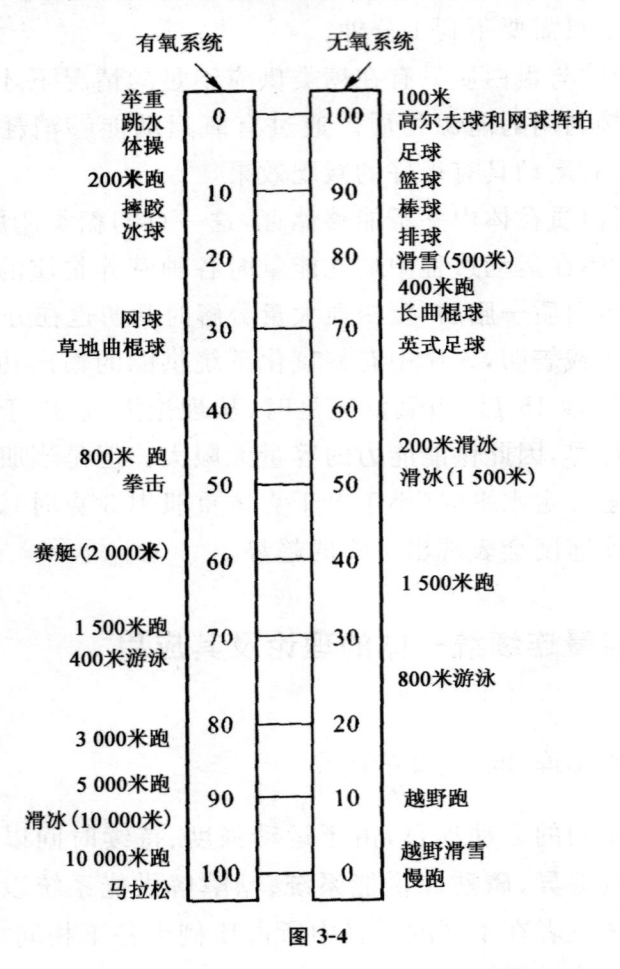

有氧系统		无氧系统	
举重 跳水 体操	0	100	100米 高尔夫球和网球挥拍 足球
200米跑 摔跤 冰球	10	90	篮球 棒球 排球
	20	80	滑雪(500米) 400米跑
网球 草地曲棍球	30	70	长曲棍球 英式足球
	40	60	
800米跑 拳击	50	50	200米滑冰 滑冰(1 500米)
赛艇(2 000米)	60	40	1 500米跑
1 500米跑 400米游泳	70	30	800米游泳
3 000米跑	80	20	
5 000米跑 滑冰(10 000米)	90	10	越野跑
10 000米跑 马拉松	100	0	越野滑雪 慢跑

图 3-4

2. 以运动时间为区分标准

福克斯(Fox)将能量连续统一体划分为四个区域,指出通过运动时间就能够确定不同运动项目在能量连续统一体中的具体位置(图 3-5)。

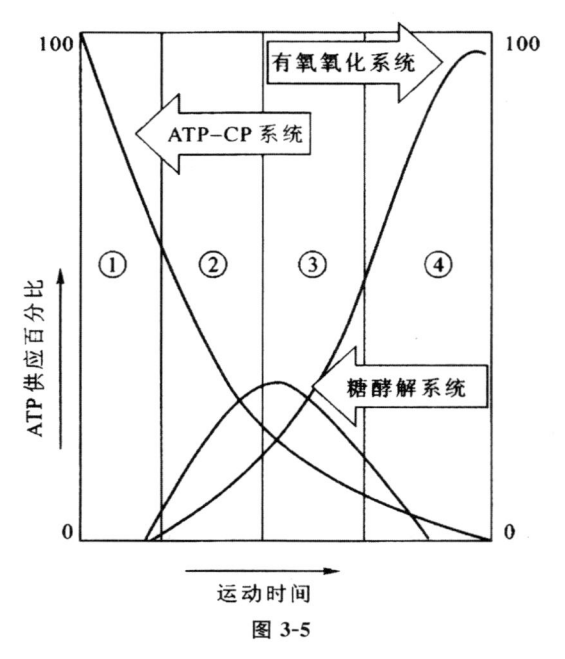

图 3-5

具体而言,根据运动持续时间,能量连续统一体的一端是时间短、强度大的运动;能量连续统一体的另一端是运动时间长、强度小的运动。能量连续统一体的四个分区具体如下。

(1) 1 区:运动时间短于 30 秒,主要能量供能系统为 ATP-CP,具体的体育运动项目包括推铅球、100 米跑、高尔夫球以及网球的挥拍、足球后卫的带球跑等。

(2) 2 区:运动时间为 30～90 秒,主要能量供能系统为 ATP-CP 和乳酸系统,具体的体育运动项目包括 200～400 米跑、速度滑冰、100 米游泳等。

(3) 3 区:运动时间为 90～180 秒,主要能量供能系统为乳酸系统和有氧氧化系统,具体的体育运动项目包括 800 米跑、各项体操、拳击(3 分钟一回合)、摔跤(2 分钟一局)等。

(4) 4 区:运动时间长于 180 秒,主要能量供能系统为有氧氧化系统,具体的体育运动项目包括足球和长曲棍球(守门员除外)、越野滑雪、马拉松、慢跑等。

以运动时间为区分标准的能量连续统一体理论表明,在一项运动中,3种能量系统供给ATP的百分比与活动时间及功率输出之间存在着密切的依存关系,具体表现为:人体运动的时间越短,机体能量的需求就会越多,供能系统功率输出就会越大。

(二)能量连续统一体理论在运动实践中的应用

1.明确运动中应着重发展的能量系统

能量连续统一体理论指出了在不同的运动项目中,机体的主要的供能系统是不同的。这就有助于个体明确不同运动项目中起主导作用的能量系统是什么,从而在制订运动训练计划时重点发展在该项活动中起主导作用的能量系统(表3-6)。例如,马拉松运动员主要依靠有氧氧化来供应其所需的ATP,为了提高运动者马拉松跑的成绩,运动训练就需要重点提高其有氧系统的能力;短跑运动员则应该通过增进无氧系统能力来提升自身该项运动的水平。

表3-6 各种运动活动中起主导作用的能量系统

运动项目	各能量系统所占的比例/%		
	ATP-CP和LA	LA和有氧系统	有氧系统
越野	——	5	95
划船	20	30	50
击剑	90	10	——
棒球	80	20	——
篮球	85	15	——
足球	90	10	——
排球	90	10	——
网球	70	20	10
体操	90	10	——

续表

运动项目		各能量系统所占的比例/%		
		ATP-CP 和 LA	LA 和有氧系统	有氧系统
冰球	前锋、防卫	80	20	——
	守门员	95	5	——
滑雪	障碍滑雪、下坡	80	20	——
游泳	50 米自由泳	98	2	
	100 米（各种姿势）	80	15	5
	200 米（各种姿势）	30	65	5
	400 自由泳	20	40	40
	1 500 米	10	20	70
田径	田赛项目	90	10	——
	100 米、200 米	98	2	——
	400 米	80	15	5
	800 米	30	65	5
	1 500 米	20	55	25
	3 000 米	20	40	40
	5 000 米	10	20	70
	10 000 米	5	15	80
	马拉松	——	5	95

2. 选择有效的运动训练方法

在运动者明确自身运动训练应该重点发展的能量系统之后，就可以据此选择最有效的运动训练方法。对于运动者而言，明确不同的运动训练方法的定义与它对发展各种能量系统所起的作用（表 3-7，用增进的百分比表示）具有十分重要的意义。

在运动实践中，不同的训练方法的作用会发生一定的变化，它既能够调节成为主要发展两个无氧供能系统(即磷酸原系统与乳酸能系统),同时还能够调节成为主要发展有氧供能系统,另外还可以调节成为使三个供能系统得到均等的发展。为了有效发展该运动项目主导能源系统,运动者应该选择与该项目供能比例最为接近的练习方法。

表3-7 各种训练方法的定义及其对增进各种能量系统的比例

训练方法	定义	增进比例(%) ATP-CP 和 LA	LA 和 有氧系统	有氧系统
加速疾跑	在40~100米段落中,从慢跑开始逐渐加速到疾跑	90	5	5
持续快跑	快速长距离跑(或游泳)	2	8	90
持续慢跑	慢速长距离跑(或游泳)	2	5	93
穴形疾跑	两次疾跑之间加一个慢跑或走	85	10	5
间隙疾跑	40米疾跑与50米放松慢跑相交替,跑的总距离是5 000米	20	10	70
间歇训练	两次工作期间之间有一个休整期	0~80	0~80	0~86
慢跑	持续走(或跑)一个中等距离(如3 000米)	——	——	100
重复跑	相似于间歇训练,但工作期与休整期的时间比较长	10	50	40
	在自然条件下交替快跑与慢跑	20	40	40
速度游戏 (法特莱克)	重复全速疾跑,两次疾跑之间的间歇期长短以完全恢复为标准	90	6	4

3. 确定适宜的运动训练水平

人体的供能系统与运动训练之间存在着一定的关系,随着运动者运动训练水平的不断提升,该运动项目起主导作用的供能系统也会得到相应的提升。因此,可以把各供能系统能力的变化当作评定个人运动训练水平的一个重要指标。例如,可以用磷酸原系统的供能能力对运动者身体速度能力的好坏进行相应的评定,根据运动者运动之后的最大血乳酸浓度来对其无氧耐力水平进行评定。

以跑步为例。一个运动者全力跑 400 米,如果跑步过后其血乳酸值低于 10 毫摩尔/升,这就表明该运动者的无氧代谢能力比较低;如果跑步过后运动者的血乳酸值达到 14~15 毫摩尔/升就表明该运动者的无氧代谢能力比较高。

为了对运动者的耐力水平进行更好地评定,更加准确地预测运动者的运动成绩,马格利亚(1975)依据最大摄氧量与无氧阈设计了如下列方程式来预测运动者的中长跑成绩:

$$M=(V-6)T+5V$$

在上述公式中,M 为运动者跑的距离(米),V 为最大摄氧量数值(毫升/千克·分钟$^{-1}$),T 为待预测的运动成绩。

4. 落实运动训练的科学选材

运动实践表明,个体的能量系统的能力表现出很大的遗传性,因此可以将其作为运动选材的一项有效指标。在运动训练过程中,教师或者教练可以根据运动者的遗传特征选拔适合该运动项目的运动员,并最终实现科学选材。

5. 合理减肥与控制体重

通常来讲,机体所摄入的热量与消耗热量会保持动态的平衡。如果摄入的热量过多,多余的部分就会在体内转变为脂肪,脂肪过多就会导致肥胖的发生。

减肥的基本原理就是减少摄入的热量并增加热能的消耗。另外,运动对于防止减重之后体重的反弹也具有很好的作用。因此,想要实现科学的减肥与控制体重必须要坚持运动锻炼,同时还应该保持机体热量摄入的基本平衡。

第四章 运动疲劳与恢复的生理生化分析

当人体进行体育运动并持续一段时间之后,会产生一定的疲劳,运动能力和身体机能会出现一定程度的下降。经过一段时间的休息之后,人体的运动疲劳便会逐渐消失。运动疲劳和恢复是运动训练需要关注的重要方面,对其进行生理生化分析,将能够促进人们更加科学地开展运动训练。

第一节 运动疲劳产生的机制

一、现代科学视角下运动疲劳的产生机制

在进行长时间、中等强度的运动时,其运动疲劳的产生往往与肌糖原大量消耗、血糖浓度下降、体温升高脱水和无机盐丢失有关;短时间最大强度运动的疲劳是因肌细胞代谢变化导致ATP转换速率下降;而较大强度、较短时间运动的疲劳往往是由于乳酸堆积所致。在非周期性运动项目中,技术动作的不断变化和动作技能的复杂程度是影响运动性疲劳的重要因素。一般认为,自动化程度高、习惯性的和节奏性强的动作不易产生疲劳,而要求精力高度集中以及运动中动作多变的运动,则较易产生疲劳。静力性运动疲劳的产生就其细胞代谢来讲和短时间大强度运动项目的运动性疲劳相似,但由于中枢神经系统相应部位持续兴奋、肌肉中血流量减少以及憋气引起的心血管系统功能下降而更为明显。

第四章 运动疲劳与恢复的生理生化分析

运动过程中,人体的能量主要来源于糖、脂肪、蛋白质的有氧代谢或无氧代谢。在进行大运动量运动时,其能源物质消耗增多,使体内维生素含量下降,无机盐、水分等也会减少,从而引起机体内环境物质代谢功能失调,机体不能继续胜任工作而产生疲劳。

运动疲劳产生的机制可通过以下几方面进行阐述。

(一)中枢机制

中枢神经系统(CNS)与运动具有密切的关系,运动疲劳与中枢机制具有密切的关系。一般认为,中枢神经系统功能的紊乱是运动疲劳产生的重要原因之一。

中枢神经疲劳是中枢神经紊乱的基本表现,与此同时,其还受到多方面因素的影响,是一种综合性的结果。普遍认为,中枢疲劳是一种负性变力的结果,肌肉收缩产生的力量低于电刺激肌肉产生的力量,这种存在状态为中枢疲劳。当出现中枢疲劳时,人体的力量和功的输出不能达到预期的水平,这时肌肉本身功能的紊乱只是造成这一原因的一个方面,中枢神经系统特异性功能改变也是造成疲劳的重要原因。

中枢神经疲劳的机制是较为复杂的,一般认为,神经控制和反馈调节体系的变化导致中枢神经系统是否能够发送和维持足够的神经冲动是疲劳产生最可能的解释。另外,研究证实,神经递质、神经调质、代谢产物等的变化都对机体的运动疲劳具有重要的影响。

1. 5-HT 与 CNS 疲劳

5-HT 是中枢神经系统中的一种抑制性递质,主要贮存在位于低位脑干中线附近的神经元囊泡中,与觉醒、睡眠和情绪反应等有关,同时也是引发中枢疲劳的重要递质。相应的科学实验表明,当运动疲劳发生时脑中 5-HT 浓度发生变化。长时间运动时,5-HT 升高会削弱 CNS 功能,使运动成绩减退。运动时,脑内 5-HT 增高,这主要是由于运动促进脂肪的分解,使游离脂肪酸(FFA)增加,FFA 与色氨酸竞争蛋白结合位点,因此游离色氨酸(f-TRP)增加。同时,运动时,骨骼肌吸收血液中的支链氨基酸(BCAA)以氧化供能而使 BCAA 减少,f-TRP 与 BCAA 竞争通过血脑屏障,因而进入脑中的 f-TRP 增多,f-TRP 是合成 5-HT 的前体,因此 5-HT 合成增加。

2. 多巴胺(DA)与 CNS 疲劳

DA 是一种神经递质,人体在运动时,DA 在脑的各个部位的代谢显著增高;在剧烈运动之后,则 DA 水平降低。低 DA 或低 DA/5-HT 可能会减少运动活力,导致昏睡、疲劳。DA 在中枢疲劳中的作用机制还有待进一步研究,脑中多巴胺能神经活性增强可能由于它抑制了 5-HT 的合成与代谢。

3. 胆碱和乙酰胆碱与 CNS 疲劳

乙酰胆碱是人体较为重要的神经递质,参与人体的记忆、觉醒和体温的调节。乙酰胆碱的前体物质为胆碱,其合成速率受到胆碱的影响。在长时间运动时,胆碱耗竭引起胆碱能神经活性降低,继发运动疲劳。科学研究发现,当运动者跑完马拉松之后,血浆中的胆碱水平下降了 40%。

4. 血氨与 CNS 疲劳

在长时间运动训练之后,氨的血浆浓度增高。由于氨可以透过血脑屏障进入 CNS 蓄积,改变脑膜对氨基酸的渗透性,对脑产生毒性作用。血氨增高可以通过直接作用于脑改变 CNS 功能。

在进行大强度、中等时间的运动时,血氨会在脑中迅速堆积。这主要是因为,随着线粒体活性的增加,其将两个分子的 ADP 转化为一个分子的 ATP 和 AMP,接下来 AMP 转化为 IMP,同时产生氨。氨的增高可导致急性氨中毒,损伤中枢神经系统的关键区域。

5. 细胞因子、氨基酸与 CNS 疲劳

学者的研究认为,免疫细胞释放的一种或多种物质(如细胞因子)可能在中枢神经水平影响到疲劳。中枢疲劳的神经生理病理机制目前还尚不明确,学者认为可能是神经递质和调质的改变影响运动行为能力,而细胞因子可能通过影响神经递质的改变导致疲劳。

6. 基因与 CNS 疲劳

经生物信息学分析,发现运动性中枢疲劳的发生、发展有多类基因群的参与,如代谢相关类基因、信号转导类基因、蛋白激酶类基因、酪氨酸激酶类基因、线粒体相关类基因、神经递质和氨基酸类基因以及免疫相关类基因等。

(二)外周机制

在运动训练过程中,不同的运动形式、运动强度和运动时间所产生的运动疲劳的机制是不同的。目前,仍未能完全解释运动性疲劳发生、发展的机理,其大都是从某一方面对疲劳进行尝试,其相关的学说包括"衰竭学""堵塞学说""内环境稳定失调学说""保护性抑制学说"等。

1. 能源衰竭学说

能源衰竭学说认为,人体在运动过程中能源物质大量消耗,如果得不到及时补充,就会造成疲劳。能源物质消耗过多与运动疲劳密切相关,并且不同的运动形式和运动强度下,消耗的能源物质也会不同。

人体在进行短时间大强度运动时,主要能源为 ATP 和 CP,这两种高能化合物在肌肉中含量很低,仅能供应 10 秒以内的大强度运动;在中等强度的运动中,机体主要以糖酵解和有氧氧化混合供能为主,人体肌肉中糖原含量约 200~400 克,以酵解方式

供能仅能维持 1 分钟;而在长时间运动中,机体主要以糖和脂肪的有氧氧化供能为主。当疲劳时 ATP 只略微下降,而 CP 下降十分明显,表明 CP 的消耗对疲劳的发生更为重要(图 4-1)。CP 的下降程度取决于运动强度,工作负荷越大,CP 下降也越多(图 4-2)。

人体在长时间运动过程中,工作能力下降的同时常伴随血糖浓度的降低,补充糖后工作能力有一定程度的提高。

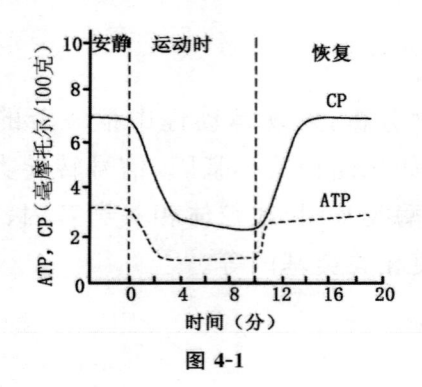

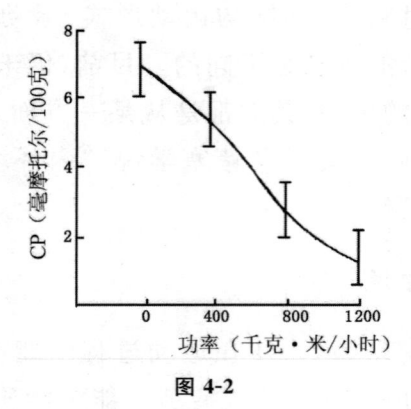

图 4-1

图 4-2

2."堵塞"学说

"堵塞"学说认为,在人体运动过程中,由于代谢产物在肌细胞中不断堆积,影响体内的正常代谢,造成运动能力的下降,出现运动疲劳。运动时,人体的主要代谢产物有 ATP、CP 的分解产物 ADP、AMP、Pi 以及糖酵解所产生的乳酸和 H^+。这些物质在肌

第四章　运动疲劳与恢复的生理生化分析

细胞中堆积,从而使得人体肌细胞发生一系列不利于运动的生理生化反应。

(1)乳酸与运动性疲劳

相应的研究发现,在安静状态下,肌肉内的乳酸较少,仅为1毫摩尔/千克湿肌;在进行大强度运动时,随着运动时间的加长,人体的需氧量增加,糖原在体内进行无氧酵解供能使体内乳酸含量明显增多。随着乳酸在人体内的堆积,其会通过各种途径造成人体的运动机能的下降。其具体作用机制表现在以下几方面。

其一,乳酸解离后生成H^+使肌肉pH值下降,抑制磷酸果糖激酶(PFK),从而减慢糖酵解过程,减少运动时ATP的再合成,影响能量的供应。

其二,解离后的H^+可与Ca^{2+}竞争骨骼肌肌钙蛋白的结合位点,置换肌钙蛋白中的Ca^{2+},使兴奋——收缩偶联,阻碍肌肉收缩,导致收缩机能下降。

其三,H^+有抑制脂肪酶活性,限制自由脂肪酸(FFA)的释放,从而降低脂肪氧化供能,导致肌肉工作能力下降。

其四,乳酸使血液PH值降低,导致脑细胞工作能力下降。另外在运动过程中,ATP大量水解,当ATP水解速度大于其合成速度时,肌组织中ADP、AMP含量升高,可强烈激活AMP的分解代谢途径,从而使体内氨含量升高;氨含量升高又可促发糖酵解过程,使乳酸含量增加,PH值下降,H^+浓度升高,使整个身体机能下降。

(2)磷酸化合物与运动性疲劳

机体进行短时间大强度运动时,由于ATP、CP分解代谢加强,肌细胞中ADP、AMP、Pi等的浓度会明显升高。ADP、Pi等若在细胞内的浓度过高,是造成人体的疲劳的重要原因。当人体进行1分钟60%～100%最大强度运动时,ADP浓度升高20%～50%,Pi浓度升高300%,最大肌力下降超过35%,肌肉的放松能力下降60%。

①ADP 与运动性疲劳

在人体肌细胞中,ADP 大都与肌动蛋白结合,只有少部分游离的 ADP。当 ADP 浓度升高,肌动蛋白与肌球蛋白结合与分离转换时间延长,可使肌纤维的放松速率减慢,从而使肌肉的输出功率下降,产生疲劳。

②AMP 与运动性疲劳

在进行较为剧烈的运动时,AMP 脱氨酶被强烈激活,AMP 脱氨生成 NH_3 和 IMP。NH_3 在肌细胞内浓度升高,会产生毒害作用;同时,血 NH_3 浓度升高会对中枢神经系统产生影响,使运动的控制能力下降,思维连贯性差;NH_3 的增加可降低丙酮酸的利用和减少摄氧量,最终减少 ATP 供给,使人的运动能力下降,产生疲劳。

(3)细胞 pH 值与运动性疲劳

人体在进行长时间的运动时,糖酵解会产生乳酸,并且容易在细胞内堆积,虽然乳酸本身对疲劳的作用较小,但是其可解离出 H^+。H^+ 浓度升高,pH 值下降,使肌纤维的肌力、最大缩短速度、酶活性、肌质网 Ca^{2+} 的重摄取能力下降,导致疲劳。

肌细胞内 pH 值的下降与肌肉收缩力之间有显著相关性。研究表明,当肌肉 pH 值由 7.5 降到 6.5 时,型肌纤维最大肌力降低了 25% 之多。另外,pH 值从 7.0 降至 6.2 时,Ca^{2+} 与肌钙蛋白的亲和力下降,从而阻碍了横桥功能,引起肌力下降。

3.离子代谢紊乱学说

离子代谢可造成人体运动性骨骼肌疲劳,人们现阶段研究的主要离子包括 Ca^{2+}、K^+ 和 Mg^{2+}。

(1)Ca^{2+} 与运动性疲劳

人体在运动中,肌质网大量释放 Ca^{2+} 而回收减少,一方面这些离子可通过多种途径,如激活磷脂酶(PLA_2)中性蛋白水解酶、溶酶体酶等来对骨骼肌的结构和功能造成破坏,从而导致人体的疲劳;另一方面,胞浆 Ca^{2+} 增加时,线粒体主动摄 Ca^{2+},从而使其氧化磷酸化过程受到抑制,使氧化磷酸化偶联,ATP 生成减少,造成运动能力下降。

(2)K^+ 与运动性疲劳

人体在进行运动时,细胞持续兴奋,使细胞内 K^+ 流失增多,影响了正常动作电位的形成,导致肌张力降低。另外,钾含量下降可造成体内葡萄糖的利用减少,抑制胰岛素分泌,减少骨骼肌糖原贮备,从而也能导致运动能力下降。

(3)Mg^{2+} 与运动性疲劳

在运动过程中,随着细胞 Mg^{2+} 含量下降,可造成许多关键酶活性降低导致细胞代谢障碍。另外,Mg^{2+} 含量下降又可引起 Ca^{2+} 代谢紊乱,两者共同作用,降低运动能力。

4.自由基致损伤学说

自由基是游离在外层轨道带有不成对电子的原子、离子或分子等物质,主要包括氧自由基(O_2)、羟自由基(OH)、过氧化氢(H_2O_2)、单线态氧(O)。氧自由基等可以与细胞膜上的不饱和脂肪酸发生脂质过氧化反应,生成对细胞具有毒性作用的过氧化物(LOOH),自由基过多还会导致核酸受损、蛋白质交联或多肽断裂,一些重要的代谢酶因交联聚合而失去活性。自由基在生物体的生命过程中不断产生,但同时机体内部也存在着一些酶可及时将之分解清除。

氧自由基与人体的运动关系密切,氧自由基的增加是导致运动性疲劳的重要原因。当人体内氧自由基含量增加时,其就会与生物膜中的多不饱和脂肪酸发生脂质过氧化反应。细胞膜系统脂质过氧化的结果就会使膜的液态性、流动性改变,膜上的酶、受体及离子通道受损,内质网结构改变,最终导致运动性疲劳的发生。

5.保护性抑制学说

保护性抑制学说认为,人的疲劳是大脑皮质保护性抑制发展的结果。在运动或进行脑力劳动时,大量神经细胞长期兴奋导致"消耗"增加,人体为了避免进一步消耗,所以在消耗到一定的程度之后,便产生保护性抑制。

(三)内脏机制

科学研究表明,运动时,内脏及支配其植物性神经系统和调节机体特定生理过程的激素的变化,也会在一定程度上造成人体的疲劳。

1."支配内脏活动的神经装置"与疲劳

植物神经系统支配着人体的很多器官和系统,而植物神经系统在一定程度上受到中枢神经系统机能的影响。当进行运动时,氧债增加,中枢神经系统会发生机能障碍。此外,大脑的主要能量来源是糖,但是大脑本身糖储备很少,主要靠血液运输供给。当血糖下降时,大脑的机能也会发生障碍,这就造成植物性神经功能的失控。植物性神经系统的调节失调可影响肌肉活动及其他活动的能量供应,进而成为导致疲劳发生的原因。

2.内脏器官与疲劳

在运动过程中,人的内脏器官,如心血管系统和呼吸系统等与运动密切相关。随着运动时间的延长,肌肉内本体感受到强烈的刺激,反射性地使心率加快,心输出量增多。同时,活动部位的肌肉中血管扩张,内脏和体内相对不活动组织的血管收缩。内脏器官的一些变化会导致血液循环发生障碍,其运输能力将降低,致使机体缺氧。

3.心脏功能与运动性疲劳

在人体运动时,机体为了适应运动中的额外需求,将促使心血管的相关方面发生代偿。在运动时,为了满足各组织对于氧气的需求,心脏需要增加跳动速度和增加每搏输出量。长时间工作时,糖原、磷酸肌酸水平以及酶活性降低,这些变化的主要后果是血液循环发生障碍,从而降低工作者机体的血液运输能力,致使机体缺氧。缺氧又直接抑制呼吸中枢,进一步加深了机体的缺氧程度,引起运动性心脏疲劳。

(四)心理机制

心理疲劳是由于情绪和精神压力形成的一种心理现象。在运动训练过程中,如果运动紧张程度较高,或者是重复、单调的大强度运动训练,会造成人的心理的不安和疲劳感。引起心理疲劳的原因有环境因素、生理因素和心理因素等。

1.环境因素

所谓环境因素,是指运动训练所处的条件。具体而言,其主要表现为以下几方面。

(1)运动训练和比赛的复杂性与紧张性。在激烈的竞争和运动训练中,运动员的全身主要器官都要承受高强度的负荷,其情绪状态相对较为紧张,注意力集中。这就使得人体大量的心理能量和神经能量被消耗,从而出现心理疲劳。

(2)训练内容的单调性。长期进行单调的训练,缺乏新异的刺激,从而产生厌烦,缺乏训练的兴趣,长期如此会产生心理疲劳。

(3)训练环境的影响。人的心情、情绪也会受到环境的影响,如在阴雨天气,人的心情可能会比较抑郁。运动员长期处于较差的训练环境中,如空气污浊、器械破旧等,心理上会产生紧张、压抑,心烦意乱,情绪不稳,丧失训练的动机,造成心理疲劳。

(4)训练效果不佳。对于运动员而言,其随着训练时间的延长,水平不断提高,但是其提高的幅度却在逐渐减小,如果运动员缺乏正确的认识,就会对训练产生厌烦,训练热情也就会丧失,最终导致心理疲劳。

2. 生理因素

人体在生理状态不良的时候,如疾病、损伤等情况下,会由于生理机能的下降而产生不良的心理现象,如心烦意乱、四肢乏力、注意力分散等。而这时如果继续进行训练,心理调节机能的超负荷运载,必然会导致心理疲劳。

3. 心理因素

个性:如果运动项目与自身的个性不符,容易引起心理疲劳。例如,活泼好动的人如果选择需要极大耐心的运动项目,就会容易引起心理疲劳。

注意力:如果运动者注意力稳定性差,也容易引起心理疲劳。

自信心:缺乏自信心的运动员在比赛中容易表现失常,并背负很大的心理压力,最终引起心理疲劳。

心理素质:运动员心理素质较差,则会表现出较差的适应能力,在训练和比赛中承受极大的心理压力。长期如此,则易引起心理疲劳。

(五)细胞凋亡

人体的细胞死亡有两种方式:其一是意外性死亡,主要是受到外界因素影响,如高温、物理损伤、营养不足等造成的细胞急速坏死;其二是细胞凋亡,是指细胞在一定的生理条件或病理条件下,遵循自身的程序而结束生命的过程。

科学研究表明,大强度运动能够引起肌细胞的凋亡。免疫系统是机体的防御系统,是细胞凋亡具有代表性的例子。研究发现,力竭运动之后,即刻有63%的淋巴细胞凋亡,运动后24小时有86.2%的淋巴细胞出现凋亡。运动诱发淋巴细胞的凋亡,是运动后淋巴细胞减少的原因之一。因此,运动员大运动量运动训练之后,感染各种疾病(如上呼吸道的感染、感冒等)的几率急剧增加。由于免疫细胞的凋亡引起免疫机能的下降,进而导致机体抵抗力和代谢功能的紊乱,影响机体的运动能力,产生运动性疲劳。

二、中医理论视角下运动疲劳发生的机制

(一)运动性疲劳与脾的病理生理联系

运动过程的物质消耗有赖于脾胃纳化产生营卫之气源源不绝地补充,以促进疲劳后的恢复。当脾虚时人体的三个供能系统均出现不同程度的代谢障碍,导致体内能源物质补偿不足,出现体力下降、耐力较差,发生疲劳。

中医理论认为,劳累太过,或兼以饮食不节,或兼以忧思过度,都可以损伤脾气,耗竭脾阴。脾虚时,人体在潮湿环境下进行运动时,若脾虚运化不及,则致湿浊内阻或蕴生湿热,伤人肌肉筋骨。运动性疲劳时体内代谢产物增多,这些"浊物"增加留滞体内,与中医的脾虚湿阻有联系。

(二)运动性疲劳与肾的病理生理联系

中医理论认为,肾藏真阴真阳,主藏精纳气,为先天之本,生命之根。若肾精充足,则骨强、气壮、髓满、脑灵、耳聪而目明。若各种原因损及肾藏之精,都将削弱其体质,降低运动能力。长期大运动量训练可能会引起肾阳或肾阴的耗损而出现肾虚。

中医的"肾精"与睾丸激素水平关系密切,肾精不足与雄激素分泌减少有关。长时间运动或疲劳的积累,造成下丘脑—垂体—肾上腺皮质轴功能过度应激,皮质醇(C)分泌增加;后者通过负反馈抑制性腺轴功能而导致血睾酮(T)水平下降。长此以往,会使蛋白质分解代谢加强而合成代谢削弱,可出现类似肾虚肾精不足的临床表现,造成对运动员体能的损害,疲劳极易发生。

(三)运动性疲劳与肝的病理生理联系

中医理论认为,肝将由脾输布来的精微之气浸淫濡润于筋与

筋膜,令关节滑利、屈伸有力自如,故认为"肝主运动"。若过劳伤肝,则筋必疲极,运动受到影响。

肝主疏泄,如果功能正常,人体内部的脏腑、器官、组织、气血的生理功能就能处于正常状态。这种疏泄功能与情志调节密切相关。产生运动性疲劳的因素之一是情绪、心理调节失控。当运动需要增加血量时,肝所藏之血则输布周身;运动结束或安静休息时,有余之营血便归藏于肝。如果肝的疏泄功能失常,就会影响血液运行,导致营养供给及废物排泄障碍,有碍疲劳的消除。

第二节 运动疲劳的分类与判断

一、运动疲劳的类别

关于运动疲劳的研究已经有百年的历史,自20世纪50年代以来,随着科学技术的不断发展,对于运动疲劳的研究不断深化进行,并取得了许多研究成果。通过对人体组织和器官的机能水平和运动能力进行分析,能够确定运动疲劳的程度,可通过相应的生理生化指标进行测定。一般而言,运动者在运动前、中、后都可通过心率、血压等一项或多项指标来对疲劳的程度进行评价。一般人们根据运动疲劳的影响范围而将其分为局部疲劳和全身疲劳,这是一种较为简单的分类方法。根据疲劳的部位和性质一般大致可将其分为四类,即为肌肉疲劳、内脏疲劳、神经疲劳和心理疲劳。

在运动中肌肉的收缩时间和松弛时间如果延长,就会产生疲劳。疲劳使肌肉随意收缩的能力下降。此外,肌肉还会出现诸如僵硬、肿胀和疼痛等症状。

内脏疲劳主要是与运动相关的内脏的疲劳,主要包括心脏疲劳和呼吸系统的疲劳。其中,心脏出现疲劳时,心脏每搏输出量首先受到影响,表现为收缩压下降、舒张压上升、心率异常、脉压减少和心电图谱发生改变。当呼吸系统出现疲劳时,人体与外界环境的交换能力下降,从而表现为呼吸急促,并有胸闷气短的感觉。

神经疲劳主要表现为大脑皮层机能低下,兴奋抑制过程平衡失调。具体的外在表现为思维反应迟缓、对事物的辨析能力降低、记忆力减退、注意力不集中、烦躁易怒、失眠多梦等。

在多数情况下,心理疲劳非常容易与神经疲劳相混淆。实际上心理疲劳的概念更能够解释常见的现象行为。当人处于心理疲劳的状态时,通常会表现出对感觉、知觉、记忆、思维、个性等方面的不适。

二、运动疲劳的判断

疲劳的出现是不可避免的,为了更及时地洞察疲劳的出现,以便采取最佳的措施对待,就需要对疲劳进行准确的判断。运动者进行运动疲劳判断的方法主要有以下几种。

(一)主观感觉

最了解自身情况的是运动者本身,依靠他们的主观感觉判断疲劳的产生的准确率较高。当运动者自我感觉疲乏、心悸、头疼、恶心、四肢无力等,则几乎可以被判定为运动疲劳。运动者可参考表 4-1 的自我感觉症状监测对照表来评价自身的疲劳状况,以下症状越多,则表明疲劳程度越深。

表 4-1 自我感觉症状监测对照表

精神症状	躯体症状	神经感觉症状
脑子不清醒,头昏眼花	头沉	眼睛疲劳,眼冒金星,眼睛无神
思想不集中,厌于思考问题	头痛	眼发涩,发干
不爱动和说话,表情淡漠	全身懒倦	动作不灵活,动作出错

续表

精神症状	躯体症状	神经感觉症状
针扎似的疼	身体无力、疼痛或抽筋	脚跟发软,脚步不稳
困倦	肩发酸	味觉改变,味觉厌腻
精神涣散,呆滞迟钝	呼吸困难,气短	眩晕
对事情不积极	腿无力	眼皮和其他肌肉跳动
很多事情想不起来	没有唾液、口发粘、发干	听觉迟钝,耳鸣
做事没有信心,做事出错	打哈欠	手脚发颤
对事情放心不下,事事操心	出冷汗	不能安静下来
信心不足,敏感固执	动作不协调、不精确	恶心
孤僻、沮丧、缺乏兴趣	心悸、呼吸紊乱	食欲不振
记忆力减退		
厌烦运动训练		
睡眠不好		

疲劳程度的简易判断标准,只是对运动性疲劳的粗略分析,瑞典生理学家冈奈乐·伯格制定了判断疲劳的主观感觉等级表(RPE),使原来粗略的疲劳性分析变为较精确的半定量分析。首先让受试者做递增性功率自行车或固定跑台运动,并对照主观感觉等级表(表4-2),在运动过程中,受试者每增大一次强度,或间隔一定时间,便指出自我感觉等级[①]。

表4-2 主观感觉等级表

自我感觉	等级
非常轻松	6～7
很轻松	8～9
尚轻松	10～11
稍累	12～13
累	14～15
很累	16～17
精疲力竭	18～20

---

① 陈松娥.运动健身与合理营养[M].长沙:湖南大学出版社,2007.

(二)客观检查

1. 生理指标

(1)小腿围

长距离跑后,由于下肢血液滞留及组织液增多,可使小腿围度增加,其增加程度与疲劳度成正比。

(2)小腿皮下水肿检查

用拇指压小腿胫骨前面皮肤,当去除按压,若留下皮肤凹陷不能立即消失者为阳性。凹陷的深浅与皮下组织液积聚和疲劳程度有关。

(3)体重

长时间运动时的泌汗增多,体重下降,其降低程度与运动量大小密切相关。

(4)肌力

可测定握力、腿力和背力,早晚各测一次,或运动前后测定,观察其差数和恢复情况,如次日晨已恢复可判定为正常的肌肉疲劳。

(5)肌张力

肌肉疲劳时,随意放松的能力降低,肌肉放松时张力增加,肌张力振幅减小。

(6)肌肉力量

运动后肌肉力量明显下降而且不能及时恢复,可视为肌肉疲劳。在评定疲劳时,可根据参与工作的主要肌群确定测试内容,如以上肢工作为主的运动可用握力或屈臂力量测试等。常用的测试仪器有背力计、握力计等。测试时,首先在运动前连续测定若干次肌肉力量,计算出平均值,运动结束后,再进行同样方式的力量测定,如果肌肉力量平均值低于运动前水平,或几次力量测定值连续下降,即为肌肉疲劳。

(7) 心率

心率（HR）是评定运动性疲劳最简易的指标，一般常用基础心率、运动中心率和恢复期心率对疲劳进行判断。

基础心率：反映机体最基本的机能状况，通常用清晨起床前的心率表示，也可用脉搏表示，机能正常时基础心率相对稳定。如果大运动负荷训练后，若无其他任何原因，次日清晨起床前的基础心率较平时增加 10 次/分钟以上，则认为有疲劳现象；如果连续几天持续增加，则表明疲劳累积。

运动中心率：可采用遥测心率方法测定运动中的心率变化，也可用运动后即刻心率来代替。随着训练水平的提高，按照"训练—适应"理论，完成同样运动负荷时，心率有逐渐减少的趋势，如在一段时间内，从事同样强度的定量负荷，运动中心率增加，表示身体机能状态不佳。

运动后心率：进行一定强度训练后，经过一段时间休息，心率可恢复到运动前状态。但是，当身体疲劳程度较深时，导致心血管系统机能下降，使运动后心率恢复时间延长。

(8) 血压

血压是大动脉血管内血液对血管壁产生的侧压，它是反映疲劳程度的常用指标。

身体机能良好时，清晨时安静血压较为稳定。若安静血压比平时升高 20% 左右且持续两天以上不恢复，往往是机能下降或疲劳的表现。

正常情况下，收缩压随运动强度的加大而升高，舒张压不变或有轻度的上升或下降。但如果运动时脉压差增加的程度比平时减少，出现无力型反应，表明已产生中度或重度疲劳。

2. 医学判定

(1) 脉搏

脉搏频率增加的程度与疲劳程度成正比。可测定晨脉或运动前、运动后和恢复期的脉搏，来判断疲劳情况。

第四章　运动疲劳与恢复的生理生化分析

(2)心电图

运动中在骨骼肌出现疲劳的同时,心肌也相继出现疲劳,而使心电图出现异常变化,若在排除其他原因的前提下出现早搏且运动后早搏次数增多、完全性右束支传导阻滞或有持久存在的不完全性右束支传导阻滞、ST 段下移、房室传导阻滞等,这当中的任何一种异常都提示有重度运动性疲劳的存在,并提示可能已有过度疲劳产生。

(3)呼吸肌耐力测定

让受试者连续测 5 次肺活量,包括在内吹气时间,每次间隔 15 秒,记录各次结果,疲劳时,肺活量逐渐下降。

(4)肌电图

肌电图是肌肉兴奋时所产生的电变化,可反映肌肉的收缩、兴奋程度。运动过程中的肌电图变化可确定神经系统和骨骼肌的功能状态,通过肌电图可以反映出肌肉是否疲劳。

(5)皮肤空间阈

测定皮肤对两点的定位感觉。运动后疲劳时触觉机能下降,运动后较安静时大 1.5 倍以上为轻度疲劳,2 倍以上为重度疲劳。

(6)尿蛋白

每日清晨和运动后测定尿蛋白,可以了解身体对运动量和强度的适应情况和疲劳程度。

(7)血红蛋白

由运动引起的运动性贫血与运动强度和运动量有关,此外还与营养摄入不合理、身体健康状况、机能水平下降等因素有关。

(8)血尿素

安静时成人的血尿素为每百毫升 28~40 毫克,运动时肌肉中蛋白质及氨基酸分解代谢加强,其血尿素的数量可增高达 10%~100%,在身体机能状态正常的情况下,运动后次日晨血尿素上升幅度在 50%以下,这是出现了中度或重度运动性疲劳的表现。

(9)定量运动负荷试验

内脏器官的机能能力只有在机体进行运动负荷试验中才能

充分发挥。因此,机能检查的主要方法是定量运动负荷试验,检查的着重点是心脏血管机能。负荷的种类、负荷量的大小应根据机能检查的目的、受试者年龄、性别、健康状况、训练水平而定。

三、心理性疲劳的判断

一般将其分为三种类型,即早期疲劳、中度疲劳以及慢性疲劳。每一类型所表现出的症状都不相同。

(一)早期疲劳

在现代运动训练中,出现早期疲劳的症状主要表现为:大脑兴奋性提高,内抑制能力减弱。从表面上来看,人的工作速度在加快,各种次要活动(如起身喝水、上厕所)频率增多。具体由于每个人的实际情况不同,对早期疲劳的反映也不同:有些人开始烦躁不安,另一些人则显得很兴奋。但是,只要出现早期疲劳,都会表现为心不在焉,注意力不集中,精细工作时出现错误的次数增加。

(二)中度疲劳

在现代运动训练中,出现中度疲劳的症状主要表现为:大脑皮层兴奋性和内抑制能力都减弱,表现为瞌睡,打哈欠,头昏脑涨,全身无力,肌肉松弛。如果这时候继续工作,则会出现烦躁不安,易激怒和发脾气,对周围的很小刺激都很敏感等症状,从而导致工作效率降低,容易出现各种显而易见的错误。

(三)慢性疲劳

此时大脑皮层处于高度抑制状态,也被称为过劳。在现代运动训练中,出现慢性疲劳的症状主要表现为:面色苍白,萎靡不振,手部震颤,记忆力和注意力全面减退,工作速度减慢,逻辑思维、抽象判断和想象能力出现明显障碍。

第三节　运动疲劳与恢复的生化特点

一、运动疲劳的生化特点

(一)运动疲劳的生化代谢物质变化

1. 血液指标

(1)血红蛋白

血红蛋白(Hemoglobin,Hb)俗称血色素,是红细胞中一种含铁的蛋白质。Hb 在人体中主要起着运输氧气和二氧化碳的作用,另外它还参与人体酸碱平衡的调节,对酸性物质起着缓冲的作用。在运动训练之后,运动员的血液 Hb 含量会有所变化,能够在一定程度上反应训练负荷的大小。

在进行大运动量的训练时,在初期机体会出现一定的不适应现象,血液中的 Hb 含量会有所下降。一般坚持训练三周后,运动员对运动量逐渐适应,Hb 回升,有的运动员甚至出现超量恢复,这时运动员机能状况良好。如果运动员 Hb 持续下降或处于较低的水平(下降 10%～15%),则表明运动员处于疲劳状态,如果下降达到 20%或更高,则表明运动员处于过度疲劳状态。

(2)血乳酸

一般而言,人体的血乳酸处于动态平衡之中,其浓度为 1～2 毫摩尔/升。但是,随着运动强度的增加,血乳酸浓度也会相应地发生变化。长时间的耐力运动之后,血乳酸的浓度变化较小,但是,进行大强度的短时间激烈运动之后,血乳酸浓度会急剧上升。如果运动员血乳酸安静数值超过正常值范围,而运动时的最大血乳酸数值下降则是疲劳的表现。

2. 尿液指标

(1)尿蛋白

正常人体的尿液蛋白质含量极少,一般每天通过尿液排出体外的蛋白质总量在 150 毫克以内,这时,采用常规的方法不能检查出来尿液中的蛋白质,称为尿蛋白阴性。运动训练会引起一些人尿液中蛋白质含量增多,由于运动引起蛋白质含量增多的尿,被称为运动性蛋白尿。运动后尿中蛋白质排出的数量可以作为评定运动员身体机能状况、运动负荷强度和数量的指标。在训练实践过程中,一般采集运动后约 15 分钟的尿液观察运动后的变化,以评定运动负荷的大小或机能状况,运动后 4 小时或次日晨取尿,观察疲劳及恢复状况。在运动训练之后,如果尿蛋白突增 3~4 倍,但相对恢复较快,则是运动员一般疲劳的表现;如果尿蛋白连续几天在训练后增加 3~4 倍,清晨安静时连续几天处于较高水平或持续升高,则表明运动员过度疲劳,这时,就应该适当调整运动训练的负荷量。但是,人体尿蛋白的个体差异较大,因此在使用该指标判断运动员疲劳程度时更适合运动员的自身纵向对比。

(2)血尿素

尿素是人体内蛋白质和氨基酸分解代谢的终产物。正常情况下,其处于动态平衡。但是,运动训练之后,骨骼肌肉中的能量代谢平衡遭到破坏,随着蛋白质和氨基酸分解代谢加强,使血液中尿素含量增高。机体对运动负荷的适应性越差,运动过程中机体内蛋白质和氨基酸分解越多,尿素生成就越多。一般在一次训练课后次日清晨,运动员血尿素安静值在 8.0 毫摩尔/升以上是运动疲劳的表现;如果持续几天清晨运动员血尿素安静值超过 8.0 毫摩尔/升或持续升高,则表明运动员处于过度疲劳状态。

(二)运动疲劳的内分泌系统变化

1. 血清皮质醇

皮质醇是由肾上腺皮质分泌的一种糖皮质激素,它是促进机体代谢的重要激素。皮质醇是在垂体产生的 ACTH(促肾上腺皮质激素)的作用下,在肾上腺皮质细胞线粒体内合成。一般认为,当运动员运动后血清皮质醇仍然保持较高的水平,如持续升高 20% 左右,就会导致机体分解代谢过于旺盛,将导致疲劳。

2. 血清睾酮/血清皮质醇

通过定期检测运动员安静状态下的血清睾酮与血清皮质醇的比值来检测运动员的机能状况,进而调整运动训练负荷量的大小。国外学者认为,当血清睾酮/血清皮质醇的值持续下降,并且下降超过了 30%,则可以诊断为过度疲劳。我国学者的研究认为,血清睾酮/血清皮质醇的值下降 25% 是运动性疲劳的表现,下降 30% 或者持续下降为过度疲劳。

3. 血清睾酮

睾酮是人类三种主要的分泌型雄性激素中活性最高的一个。睾丸组织分泌睾酮的功能受下丘脑和脑垂体(腺垂体)分泌的激素调节和控制。当血清睾酮持续出现明显下降时,则表明运动训练的负荷量过大,造成了运动员机体的疲劳;如果运动员在安静时的血清睾酮水平下降 25%~30%,则表明运动员处于过度疲劳的状态,这种情况下,应及时地调整运动训练的负荷量。

二、运动疲劳恢复的生化特点

(一)代谢产物的消除

1. 乳酸的消除

人体在进行运动时会导致乳酸生成增加,高浓度的乳酸会使内环境酸化,对机体的运动能力和健康都有损害。因此,机体会通过血液及时将乳酸运出骨骼肌细胞进行进一步的代谢进而消除。如果采用积极性休息,训练或比赛后,血乳酸消除的半时反应大约为 25～30 分钟,运动后 1～2 小时可恢复到运动前水平;如果采取消极性休息方式(如静坐、静卧等),则血酸消除时间延长。

2.自由基的消除

机体内同时存在着对抗自由基的酶系统,如超氧化物歧化酶(SOD)、过氧化氢酶(CAT)等,在正常生理条件下,自由基的产生和消除处于动态平衡。一段时间的耐力训练(如三个月),可以提高骨骼肌中 SOD 和 CAT 等多种抗自由基酶的活性,进而减弱自由基对机体的损害。也可以通过摄入某些抗氧化的营养素,来达到增加机体抵抗自由基损害的目的。这些营养素包括牛磺酸、维生素 E、多种微量元素(如 Fe、Se、Mn、Zn、Cu 等),以及某些中药(如灵芝、黄芪、银杏叶等)。

3.氨的消除

氨的消除主要有三种方式:一是在肝中合成尿素排出体外;二是在脑、肝脏和骨骼肌中合成谷氨酰胺;三是用于合成非必需氨基酸。膳食中糖含量可以影响运动中氨的产生。与正常膳食相比,低糖膳食可使受试者运动中氨产生数量增多、血氨浓度较高,高糖膳食则对运动中氨产生的数量和血氨浓度影响不大。运动训练可以改变安静和运动后血氨的浓度。研究表明,耐力训练可以降低安静时血氨的浓度,同时,进行最大强度运动时,有训练者体内氨产生的数量也较无训练者少,但极限强度运动时并无这种差别。

(二)机体能源物质的恢复

1.肌糖原贮备的恢复

长时间运动(如1小时耐力性运动后,再进行1小时最大力量性运动)致使肌糖原耗尽后,如用高脂肪与蛋白质膳食5天,肌糖原恢复很少,若用高糖膳食46小时即可完全恢复,而且前10小时恢复最快。在短时间、高强度的间歇训练后,无论食用普通膳食还是高糖膳食,肌糖原的完全恢复都需要24小时,而且在前5小时恢复最快(图4-3)。

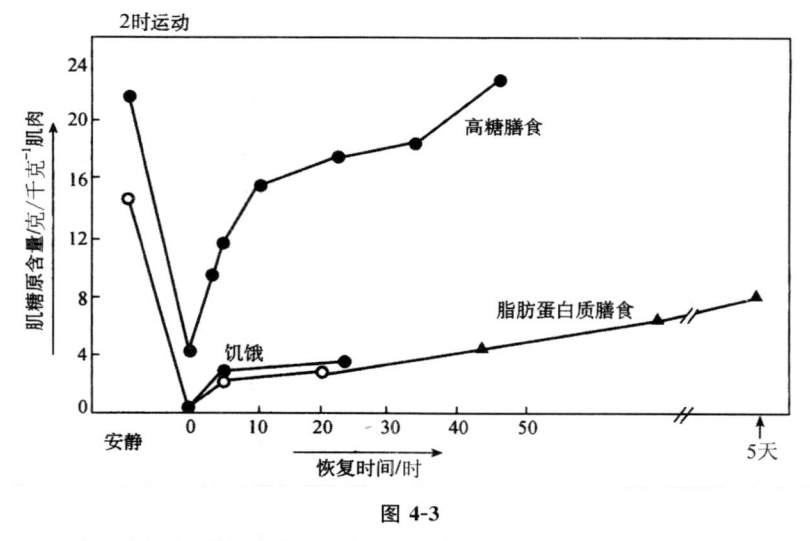

图4-3

(1)短时间极限强度运动后肌糖原的恢复规律

在短时间极限强度运动恢复期开始5小时内,肌糖原的恢复速度最快,即使在禁食的条件下,肌糖原仍有部分恢复,这与糖异生加强有关;5小时后,肌糖原恢复速度减慢,并与进食与否及食物的性质有关,但差异不大;肌糖原的完全恢复需要24小时左右,高糖膳食对短时间、大强度运动后肌糖原的恢复速度影响不大。

(2)长时间大强度运动后肌糖原的恢复规律

长时间、大强度运动后恢复期的前10小时,肌糖原恢复速度最快;高糖膳食能明显加快肌糖原的恢复速度,肌糖原的完全恢复约需46小时;而如果不食用高糖膳食,则肌糖原在运动结束后5天都不能恢复到运动前的水平。

2. 氧合肌红蛋白的恢复

氧合肌红蛋白存在于肌肉中,每千克肌肉约含11毫升氧。在肌肉工作中氧合肌红蛋白能迅速解离释放氧被利用,而运动后几秒钟可完全恢复。

3. 磷酸原的恢复

磷酸原的恢复主要是由有氧氧化系统供能。运动中磷酸原消耗的愈多,其恢复过程需要的氧也愈多。磷酸原的恢复很快,在剧烈运动后被消耗的磷酸原在20～30秒内合成一半,2～3分钟可完全恢复。因此,可以把以消耗磷酸原为主的短时间、极限强度运动的间歇时间定为磷酸原恢复的半时反应所需的时间。

4. 乳酸的再利用

作为糖酵解产物的乳酸,其中仍蕴藏有大量可以被利用的能量。在之前的研究中,认为乳酸绝大部分用于合成肝糖原才能被再利用。近几年的研究认为,乳酸在工作肌中被继续氧化分解利用占绝大部分。布鲁克斯(Brooks)用"乳酸穿梭"对肌乳酸生成后的转运过程进行概括。具体而言,主要包括以下两种形式:

(1)在肌肉收缩时,乳酸主要在Ⅱb型纤维中生成。生成后即不断"穿梭"进入Ⅱa型肌纤维或Ⅰ型中氧化利用。所以,工作肌生成的乳酸大约有50%未进入静脉,再加上来自动脉血中的乳酸一起在Ⅱa或Ⅰ型肌纤维中氧化为CO_2和H_2O,同时释放出能量,供给肌纤维收缩利用。

(2)运动时工作肌内生成的乳酸不是在工作肌本身中进行代谢,而是穿出肌细胞膜后经过弥散作用进入毛细血管,再通过血液循环将乳酸运输到体内其他各器官进一步代谢。乳酸经血液

第四章　运动疲劳与恢复的生理生化分析

循环,主要到达内脏区域。运动时心肌从血液中摄取乳酸后加以氧化利用,肝和肾也摄取乳酸作为糖异生作用的底物。

根据上述能量贮备的恢复规律及乳酸利用过程,在进行力竭性运动后所需的恢复时间可参考表4-3。

表 4-3　力竭运动后的恢复所需要时间

恢复过程		恢复时间	
		最短	最长
肌中磷酸原(ATP和CP)恢复		2分钟	3分钟
非乳酸性氧债的偿还		3分钟	5分钟
氧合血红蛋白恢复		1分钟	2分钟
肌糖原的恢复	长时间运动后	10小时	46小时
	间歇运动后	5小时	24小时
肌和血中乳酸的消除	运动性恢复	30分钟	1小时
	休息性恢复	1小时	2小时
乳酸性氧债的偿还		30分钟	1小时

第四节　运动疲劳的恢复过程及措施

一、运动疲劳恢复的过程

参加运动训练的人在训练结束后就要进入一个机能恢复的阶段。这是一个机体各种生理功能和能源物质逐渐恢复到正常状态(运动前状态)的功能变化过程。

具体来看,人体恢复过程要经历以下三个阶段(图4-4)。

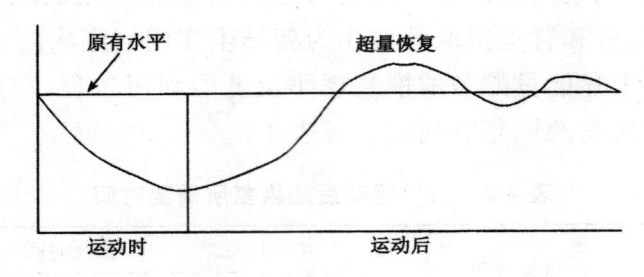

图 4-4

(1)当人体处在高强度的运动训练中时,机体能量的走向表现出明显的"入不敷出"。随着体内能源物质的逐渐减少,各器官系统功能也随之开始下降,如果下降过于严重则可能会导致某些机体功能出现一定程度的功能障碍。

(2)当运动训练停止后,机体大量消耗能量的情况迅速缓解,此时机体的恢复过程占主导地位。这一阶段机体的能源物质和各器官系统的功能逐渐恢复到运动前的正常水平。

(3)在恢复一段时间后,在运动中消耗的能源物质不仅能够恢复到运动前的正常水平,而且还会略超过正常水平,人们将这种现象称为"超量恢复"。但是这种超量恢复并不会一直保持下去,在"超量"一段时间后,人体机能水平又会回到原来水平,或者是略高于原先水平。"超量恢复"理论中还有这样的规律描述,那就是超量恢复的程度和时间与机体消耗的程度有关。具体来说,肌肉活动量越大,消耗能量越多,超量恢复的效果就越明显。但是这种活动量并不是无限大恢复效果就无限好,这个量需要在一个限度内,否则不但恢复过程会延缓,而且恢复效果也不明显。运动实践证明,运动员在超量恢复阶段参加训练或比赛,能提高训练效果和创造优异比赛成绩。因此,超量恢复的规律现已被绝大多数国家所重视,并运用到多种运动训练实践中。

二、运动疲劳恢复的措施

（一）科学安排训练

在运动训练中，教练员应坚持消耗与恢复同步平衡的原则，把恢复作为任何训练计划的自然组成部分。对于恢复而言，让队员了解做法和依据是教练员的主要工作。同时，教练员应教育和鼓励队员有良好的饮食和睡眠习惯，重视每一次训练后的整理和放松活动。教练员要避免过度训练的出现，但如果训练负荷过小，没有对运动员产生有效刺激，那么充足的恢复是不存在的。

（二）劳逸结合

1. 放松与整理活动

放松与整理活动是消除运动疲劳、促进体力恢复的一种有效的主动恢复手段。一般来说，放松和整理活动在教学训练结束后即可进行。通过放松与整理活动，可以使呼吸系统、神经系统、心血管系统和内分泌系统等从适应剧烈运动的状态逐渐过渡到安静状态，与此同时，对于肌肉的放松也具有非常积极的促进作用。具体来说，达到消除疲劳的目的的方法主要有两个。

（1）慢跑和呼吸体操

通过这一方法可以使血液循环得到改善，使下肢血液回流的速度加快，促进代谢产物的消除。

（2）肌肉、韧带拉伸等放松练习

截至到目前，这是一种对于肌肉僵硬和酸痛的减轻、肌肉中乳酸的清除有非常积极的促进作用的好方法。拉伸以主要活动肌肉和韧带为主，常采用静力性拉伸方式。

2. 活动性休息

活动性休息，也就是积极性疲劳消除。在疲劳后更换运动练习或做些放松动作，都可达到疲劳消除的目的。

实验表明,积极性疲劳消除的生理依据及其效益,主要表现在以下三方面:一是加速血液中乳酸的排泄。疲劳的原因之一是体内乳酸堆积。通过运动后的整理活动,使流经收缩肌群的血流速度仍不减慢,故能及时地把扩散到血液中的乳酸带走并排泄掉。二是防止神志昏迷、眩晕及恶心。在运动结束后转入低强度、慢节奏的轻活动,肌肉的泵血功能保持持续状态,机体血液循环系统活动无骤然变化,就能防止神志昏迷、眩晕及恶心的出现。三是防止过剩换气。停止剧烈运动后,由于运动时欠下的氧债过多会发生急促的大喘气。当机体转换到轻运动时,氧债的补偿过程就能达到逐步化,而不必过勤换气。

3. 消除肌肉迟发性酸痛的持续静力牵张练习

静力牵张练习可以使运动训练后的迟发性肌肉酸痛和肌肉僵硬得到缓解,使肌肉放松,并可加强骨骼肌蛋白质的合成过程,促进骨骼肌变化的恢复。

据相关研究证明,进行牵拉前后肌电图测定,可以发现牵拉开始时肌肉放电显著,由此可以看出,肌肉疲劳后处于痉挛状态。如果继续牵拉至适宜限度时,就会出现电静息状态,从而缓解痉挛。以静为主、动静结合,是进行静力牵张伸展练习需要遵循的原则。静力牵张伸展练习最好是在主项训练结束后立即进行,同时配合揉捏、抖动等按摩手法,更有助于消除牵张引起的不适感。

4. 睡眠

睡眠是恢复体力、消除疲劳最常规的方法,也是非常有效的方法之一。运动导致身体疲劳后,保证良好而充足的睡眠是使身体得到恢复的重要措施。这是由于睡眠时人体器官、系统活动下降到最低水平,物质代谢减弱,能量消耗仅维持到最低水平,这时合成代谢有所加强,运动时消耗的能源物质逐渐得到恢复。同时,通过睡眠还能够对大脑皮质细胞起到一种积极的保护作用。因此,一定要注意作息时间的合理安排,保证睡眠的时间和质量,并养成良好的睡眠习惯,讲究睡眠卫生,并始终如一。

(三)运用物理疗法

1. 水疗法

水疗法是最基本、最重要,又是最简单的消除疲劳、恢复体力的手段。其中,较为常见的水疗的形式有盆浴(浸浴)、淋浴、涡流浴、蒸汽浴、桑拿浴等。各种形式都有其各自独特的功能和作用,在运用此方法来消除疲劳时,要根据具体情况,进行针对性地选择。实践证明,短时间的冷水刺激可增加肌力,有助于疲劳的减轻。热水刺激使肌力下降,解除肌肉痉挛。温水刺激可放松肌肉,安抚神经,有刺激血管扩张,促进新陈代谢和血液循环,消除疲劳的作用。要想取得更理想的恢复效果,可结合浴后按摩。

2. 吸氧、空气负离子疗法

(1)吸氧

利用高压氧舱,在2～2.5个标准大气压下,吸入高压氧的效果已得到初步证实。通过吸氧这一恢复措施,可以达到的效果主要表现为:使血氧含量增加,血液中的二氧化碳浓度下降,pH值上升,提高组织氧的储备量,有效缓解和消除训练引起的酸碱平衡失调、极度疲劳、肌肉僵硬、酸痛等。

(2)空气负离子疗法

由于瀑布、旷野及海滨空气中负氧离子多,因此,这些地方的空气新鲜,令人心旷神怡。运用这一恢复措施,所能取得的作用主要表现为:进入呼吸道的空气离子,通过神经反射,可调节大脑皮层功能,振奋精神,改善睡眠,刺激造血机能,使血流加快,从而进一步促进疲劳的消除。

3. 理疗

所谓的理疗主要包括光疗、蜡疗、电疗等,通过这些方法作用于身体局部或全身,可以促进血液循环,改善血液供应,有利于营养物质的吸收和代谢产物的排泄,达到消除疲劳的目的。

4. 拔罐疗法

拔罐法常用于局部严重疲劳并伴有损伤者。运用这一恢复措施,所能取得的作用主要表现为:通过拔罐时局部负压作用,使组织内的瘀血散于体表,有助于组织代谢产物的吸收和排泄,使疲劳消除。

5. 针灸疗法

针对不同的疲劳,可以选择相应的针灸方法。比如,要消除肌肉疲劳,可采用穴位针刺的方法;如果要消除全身疲劳,则主要采取针扎强壮穴足三里的方法来完成。另外,对于局部疲劳,可以采取配合间动电电针消除疲劳的方法,这一方法的效果更为显著。

6. 气功

气功是一种自我调节、自我控制的方法,其作用主要表现为消除紧张、调节改善机体机能状况。需要重点强调的是,调息补气功,经实验是一种较好的功法,对于疲劳的消除也具有积极的作用。

(四)心理调整方法

通过运用心理学对大脑皮层的机能进行调节来消除疲劳的方法,就是心理恢复法。心理学方面消除疲劳的方法只要环境温暖、舒适、安静,没有直射的阳光即可,对场地没有要求。具体来说,心理学恢复法主要是通过引导词来做一些放松练习,以持续20~30分钟为宜。要想取得更为理想的消除疲劳的效果,可以在练习的同时配上舒缓的音乐。

心理恢复法能减轻紧张情绪,放松肌肉,对消除疲劳和延迟疲劳的产生有良好的效果。它主要包括心理调整、自我暗示、放松训练和气功等手段。在运动训练或比赛后,教练员适时地找运动员谈心、开小结会都是行之有效的帮助运动员缓解压力、消除疲劳的办法。此外,在连续的训练或比赛之间,通过看电影或演出、参加音乐会和游艺活动来转移运动员的注意力,也能使他们的身体疲劳得到放松。

(五)其他方法

1. 按摩

首先,按摩能够疏通经络,使气血周流,保持机体的阴阳平衡;其次,按摩能够使肌肉放松,关节灵活;最后,按摩能够使人精神振奋,消除疲劳。推拿按摩经济简便,不需要特殊医疗设备,也不受时间、地点和气候等条件的限制,随时随地都可实施,而且平稳可靠,易学易用,无任何副作用。按摩的应用范围很广,在运动前、运动中、运动后均可进行,但以消除运动性疲劳为主要目的的按摩均在运动后进行,按摩时间根据疲劳程度而定,一般在30~60分钟之间。

2. 药物疗法

药物疗法,主要指的是通过天氡氨酸盐和中草药进行的治疗方法。

(1)天氡氨酸盐

天氡氨酸的钾盐或镁盐能消除疲劳,防止疲劳积累,延缓衰竭出现的时间。它的主要作用是加速ATP和CP、糖原的再合成,节约糖原,天氡氨酸盐还能转变为谷氨酸,这对神经系统有良好的作用,可用于运动中消除疲劳的药物。

(2)中草药

我国运动医学界通过大量的中药消除运动性疲劳的临床实验,证实了中药对消除运动性疲劳的特殊效果。具体来说,不同的中草药对于疲劳的消除所起到的作用是不一样的。比如,由阿胶、绞股蓝、霸王七等多味中药配成的方剂能明显提高机体耐力及对疼痛的抑制力,促进运动疲劳的消除;三七、灵芝、枸杞、人参、鹿茸、五味子、刺五等均有滋补强壮身体,调节阴阳平衡,促进疲劳消除的功效。

第五章 人体的有氧与无氧运动及训练

人体运动时的能量代谢有氧代谢和无氧代谢两种,从生理学视角看,以运动时能量供应特点为依据能够将人体运动能力分为有氧运动能力和无氧运动能力两类。本章就人体的有氧与无氧运动及训练进行分析与研究,重点内容包括需氧量与过量氧耗、有氧运动能力的生理基础与训练以及无氧运动能力的生理基础与训练。

第一节 需氧量与过量氧耗

一、需氧量

(一)需氧量的概念

人体为了使某种生理活动得以顺利维持而需要的氧量就是所谓的需氧量。一般需氧量的计算单位为每分钟。正常情况下,成人在安静状态下的需氧量大约每分钟250毫升。

(二)需氧量的影响因素

人体在运动状态下,其运动强度会影响自身的需氧量,而且运动持续时间多少也会对需氧量造成一定的影响。每分钟人体所需的需氧量与其运动强度成正相关,也就是运动强度越大,需氧量就会相应地增加。如果运动强度大,而持续时间较短的话,人体每分钟的需氧量就会增加的越快。反过来,如果从事的运动项目的运动强度比较小,需要持续较长的时间,那么人体每分钟的需氧量就比较少,但运动的总需氧量却会相应的增加。例如,人们参加 100 米赛跑,需氧量为 40 升/分钟,其总需氧量大约只有 7 升;参加中等程度的马拉松跑的人需氧量为 2~3.5 升/分钟,然而因为运动要持续两个小时以上的时间,其总需氧量会超过 700 升。所以说,运动强度的大小能够通过运动时的每分需氧量得以体现。

二、运动后过量氧耗

(一)氧亏及运动后过量氧耗的概念

1. 氧亏

在人体处于运动状态时,当机体的摄氧量小于机体实际所需的氧量而不能维持正常的运动状态时,机体内就会出现氧的亏欠的现象,这就是所谓的氧亏。如果人们参加剧烈运动,强度很大,持续较短的时间,这时尽管氧运输系统在最大限度地发挥功能,但机体的摄氧量依旧达不到需氧量,这时氧亏的现象就会产生。此外,如果人们从事的运动强度较低,在开始运动时,因为内脏器官有较大的生理惰性,所以不能使氧运输系统的功能得到最大程度的发挥,这时机体的摄氧量也不能与运动的需要相适应。因此,人们从事低强度运动时,在开始阶段也会有氧亏的现象出现(图 5-1)。

2. 运动后过量氧耗

人体在结束运动状态后,尽管肌肉已经停止活动,然而机体的耗氧量不可能马上恢复到运动前水平。运动后过量氧耗指的就是在运动后的恢复期,为了对运动中的氧亏进行偿还,并且使运动后的机体恢复到运动前相对安静的水平而消耗的氧量。

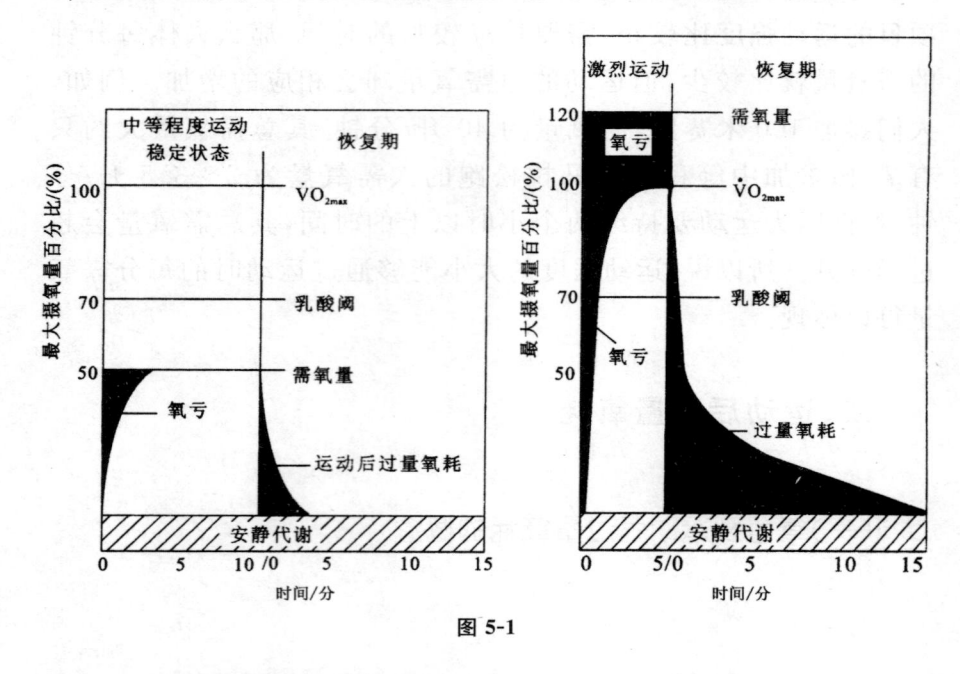

图 5-1

(二)运动后过量氧耗的生理基础

人体参与的运动强度较低时,在开始运动的初期,因为吸氧量与需氧量不能保持平衡,所以这时就由 ATP、CP 分解供能,一部分氧亏也因此而形成。在运动持续一定时间后,机体的吸氧量慢慢与运动所需的氧量相符合,这时虽然氧供给处于相对稳定的状态,然而在结束后,尽管肌肉活动不再继续,但机体的吸氧量要即刻恢复到运动前相对安静的水平是不可能的。这主要是由于结束运动后,恢复期的吸氧量不能弥补运动中的氧亏,而且恢复期的吸氧量并不是仅仅弥补氧亏就可以了,运动结束后恢复到安静水平所消耗的氧也需要恢复期的吸氧量来偿还。

此外,在结束运动后的恢复期中,吸氧量除了对之前 ATP、CP 分解供能的一部分氧亏进行偿还外,倘若从事的是剧烈的运动,机体的需氧量无法从吸氧量中得到满足,机体看似稳定的状态其实是假稳定,恢复期的吸氧量还要对由乳酸供能所形成的氧亏进行偿还。从这可以看出,运动后过量氧耗不仅包括 ATP、CP

供能所导致的氧亏,而且也包含了由于乳酸供能而形成的氧亏。为了对这两部分的氧亏进行偿还,机体在恢复期短时间内恢复到安静状态是不可能实现的,这需要一段时间,因而运动后恢复期所消耗的氧量也包含在运动后过量氧耗之内。

(三)运动后过量氧耗的影响因素

现阶段,关于运动后过量氧耗的机制还有没明确下来。导致运动后过量氧耗的原因主要有运动后氧储备的恢复、乳酸清除、磷酸原再合成、运动后仍比运动前水平较高的通气量、心输出量及体温等多方面。

运动后过量氧耗的影响因素主要阐述如下。

1. 儿茶酚胺

当人处于运动状态时,人体内儿茶酚胺的浓度会不断增加,在运动后的恢复期中,儿茶酚胺的浓度仍然较高,难以在短时间内降低,所以高浓度的儿茶酚胺会消耗一定量的氧。

2. 体温升高

在运动时,"热"是最大的代谢废物,这是 Brooks 通过实验证明的结果。运动时会有大量的热产生,其中一些热能可以通过皮肤向身体外部散发,还有一些会堆积在体内而无法散发,体内堆积热能会使体温升高。体温每增加 1℃,身体的代谢率就会增加 13%。赫勃格指出,通过分析人体在运动后恢复期的耗氧成分可知,耗氧量恢复曲线的慢成分中,因为体温升高而造成的就占到 60%~70%。实验表明,体温的变化曲线与运动后恢复期耗氧量的变化曲线基本同步。

3. Ca^{++}

肌肉细胞内 Ca^{++} 的浓度会随着运动的进行而不断增加,在运动后,细胞内外 Ca^{++} 的浓度要想恢复到运动前的水平还需要一定的时间,Ca^{++}能够对线粒体的呼吸产生一定的刺激,运动后额外耗氧量会因Ca^{++}具有的这一作用而不断增加。

4. 甲状腺素和肾上腺皮质激素

细胞膜钠－钾泵的活动会因为受到甲状腺素和肾上腺皮质激素的影响而不断加强,与此同时在人体运动后的恢复期中,甲状腺素和肾上腺皮质激素的浓度在一段时间内依旧较高,所以会使一定量的氧得到消耗。

5. 磷酸肌酸再合成

在运动过程中,磷酸肌酸会不断减少,最后甚至会完全排空,在运动后的恢复期中,CP需要再合成,再合成的过程中需要消耗一定量的氧。

第二节 有氧运动能力的生理基础与训练

一、有氧运动能力的相关知识

(一)最大摄氧量

1. 最大摄氧量的概念

人体在从事有大量肌肉群参加的长时间剧烈的运动中,当心肺功能和肌肉利用氧的能力与本人极限水平持平时,单位时间内(每分钟)所能摄取的氧量就是所谓的最大摄氧量,即 VO_{2max}。[1] 机体对氧的吸入、运输与利用能力能够通过 VO_{2max} 反映出来,对

---

[1] 封飞虎,凌波. 运动生理学[M]. 武汉:华中科技大学出版社,2014.

人体有氧工作能力进行评定时,通常会以此作为一个重要指标。

2. 最大摄氧量的限制因素

运动科学家曾提出了对最大摄氧量造成限制的最重要的两大系列因素与生理原理,并以此为依据提出两种相互对立的理论。这两大理论的阐述如下。

第一个理论认为,对耐力能力造成限制的主要因素是中枢和外周的循环因素。这些循环因素使氧气无法被顺利运动到活动组织。以这一理论为依据得出,经过耐力训练,可以促进最大摄氧量的提高,主要是由于血量、心输出量在训练过程中会不断增加,而且有大量的血液流向活动肌肉。

第二种理论是利用理论,认为线粒体内没有足够浓度的氧化酶是对耐力能力发展造成限制的主要原因。经过耐力训练能够促进这些氧化酶的提高,使活动组织对更多的氧加以利用,促进最大摄氧量的提高。另外,经过耐力训练也能够使肌肉线粒体的体积与数量不断增加。所以,这一理论认为,线粒体不能以特定的高速率对氧加以利用是限制最大摄氧量的主要因素。

经过研究,认可第一个理论的较多。研究指出,运动员在运动精疲力竭后,会将混合的空气与一氧化碳摄入体内,这时运动员的最大摄氧量会降低,而一氧化碳与总血红蛋白结合起来的含量与最大摄氧量的降低比例是相同的。在另一项相关的研究中,运动员的总血量几乎被占有15%~20%,这一比例与最大摄氧量的下降值相接近。将分离的红细胞再向运动员的体内注入,一个月后最大摄氧量的增加要比基础值与控制组大。在这两项研究中,血液的携氧量下降通过对血红蛋白进行阻止或将全血移除,从而导致运输至活动组织的氧气减少,进而使最大摄氧量降低。同样,研究显示呼吸富氧的混合气,在吸入气体中的氧分压有所增加,从而促进了耐力的提高。

Rowell也对最大摄氧量的潜在限制因素进行了研究,这主要出现在他的《人体身体应激时的循环调节》一文中(图5-2)。

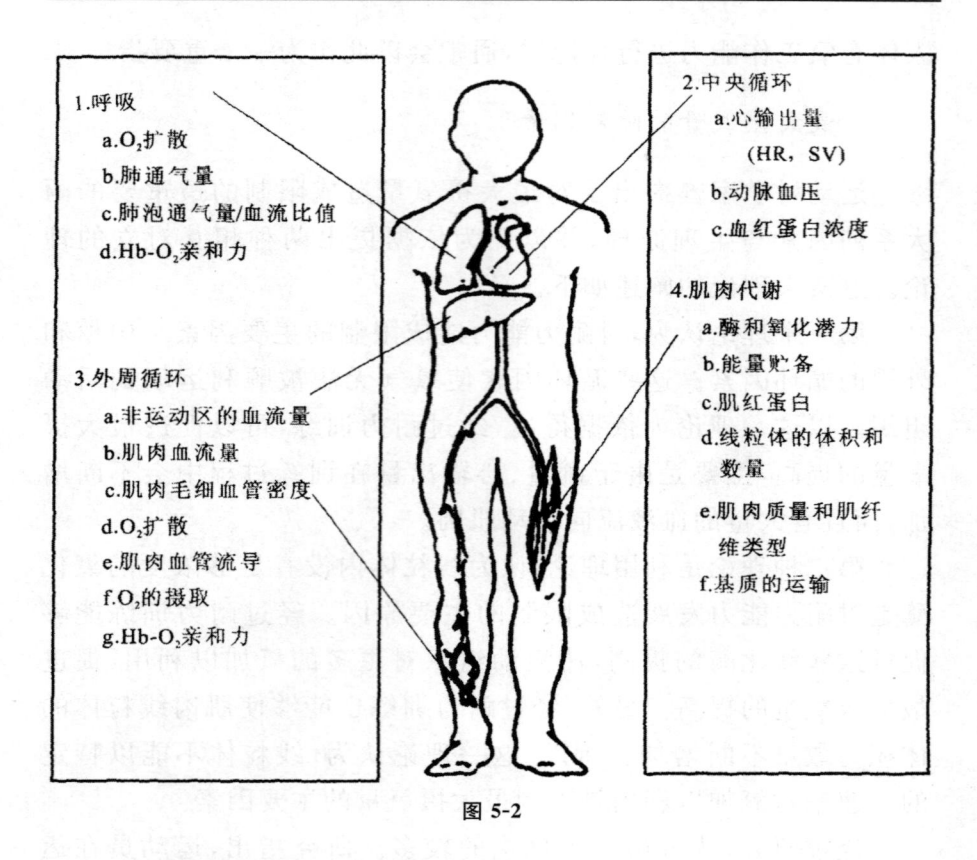

```
1.呼吸
   a.O₂扩散
   b.肺通气量
   c.肺泡通气量/血流比值
   d.Hb-O₂亲和力

3.外周循环
   a.非运动区的血流量
   b.肌肉血流量
   c.肌肉毛细血管密度
   d.O₂扩散
   e.肌肉血管流导
   f.O₂的摄取
   g.Hb-O₂亲和力

2.中央循环
   a.心输出量
      (HR,SV)
   b.动脉血压
   c.血红蛋白浓度

4.肌肉代谢
   a.酶和氧化潜力
   b.能量贮备
   c.肌红蛋白
   d.线粒体的体积和数量
   e.肌肉质量和肌纤维类型
   f.基质的运输
```

图 5-2

3.最大摄氧量的影响因素

(1)遗传

通过研究双生子最大摄氧量发现,遗传因素会在很大程度上影响最大摄氧量。克索拉斯对 25 对双生子进行了研究,发现最大摄氧量的遗传度高达 93.4%。Bouchard 等发现,最大摄氧量 25%～50%的变化取决于遗传,这表明,在对最大摄氧量造成影响的众多因素中,遗传的影响比例占据 1/4～1/2。有些人虽然没有经过耐力训练,但是其最大摄氧量很大,这个问题就可以通过遗传来解释。所以,最大摄氧量会受到遗传和环境因素的共同影响。运动员的最大摄氧量会因为遗传因素而被限定在一定范围内来回变动,然而耐力训练对最大摄氧量范围的上限产生推动作用。

(2)年龄、性别

在少年儿童时期,最大摄氧量的变化与年龄成正比,年龄增长,最大摄氧量增加。在青春发育期,最大摄氧量的变化因为性别的不同而表现出一定的差异,通常,男子最大摄氧量达到峰值是在18—20岁,而且直到30岁左右仍然能保持这个峰值;女子最大摄氧量出现峰值是在14—16岁,通常直到25岁左右仍然可以保持这个峰值。之后,最大摄氧量的变化与年龄成反比,年龄越大,最大摄氧量越小(图5-3)。如果能够坚持体育锻炼,就会控制峰值之后最大摄氧量的减小幅度。

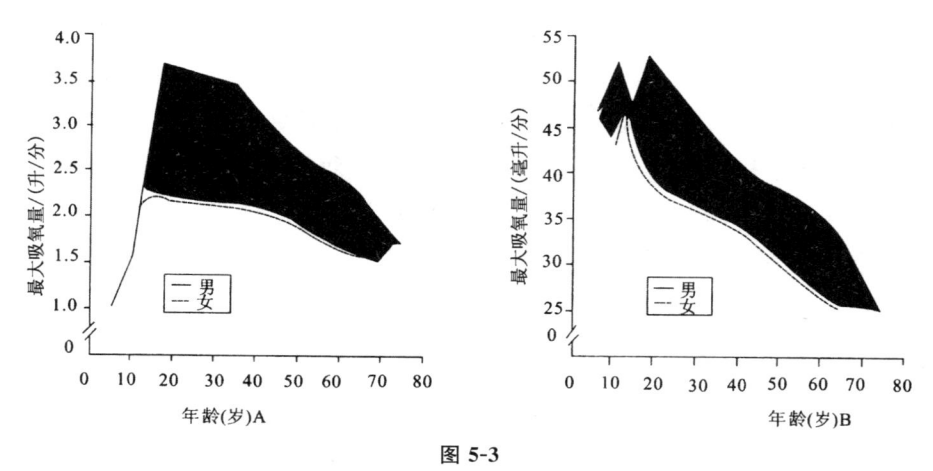

图5-3

从上图可以发现,男子的最大摄氧量明显要比女子的最大摄氧量高,大约高20%~25%。从事耐力运动的优秀女运动员其最大摄氧量接近耐力型优秀男运动员的最大摄氧量,相差仅仅10%左右。关于男子的最大摄氧量高于女子,一般的解释如下。

第一,男子的每千克体重的血液、心输出量、血红蛋白含量以及心容积等都高于女子。

第二,男子身体脂肪少于女子,身体组成的特点决定了男子最大摄氧量高于女子。

第三,男子最大摄氧量高于女子的另一个解释就是睾酮会影响最大摄氧量。

(3)训练因素

研究发现,通过有氧训练,最大摄氧量会有大范围的提高。Kohrt 等对老年男性和女性进行 9～12 个月耐力训练的研究表明,所有受试者按照同样的训练计划完成任务,然而最大摄氧量的提高范围为 0%～43%。

以前,一些运动生理学家认为,对训练计划应答程度不同是造成最大摄氧量提高的范围有如此大的幅度的主要原因。好的应答者最大摄氧量的提高值明显;而较差的应答者只是提高一点或者没有任何提高。但是,即使训练刺激相同,对相同的训练计划完全依存,不同的人最大摄氧量提高的程度还是有大有小。

Bouchard 认为,遗传因素会决定对训练计划的应答。图 5-4 表示的是 10 对同卵双胞胎完成 20 周耐力训练计划。通过毫升/千克/分钟和 %VO_{2max} 的变化来表示每对双胞胎最大摄氧量的增加。每一对双胞胎用每一个点来代表:位于 x 轴的为双胞胎 A,位于 y 轴的为双胞胎 B,从图 5-4 可以看出每一对双胞胎的应答是较为相似的。然而尽管是同卵双胞胎,最大摄氧量提高的变化幅度也较大(0%～40%)。这一研究结果与其他的研究共同表明,对同一训练计划进行执行的不同组间存在着应答的不同,即提高较大的应答和很少提高或几乎没有提高的应答。此外,应充分考虑不同个体的差异性。

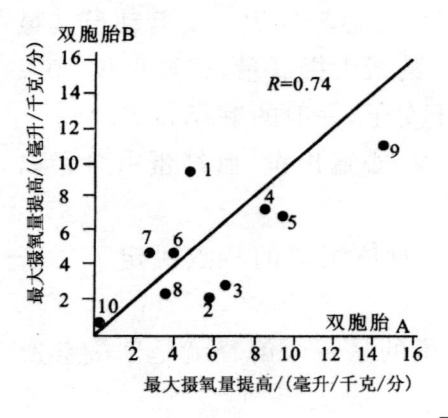

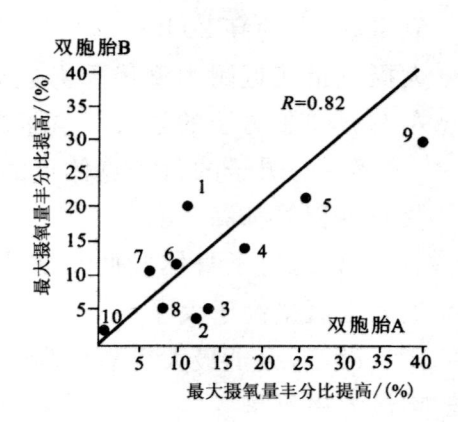

图 5-4

4. 最大摄氧量的测定

(1) 直接测定

一般在实验室条件下采用直接测定法进行最大摄氧量的测定。在一定的运动器械上，受试者进行负荷逐级递增的运动试验，对各级负荷的通气量进行记录，并对受试者呼出的 O_2 和 CO_2 的含量进行分析，将在不同级别的负荷状态下运动时的摄氧量计算出来。当对运动负荷进行进一步的增加后，吸氧量没有继续增加，或很少增加，或开始下降，这时受试者的摄氧量就是最大摄氧量。直接测定最大摄氧量时，一定高度的台阶试验、蹬踏功率自行车或跑台跑步都是常用的运动方式。

在对运动员的最大摄氧量进行直接测定时，判断其是否已经达到自身的最大摄氧量的主要标准如下。

①呼吸商接近 1.15 或达到 1.15。

②儿童少年达 200 次/分钟，成人心率达 180 次/分钟。

③受试者已将最大力量发挥出来并无力继续保持规定的负荷，处于精疲力竭的状态。

④随运动强度的增加，摄氧量出现平台或下降。

一般情况下，与以上四项标准中的三项相符即可判断受试者已达到自身的最大摄氧量。

(2) 间接推算

采用直接测定法对最大摄氧量进行测定能够获得可靠的数据，然而对相应的测试设备用具有一定的要求，如跑台、收集和分析气体的仪器等，如果针对体弱的人或老年人采用这些用具，会有危险发生的可能。所以，用间接法来对最大摄氧量进行推算也是一些学者极力推荐的。

图 5-5 的瑞典学者 Astrand—Ryhmin 列线图法是现阶段国内外普遍采用的间接推算法。这一列线图主要是以亚极量负荷时测得的摄氧量与心率的线性关系为依据绘制而成的。

图 5-5

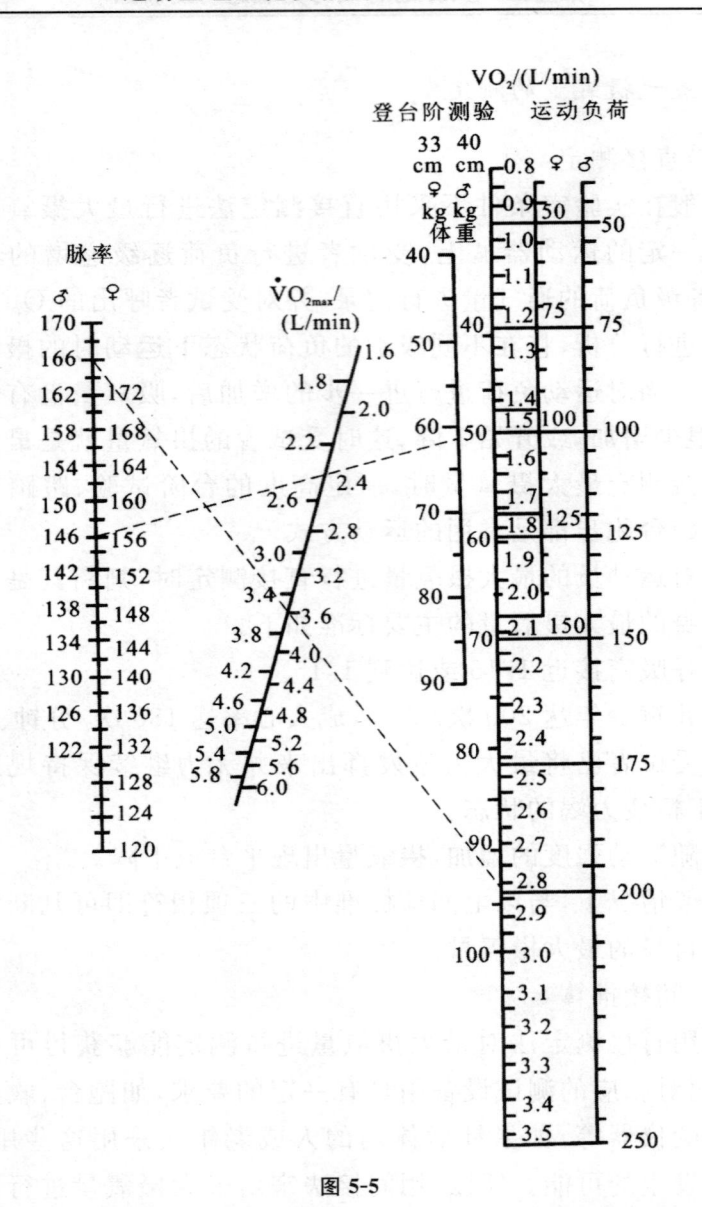

阿斯特兰德经过进一步研究，提出了修正最大摄氧量的推测值的方法，修正依据是不同年龄和最大心率的修正系数（表 5-1）。

表 5-1　推测最大摄氧量的年龄和最大心率的修正系数表

年龄	修正系数	最大心率	修正系数
15	1.10	210	1.12
25	1.00	200	1.00
35	0.87	190	0.93
40	0.83	180	0.83
45	0.78	170	0.75
50	0.75	160	0.69
55	0.71	150	0.64

(二)乳酸阈与通气阈

1.乳酸阈

(1)乳酸阈的概念

乳酸阈指的是,在参与运动负荷逐渐增加的运动过程中,血乳酸浓度也会不断增加,当运动负荷达到某一程度时,血乳酸迅速增加的那一点,即乳酸拐点(图 5-6)。机体内的代谢从以有氧代谢为主向以无氧代谢为主的过渡转折点或临界点与乳酸拐点是一致的。一般用血乳酸急剧增加的起始点所对应的运动强度来表示乳酸阈。[1]

乳酸阈这一生理指标与有氧耐力能力之间有着密切的关系,有越高的乳酸阈就代表有越好的有氧能力。训练能够使代谢能力得到改善,使乳酸阈以较大幅度不断提高。图 5-6 中的(a)表示的是参加耐力训练的人和没有参与训练的人的乳酸阈的变化情况。在半年到一年耐力训练计划期间,乳酸阈的改变情况能够通过这一图体现出来。在训练过程中,血液内还没有乳酸堆积前,机体能够通过较高的最大摄氧量百分比参与运动。由于乳酸阈与有氧耐力项目的跑步速度之间有密切的关系,可将乳酸阈转换为更快的跑步速度,如图 5-6(b)所示。在特定的工作负荷下,增

---

[1]　封飞虎,凌波.运动生理学[M].武汉:华中科技大学出版社,2014.

加乳酸清除和减少乳酸产生共同促进乳酸值的降低。

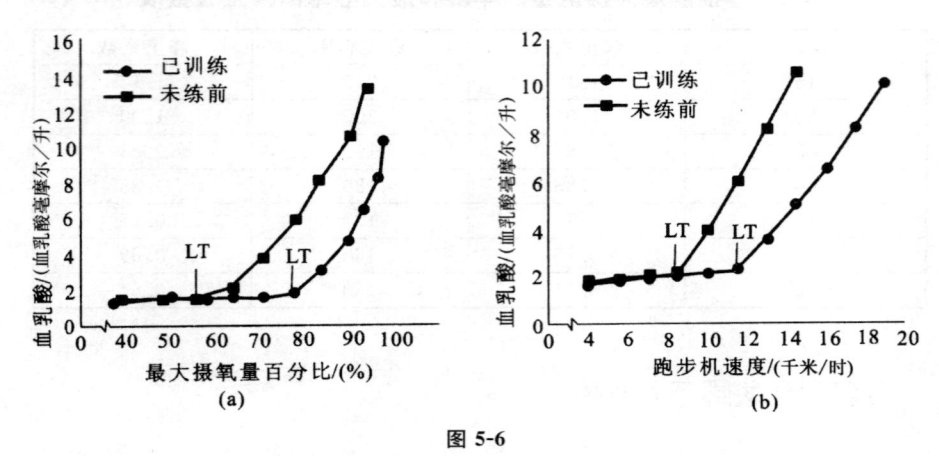

图 5-6

(2)乳酸阈的生理机制

①需氧量比机体的摄氧量大

以有氧供能为主向以乳酸供能为主转变的过程中,乳酸供能逐渐增加,有氧供能不断减少。

②运动时肌肉缺氧

在运动过程中,运动肌肉所需的氧会因为运动强度的增大而得不到充足的供应,因此在无氧的条件下,一部分肌糖原分解供能,乳酸得以产生。肌细胞扩散使得肌乳酸进入血液中,从而提高了血乳酸浓度。

③血乳酸浓度与能量代谢物质的动用

在开始运动之前,如果对咖啡或高脂肪膳食大量加以摄取,会增加血液中的游离脂肪酸浓度,在运动过程中,动用脂肪这一能量物质会对乳酸供能产生抑制作用。

④肌纤维类型的动用

从事的运动训练如果强度较低,占优势的就是慢肌纤维的动用。如果运动强度不断增加,占优势的就是快肌纤维的动用,这一过程中也会增加血乳酸的浓度。

⑤肝脏消除乳酸的能力降低

在运动过程中,因为重新分配血液,流入肝脏的血液不断减少,这时肝脏消除乳酸的能力就会降低。

(3)影响乳酸阈的因素

①性别、年龄

乳酸阈时的吸氧量水平会受到性别的影响,但乳酸阈时的最大摄氧量利用率百分比不会受到性别的影响。实践证明,我国女大学生乳酸阈时的吸氧量水平明显低于男大学生,而男女大学生的吸氧量利用率百分比差异并不明显。我国男女优秀运动员在最大摄氧量方面的差异十分明显,乳酸阈时吸氧量占最大摄氧量的比例之间的差异却不明显。

儿童少年的乳酸阈会受到年龄的影响。斯金纳等研究认为,儿童时期因为果糖磷酸激酶水平不高,因此用 4 毫摩尔/升的乳酸阈研究是意义不大。许多学者经过研究儿童少年的乳酸阈后发现,5 岁儿童的乳酸阈值仅为 2 毫摩尔/升。而 9—15 岁的乳酸阈值为 3.84～4 毫摩尔/升,与成人之间差异很小。

②运动项目

耐力型运动员的乳酸阈值与其运动成绩有着密切的关系,尽管最大摄氧量很重要,但与一些项目的运动成绩之间的关系只是中等相关,如长距离和超长距离的运动项目,而血乳酸与这些运动项目的成绩之间的关系是高等相关。因为在参与长距离或超长距离的运动中,运动员的血乳酸浓度低,血乳酸浓度的减少和乳酸阈值的提高对运动成绩有重要的影响。所以,分析运动员的乳酸阈值及吸氧量利用率百分比可知,长跑、长距离游泳等项目的运动员要高于短跑、短距离游泳等项目的运动员。

③训练水平

遗传因素会很大程度上影响最大摄氧量,而乳酸阈通过训练能够显著提高。戴维斯经过研究指出,运动员经过系统的训练后,最大摄氧量只有 25% 的提高幅度,而乳酸阈有 44% 的提高幅度。主要原因就在于最大摄氧量的提高幅度会受遗传因素的限制与影响,而对乳酸阈值产生较大影响的主要是酶的活性、肌纤维类型的百分组成等外周代谢因素。代谢能力能够通过训练得以改善,从而乳酸阈值的提高幅度就会增加。

④环境条件

在 4 000 米的高处,大气压下降,氧分压减少,吸氧量也大幅度减少,乳酸阈同时也会受到影响。乳酸阈时的吸氧量在高原条件下比平原条件下明显要低,乳酸阈也会受到温度变化的影响。经过研究可知,高温条件下与常温条件下分别进行负荷逐渐增加的运动,乳酸阈时的吸氧量会表现出明显的差异。

⑤肌纤维类型及酶的活性

乳酸阈与慢肌纤维百分组成是正相关的,如果一名运动员其慢肌纤维百分组成高,其乳酸阈也相对较高。有氧耐力训练能够使氧化酶的活性提高。因此可知,肌纤维类型的动用、酶的活性等因素会影响乳酸阈的提高,经过系统的有氧耐力训练能够使这些影响因素得到改善。

2. 通气阈

(1)通气阈的概念

在负荷递增的运动中,用通气变化的拐点来对乳酸阈进行测定,称为通气阈。经过研究发现,在负荷不断增加的运动中,气体代谢的各种指标规律性的变化主要是因为受到运动强度增加的影响,当血乳酸迅速增加时,各种相关指标如二氧化碳排出量、通气量等会呈现非线性的上升趋势。通过分析指标变化的特点能够对乳酸阈的发生进行判断。通气阈是对乳酸阈进行判断的一种重要的方法,通过通气量急剧上升的开始点来确定乳酸阈是通常会采用的判断方法。然而,在很大一部分研究者看来,为了保证判断的客观性与科学性,需要采用综合判断的方法,即利用气体代谢的各项指标来判断。

(2)通气阈产生的机制

通气量迅速增加的一个主要原因是缺氧。运动强度缓慢增加时,因为强度较低,因此运动过程中能量主要来源于有氧供能。运动强度快速增大后,机体的需氧量无法通过有氧功能得到满足,这是就需要依靠糖酵解代谢供能,这样就会增加血乳酸的浓度。机体内的碳酸氢盐缓冲系统促使乳酸钠和碳酸产生,随之细胞中也出现大量的二氧化碳。这样,在之前的二氧化碳量(由有氧代谢产生)中又增加了新产生的二氧化碳(由重碳酸钠缓冲产生)。因为动脉血中的 HCO_3^- 减少,PCO_2 和 H^+ 浓度增加,并对呼吸中枢与颈动脉体化学感受器造成了一定的刺激,为了使体内的酸碱维持平衡,需要将二氧化碳排除一部分,这时就会增强通气量,并使很多通气得以产生。所以,通气量与二氧化碳排出量呈非线性增加趋势,且二氧化碳浓度不断下降的现象会在乳酸阈时出现。

二、有氧耐力的生理学基础

人体在长时间内进行以有氧代谢(脂肪和糖等有氧氧化)供能为主的运动能力就是所谓的有氧耐力,有时也会用有氧能力来代替有氧耐力。

人体在运动时,其体内有较为充足的糖、脂肪类能源物质,然而有氧功能能否顺利进行主要取决于两点,第一是氧供应给肌细胞是否充足,第二是肌细胞是否可以通过对所供给的氧的利用对糖、脂肪类能源物质进行氧化。机体氧运输系统机能、能量供应特点、神经调节能力以及肌肉利用氧的能力等因素都会对一个人的有氧耐力造成影响,其中,对有氧耐力造成影响的外周机制是肌肉利用氧的能力;对有氧耐力造成影响的中枢机制是心肺功能。

(一)能量供应特点

有氧耐力会受到能量供应特点的影响,能量供应具体表现在有氧条件下,糖和脂肪能否长时间供能。耐力型项目一般会持续较长的运动时间,而且有较小的强度,氧代谢供给能量是耐力型项目运动中能量的主要来源。在长时间参与耐力训练的过程中,脂肪供能的比例会随着运动时间的增加而不断增大,糖原的利用会不断减少。通过血浆中自由脂肪酸的含量能够判断出人体动员脂肪供能的能力强弱(表 5-2)。系统科学地参加耐力训练能够促进肌肉有氧氧化过程的效率以及机体动用脂肪供能的能力的提高,同时还能够促进各种氧化酶的活性的不断提高。

表 5-2　不同持续时间中糖和脂肪的供能比例

运动时间(分钟)	0~30	30~60	60~90	90~120
需氧量(升/分钟)	2.48	2.51	2.52	2.61
糖供能比例(%)	71	66	63	56
脂肪供能比例(%)	29	34	37	44

(二)氧运输系统的机能

氧运输系统包括呼吸系统、血液系统和心血管系统。

1. 心血管系统机能

心脏的泵血功能关系着有氧耐力的强弱。血液中的氧要运输到活动肌肉中,需要心脏泵血的推动作用。从血液中的氧运输到活动肌的氧的数量与心输出量成正比,由此可见,有氧耐力会受到心脏泵血功能的影响。

实践表明,最高心率受运动训练的影响较小,因此,经常训练的人与没有训练经验的人,他们在参与最大负荷的工作时,每搏输出量是造成其心输出量差异的主要因素,而心容积与心肌收缩能力又会对每搏输出量造成关键的影响。从事耐力型运动项目的优秀运动员,其经过系统的训练后,心血管系统的主要特点表现在左心室容积较大、安静心率较慢、每搏输出量较常人高,其最大运动时心输出量要比非运动员高很多。这就表明,只有提高心脏的泵血机能和工作效率,才能与长时间持续运动的需要相对应。此外,在运动时,右心室泵血量也会随着心脏功能的增强而增强,肺血流量和氧扩散容量同时也会增加,这对于气体交换十分有利。

2. 血液系统机能

有氧耐力会受到血液中血红蛋白总量及红细胞数量的影响。红细胞内的血红蛋白主要负责携带并运输肺换气扩散到血液的氧。如果运动员的血红蛋白含量减少,就会影响到运动成绩,通常减少10%就能够明显看到运动员的成绩会下滑。

3. 呼吸系统机能

人体的吸氧能力会受到肺的通气与换气机能的影响。呼吸器官活动会将空气中的氧吸入肺中,这时肺中的氧与肺循环毛细血管血液之间进行交换(依据物理弥散作用),吸入肺泡进行肺换气的氧会随着肺通气量尤其是肺泡通气量的增加而增多。从事耐力型运动项目的优秀运动员,其与非运动员或非耐力型的同年龄同性别的运动员相比而言,肺的容积、肺活量都比较大,肺的通气机能和气体扩散能力也比较强,运动时氧的顺利供给需要先改善肺功能。

有氧耐力也会受到肌组织的有氧代谢机能的影响。慢肌纤维中的毛细血管分布得较多,肌纤维中有大量的、体积大的以及氧化酶活性高的线粒体,也有大量的肌红蛋白,同时肌纤维也有较强的贮氧能力和有氧代谢能力。肌组织从血液中摄取的氧量与其用氧能力相关,有越强的用氧能力,就有越多的摄氧量,而且同时也能提高氧利用率。

所以,肌纤维类型及其代谢特点会很大程度上影响肌组织对氧加以利用的能力。

(三)中枢神经系统调节机能

如果人体肌肉活动的时间长,就要求人体具有良好的神经过程相对稳定性和较强的中枢间协调能力,具体就是指,即使受到大量的传入冲动作用的影响,抑制状态也不会轻易出现,从而保证能够长时间有规律地转化兴奋与抑制。经常参与耐力训练,不但能够促使神经过程的稳定性与大脑皮层神经细胞对刺激的耐受力不断提高,而且可以使各中枢间的协调关系得以改善,从而使运动中枢的兴奋过程与抑制过程更加集中,肌肉能够更加协调地完成收缩与放松;主动肌、协调肌、对抗肌等肌群之间能够更完善地配合;氧运输系统的功能可以更好地适应肌肉活动。因为改善神经调节能力能够促使肌肉活动的机械效率提高,能够使能量消耗得以减少,从而长时间的肌肉活动才能够得到保障。

(四)肌组织利用氧的能力

经过研究表明,最大摄氧量会影响慢肌纤维的百分比组成,运动员从事不同的运动项目,其最大摄氧量就会表现出不同的特征(图 5-7),最大摄氧量最大的运动员是耐力型项目的运动员,如越野滑雪运动员、长跑运动员等,这些运动员的最大摄氧量与其他项目的运动员相比明显高很多。从事耐力项目的优秀运动员,其慢肌纤维百分比比其他运动员高,而且有选择性肥大现象出现,这是有良好摄氧和利用氧的能力的主要原因,这部分运动员通常也会保持良好的有氧耐力成绩。

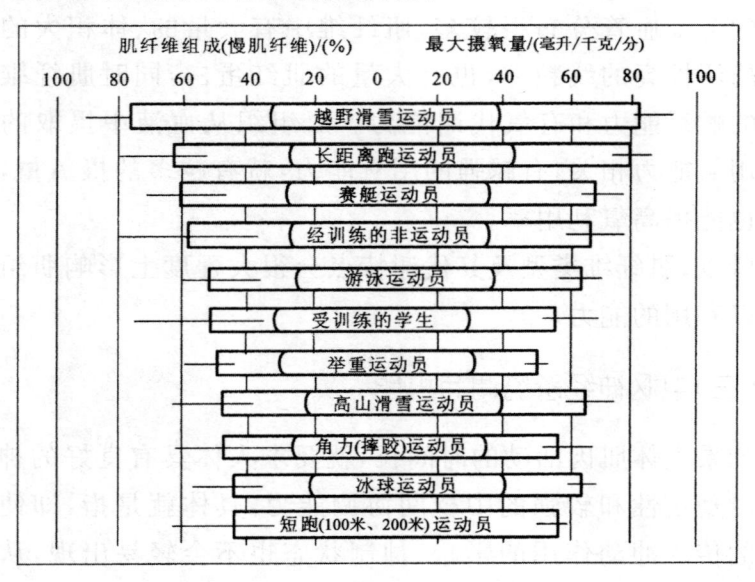

图 5-7

三、有氧耐力的训练方法

现阶段,间歇训练法、持续训练法、乳酸阈强度训练法、无氧阈训练法以及高原训练法是发展有氧耐力的主要方法。

(一)间歇训练法

1. 间歇训练法的概念及考虑因素

在两次练习之间利用适当的间歇时间进行较低强度的训练方法就是所谓的间歇训练法,间歇训练与完全休息的训练不同。在对间歇训练进行安排时,要考虑多方面的因素,主要如下。

第一,考虑间歇训练的距离及强度。
第二,考虑运动时间与休息时间。
第三,考虑每一次训练重复的次数和训练组数。
第四,考虑周训练频率等。

2. 间歇训练法的特点

间歇训练方法从生理学角度分析其特点主要表现在以下几方面。

(1)有较大的总工作量

间歇训练法的工作总量较大,而且只需用较少的力即可。间歇训练过程中,物质代谢功能、循环系统功能以及呼吸系统功能会得到改善。阿斯特兰德经过实验发现,同样是每分钟完成 2 160 千克米的工作,让运动员通过两种不同的方法来进行,如果是持续工作,只能坚持 9 分钟的时间,工作总量为 19 440 千克米;如果采用间歇的方法,在负荷强度相同的前提下每活动 30 秒后,用 30 秒时间休息,坚持的时间可达 1 小时,工作总量为 64 800 千克米。工作总量与强度相比而言,更有利于促进有氧代谢能力的发展。

(2)影响心肺机能

间歇训练法能够训练人体的内脏器官。在间歇期间,人体的运动器官停止工作,因而可以获得休息,而呼吸系统和心血管系统仍处于较高水平的活动中。倘若是短时间的运动,运动期间内脏机能的变化(由肌肉运动引起)可以在间歇时间内达到较高水平。不管是在运动期还是在间歇期,循环系统与呼吸系统承受的负荷都比较大。所以,经常参与间歇训练可以明显地改善心血管系统,尤其是可以提高心脏工作能力以及最大摄氧能力。

现阶段,在许多运动项目的训练过程中,间歇训练法被大量采用。采用这一训练法是否能够具有良好的效果,关键在于采用得是否合理。在运用这一方法进行训练时,要对训练者的年龄、运动基础及训练水平加以考虑,同时要对练习的距离、强度及间歇时间进行合理的安排。只有在这些基础上进行间歇训练,才能够取得良好的训练效果,达到训练的目的。

(二)持续训练法

持续运动,没有间歇休闲时间的训练方法就是所谓的持续训练法。持续训练法可以分为两种具体的方法,即变速持续训练和匀速持续训练,这主要是以持续运动速度的变化为依据进行划分的。

1. 变速持续训练

20世纪30年代,瑞典率先采用变速持续训练法,这一训练法对长跑运动员比较适合,主要通过对自然地形(森林、原野等)加以利用,来采用适宜的速度和变速进行持续跑。运动员可以以上下起伏的不等坡度为依据来对速度进行选择,速度的范围由高速到低速可以转变,这是训练方法比较自由。变速持续训练方法几乎不考虑距离和时间,对运动乐趣的培养是主要训练目的。这种训练方法后来从瑞典逐渐传播,现在很多运动员都会采用这一方法进行训练,从中体会乐趣,并达到训练的目的。

2. 匀速持续训练

(1) 高强度持续训练

运动员在强度 85%～95% HRmax 时的持续训练方法就是所谓的高强度持续训练法。实践表明,运动员尤其是高水平运动员的乳酸阈与最大摄氧量能够通过持续的高强度训练而得到提高。越野、径赛或游泳运动员采用这一方法进行训练,能够使训练强度与比赛强度接近或甚至高于比赛强度,因此会比其他运动员有更高的乳酸阈速度。科学表明,马拉松运动员完成比赛通常采取的就是乳酸阈强度或与乳酸阈强度非常接近的速度。

(2) 长距离慢速训练

长距离慢速训练方法盛行于 20 世纪 60 年代。通常,运动员采取长距离慢速训练方法进行训练时的强度较低,大约 60%～80% HRmax,也就是最大摄氧量的 50%～75%。在这一训练方法中,速度不是关键,关键在于距离。长跑运动员在进行每天 24～48 千米的训练中采用这一方法,而每周累积训练方法的跑步速度会比运动员的最大速度低,也就会小幅度地刺激心血管系统与呼吸系统。此外,长跑运动项目中的优秀运动员一定要规律训练的基础上,按照与比赛速度相同的速度或接近比赛速度的速度进行训练,这样有利于促进腿部肌肉力量素质与速度素质的发展。所以,绝大多数的长跑运动员会采用多样化的训练计划与训练方法来进行周训练与月训练。

匀速持续训练这一方法持续时间较长,训练强度较低,而且中途不间歇,有利于促进有氧代谢能力与心肺功能的增强。长时间持续训练有利于促进人体生理机能的发展,这主要表现在以下几方面。

第一,匀速持续训练方法有利于促进大脑皮层神经过程的均衡性和机能稳定性的提高。

第二,匀速持续训练方法有利于使参与运动的有关中枢间的协调关系得到改善。

第三,匀速持续训练方法能够促进心肺功能及最大摄氧量的提高。

第四,匀速持续训练方法有利于促进慢肌纤维选择性肥大现象的出现,促进肌红蛋白的增加。

青少年运动员和训练水平较低的运动员采用低强度的匀速持续训练方法比较适宜。如果运动员想要获得健康的体型或者维持良好的体型,适宜采用的有氧耐力训练方法是长距离慢速训练,这一方法也比较安全。对于团体项目的运动员而言,在训练中期和后期适宜采用长距离慢速训练方法,能够使其有氧耐力水平得以较好的保持。

(三)乳酸阈强度训练法

在有氧耐力训练中,采用个体乳酸阈强度能够促进有氧代谢能力的显著提高。现阶段,个体乳酸阈强度训练方法被长跑运动员、自行车运动员、游泳运动员等广泛使用。

个体乳酸阈提高是有氧能力提高的一个重要标志。因为个体乳酸阈有较大的可训练性,在提高有氧耐力之后,运动员可以依据新的个体乳酸阈强度来确定训练强度。通常不经常进行运动训练的人在进行较长时间的运动或训练时,其运动强度为 $50\% VO_{2max}$,而血乳酸的增加几乎不明显,有训练经验的运动员运动强度可达 $60\% \sim 70\% VO_{2max}$,而从事耐力运动项目的优秀运动员在长时间的运动中运动强度可达 $85\% VO_{2max}$。这表明,有氧能力的百分利用率会随着运动员训练水平的提高而提高。在具体采用个体乳酸阈训练方法进行训练时,通常采用乳酸阈心率来对运动强度进行控制。

(四)无氧阈训练法

无氧阈是指在递增性运动训练中,人体开始由有氧代谢供能向大量无氧代谢供能的转折点。这里所说的转折点,相当于正常人在心率为140~150次/分钟时的运动强度。也就是说,进行运动训练时,心率在150次/分钟以下,所发展的主要是人体的有氧耐力;当心率达到150次/分钟以上时,所发展的主要是人体的无氧耐力。所以,无论采用何种形式的运动训练方法,要想发展身体的有氧耐力,就要将心率控制在150次/分钟以下。

(五)高原训练法

人们在自身运动水平不断提高后,对增加运动负荷的安排较为谨慎,提高训练难度是他们增加运动负荷的目的,以使机体受到的成绩更强烈,从而对自身的最大潜力进行调节。高原训练法这一训练方式的不断开展就是基于这种设想的。在高原进行训练时,人们要经受两种负荷,即高原缺氧和训练缺氧,这时身体会受到比平原上更加强烈的缺氧刺激,这有利于对身体的机能潜力进行调动,促使机体复杂的生理效应和运动效应的产生。实践证明,高原训练有利于增加红细胞数量、血红蛋白数量及总血容量,并有利于增强呼吸系统和循环系统的机能,从而提高有氧耐力水平。

第三节 无氧运动能力的生理基础与训练

一、无氧运动能力概述

(一)无氧运动能力的概念

运动过程中,人体通过无氧代谢对能量进行提供以维持正常运动的能力就是所谓的无氧运动能力。

(二)无氧运动能力供能途径

无氧运动能力的供能途径有两种,即由糖无氧酵解供能(乳酸能)和 ATP-CP 分解供能(非乳酸能)。无氧功率以 ATP-CP 为物质基础,ATP-CP 供能的能力一定程度上决定了人们进行短时间、高功率运动时的活动能力,如短跑田径运动中的投掷项目、跳跃项目以及足球射门等。

二、无氧耐力生理学基础及训练

机体在无氧代谢的情况下长时间进行肌肉活动的能力就是所谓的无氧耐力,也称"无氧能力"。无氧训练指的是提供无氧耐力的训练。[1]

(一)无氧耐力的生理学基础

人们在参与较大强度的运动训练时,糖无氧酵解供能是体内能量的主要来源。肌纤维类型、肌肉内糖无氧酵解供能的能力、脑细胞对血液 pH 值变化的耐受力以及缓冲乳酸的能力等共同决定了无氧耐力的高低。[2] 这几方面的因素具体阐述如下。

1.肌纤维类型

一个人的无氧耐力与其肌纤维类型有关,一般快肌纤维百分比组成占有优势的人有较强的无氧能力。

2.肌肉内糖无氧酵解供能的能力

肌糖原的含量及其无氧酵解酶的活性会在一定程度上决定肌肉内糖无氧酵解供能的能力。Costill 等发现,不同项目的赛跑运动员,其腿肌中慢肌纤维百分比、乳酸脱氢酶活性有所不同,慢肌纤维百分比最低的是短跑运动员,居中的是中跑运动员,最高的是长跑运动员;但乳酸脱氢酶的活性却与慢肌纤维百分比相反,乳酸脱氢酶的活性最低的是长跑运动员,居中的是中跑运动

---

[1] 封飞虎,凌波.运动生理学[M].武汉:华中科技大学出版社,2014.
[2] 同上.

员,最高的是短跑运动员(表 5-3)。

表 5-3 赛跑运动员慢肌纤维百分比及乳酸脱氢酶活性对比

项目	人数	慢肌纤维百分比(%)	乳酸脱氢酶的活性(μEq·克·分钟)
男短跑	2	24.0	1 287
男中跑	7	51.9	868
男长跑	5	69.4	764
女短跑	2	27.4	1 350
女中跑	7	60.0	744

3. 脑细胞对血液 pH 值变化的耐受力

虽然进入血液的乳酸通过血液中的缓冲物质能够得到中和,强度会有所减弱,然而因为有大量的乳酸进入血液,血液的 pH 值的发展也会倾向于酸性,而且由于氧供不足而出现的代谢产物堆积都会对脑细胞的工作能力造成不利的影响,使运动疲劳出现的时间较早。所以,脑细胞对这些因素的耐受能力也是对无氧耐力造成影响的一个重要因素。

运动员如果经常参与无氧耐力训练,就会提高自身脑细胞对血液中代谢产物堆积的耐受力。例如,与长跑和长泳运动员相比,短跑和短泳运动员对静脉血 CO_2 含量增多的耐受力就比较强,这主要是因为短跑和短泳运动员长期参与无氧耐力训练而提高了自己的耐受力和适应力。

4. 缓冲乳酸的能力

乳酸在肌肉无氧酵解过程中产生后进入血液,将会影响血液的 pH 值。然而因为受到缓冲系统缓冲作用的影响,血液的 pH 值的变化不至于太大,人体内环境的相对稳定性还是能够维持的。碳酸氢钠的含量及碳酸酐酶的活性一定程度上会决定机体缓冲乳酸的能力。研究表明,无氧耐力训练可以促进血液中碳酸酐酶活性的提高。

(二)无氧耐力的训练方法

1. 缺氧训练

在减少吸气或憋气条件下进行的训练就是所谓的缺氧训练,通过体内缺氧来促进无氧耐力的提高是缺氧训练的目的。运动员不但能够在高原等自然环境中进行缺氧训练,而且在平原特定的环境条件下对高原训练进行模拟也能够具有良好的训练效果,如通过对低氧口罩、低氧面罩及低氧舱等的利用进行无氧训练同样能够促进无氧耐力的提高。

2. 最大乳酸训练

机体在运动过程中达到最高血乳酸水平的训练就是所谓的最大乳酸训练,使糖酵解系统供能达到最高水平是最大乳酸训练的目的。实践证明,糖最大无氧代谢训练敏感的范围是血乳酸约12~20毫摩尔/升。为使血乳酸浓度积累达到较高的水平,可采用间歇训练的方法,即1分钟超极量强度跑、间歇4分钟跑,共重复5次,采用这一方法可使血乳酸浓度达到31.1毫摩尔/升(图5-8),这远远高于1分钟全力跑后产生的血乳酸值。这就表明,1分钟超极量强度、间歇4分钟的多次重复运动能够使身体获得的乳酸刺激不断增加,从而促进最大乳酸能力的提高。

将负荷强度掌握好,并合理安排间歇时间是采用最大乳酸训练方法的关键。为使高浓度的乳酸在运动训练中产生,要增加练习强度和密度,缩短间歇时间。练习时间通常要比30秒多,适宜的练习时间为1~2分钟。这样安排练习时间、间歇时间以及练习强度能够使糖酵解系统供能的能力得到最大限度的利用,从而有效促进机体产生乳酸能力的提高,也能够促进乳酸脱氢酶的活性被最大限度的激活。在运动训练过程中血乳酸值越高,表明运动员有越强的产生乳酸的能力,其就有越好的无氧耐力。

图 5-8

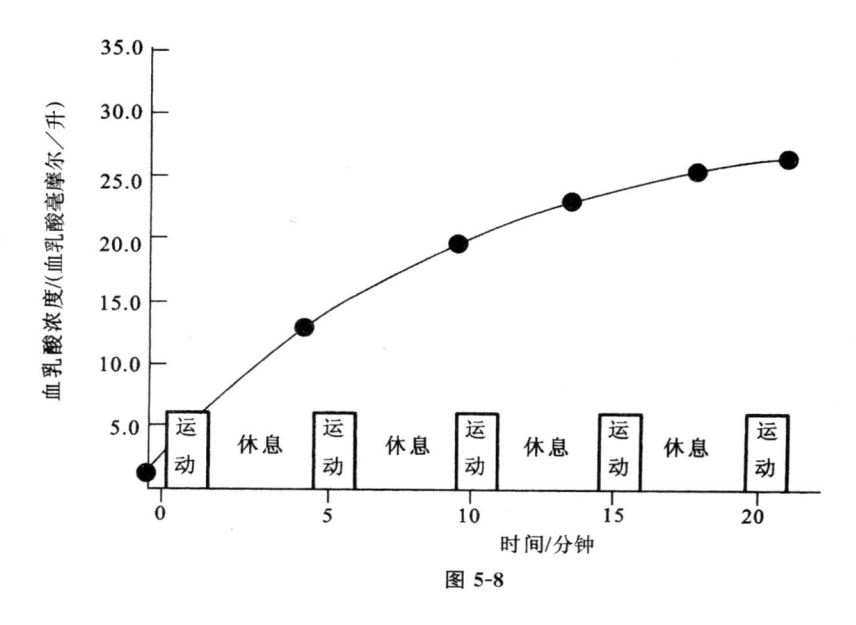

3. 乳酸耐受能力训练

当机体处于较高乳酸水平时，依然可以进行较高强度运动的能力就是所谓的乳酸耐受能力。通常情况下，在乳酸耐受能力训练过程中，血乳酸在 12 毫摩尔/升左右是糖无氧代谢训练最敏感的范围，也是较为适宜的血乳酸浓度。在重复训练的过程中将血乳酸维持在这一水平，能够使身体逐渐适应这一血乳酸水平的刺激，从而促进肌肉乳酸脱氢酶的活性及缓冲系统缓冲能力的提高，这样即使在较高乳酸水平下，运动员依然可以较长时间地参与较高强度的运动，无氧耐力随之逐渐提高。

三、非乳酸能无氧能力生理学基础及训练

(一)非乳酸能无氧能力的生理学基础

1. ATP 和 CP 的贮量

决定人体速度力量型运动能力的最重要的生理基础就是肌

纤维中 ATP、CP 的贮量。通常而言，人体每千克肌肉中含 ATP 和 CP 大约为 15~25 毫克分子，在参与极限强度运动的过程中，在 10 秒内人体肌肉中的 ATP 和 CP 就会将近耗竭。肌纤维中 ATP、CP 和肌糖原的贮量的增加可以通过速度力量型运动训练来实现(表 5-4)。

表 5-4　5 个月内抗阻训练对肌纤维中 ATP、CP 和肌糖原贮量的影响

能量类型	训练前	训练后	增进率(%)
ATP	5.07	5.97	+17.8
CP	17.07	17.94	+5.1
肌糖原	86.28	113.9	+32

2.快肌纤维百分组成

与慢肌纤维相比而言，快肌纤维中 ATP 和 CP 的贮量比较多，而且快肌纤维中 CK 酶的活性也比慢肌纤维中的高，所以，肌肉中快肌纤维百分比组成高的运动员参加无氧耐力运动比较有利。

3.CK 酶的活性

在人体运动过程中，ATP 和 CP 的贮量决定了其供能能力以及通过 CP 再合成 ATP 的能力。在肌酸激酶(CK)的催化作用下，CP 再合成 ATP 才能完成，提高 CK 酶的活性能够对 CP 水解进行更快地催化，使 ADP 再合成 ATP 的速度加快，这对速度力量型运动能力的提高非常有利。[1]

(二)非乳酸能无氧能力的训练方法

现阶段，在促进磷酸原系统供能能力发展的训练过程中，主要采用的训练方法是无氧低乳酸训练。采用这一方法要遵循如

---

[1] 封飞虎,凌波.运动生理学[M].武汉:华中科技大学出版社,2014.

下几条重要的原则。

第一,最大练习时间或最大速度小于或等于10秒钟。

第二,每次练习的休息间歇时间不能比30秒少,因为如果间歇时间少于30秒,ATP、CP在这段时间内难以足量地恢复,因此也就无法使一次练习对能量的需求得到满足了,因此要维持多于30秒的间歇时间,最好能够保持60秒或90秒的休息。

第三,成组练习后,组间的练习时间不能少于3~4分钟,因为至少要3~4分钟的时间才能使ATP、CP得以较好地恢复。

磷酸原与其他供能物质相比而言恢复速度比较快。经过剧烈的运动训练后,二三十秒内消耗的磷酸原就能够合成一半,完全恢复需要两三分钟的时间。所以,重复训练法(短时间、高强度)是发展磷酸原系统的主要训练方法。

需要注意的是,在跳跃、短跑、举重等项目的运动训练或比赛中,运动员完成运动的时间不能超过10秒,理论而言,这些运动中机体所需能量主要来源于ATP-CP系统供能,然而在实际的能量供应过程中,参与供能的系统除了ATP-CP系统,还有相邻的供能系统,而且相邻系统供给的能量较多。

经过研究发现,我国运动员在100米跑结束后,其血乳酸浓度达到9.46±1.33毫摩尔/升。因此,在进行短时间、高强度运动项目的训练过程中,不仅要注意训练磷酸原系统供能能力,也应将训练糖酵解系统供能能力重视起来,即重视无氧训练。

第六章 不同人群体育锻炼的生理生化特点与评定

由于年龄、性别、身体健康状况等的不同,可以将人划分成各种不同的群体,各个群体在体育锻炼方面又具有各自的生理生化特点。本章根据年龄和性别两个因素来探讨儿童少年、中老年人以及女性的体育锻炼的生理生化特点及评定。

第一节 儿童少年体育锻炼的生理生化特点与评定

一、儿童少年体育锻炼的生理生化特点

(一)儿童少年体育锻炼的生理特点

儿童少年的年龄段可分为以下三个阶段:6—12岁是小学阶段;13—17岁为中学阶段;18—22岁为大学阶段。儿童少年应指在校阶段,年龄在6—18岁之间。

1. 生长发育特点

在解剖生理学特征方面,儿童少年各器官系统与成年人相比有很大的差别。对于儿童少年来说,他们的身体正处于生长发育时期,其骨组织的水分和有机物质(骨胶原)含量较多,无机盐、硫酸钙、碳酸钙含量较少,软骨成分较多。骨的这些结构特征使骨的弹性较好而坚固性较差,儿童骨折不易完全折断,但易发生弯

第六章 不同人群体育锻炼的生理生化特点与评定

曲与变形。儿童关节面软骨较厚,关节囊、韧带的伸展性大,关节周围的肌肉细长,关节的活动范围比成年人要大,但关节的坚固性差,在外力作用下容易脱位。此外,儿童少年肌肉中水分多,脂肪、蛋白质、无机盐少,肌肉细嫩,收缩功能较弱,耐力差,容易产生疲劳。儿童少年的身体各部分肌肉的发育不平衡,上肢肌先于下肢肌、躯干肌先于四肢、屈肌先于伸肌、大块肌肉先于小块肌肉的发育。儿童少年时期的肌肉力量发展也有一定的规律性,在生长加速期,身高增长加速时,肌肉主要向纵向发展加速,肌肉力量和耐力较差,在生长加速期结束时,肌肉的横向发展较快,肌纤维增粗,肌肉力量增加。

2. 胸廓、肺脏功能特点

一般来说,儿童少年的胸廓较为狭小,弹性阻力过大,呼吸肌力量差,呼吸循环系统的机能不够完善,呼吸频率快,呼吸表浅,肺活量小。儿童少年的最大摄氧量低,肺通气功能较差,体育运动时主要通过增加呼吸频率来增加肺通气量,因此儿童少年的有氧运动能力和无氧运动能力都较低。可适当选择一些强度小、活动时间短的健身走和健身跑运动进行锻炼较为适宜。

3. 心脏功能特点

对正处于不断发育期的儿童少年来说,其心脏体积较小,心脏收缩力量较差,心率较快。而随年龄的增长,心脏收缩力量逐渐增加,心率减慢。儿童少年的血管壁有很好的弹性,血管口径比成人大,外周阻力小,所以儿童少年血压值偏低。根据儿童少年心血管功能的特征,在健身时应以有氧练习为主,不要进行大强度体育运动锻炼,防止心脏负担过重。此外,儿童少年在进行体育运动时应尽量减少憋气,以免心脏负担过重。

(二)儿童少年体育锻炼的生化特点

1. 儿童少年身体的化学组成特点

(1)儿童少年身体的主要成分

儿童少年正处于身体的生长和发育时期,在生长发育过程中,其骨骼和骨骼肌的化学组成会发生相应的变化,随着年龄增长,他们的骨质会变得坚硬,骨骼肌的力量也会增大。儿童少年身体的主要成分包括体脂和瘦体重。其体内脂肪的含量高于成人,因此瘦体重相对较低。根据科学研究发现,12－17岁阶段的男孩的体脂占身体的11％～14％。男孩在进入青春期后,瘦体重增加。女孩则刚好与之相反,在进入青春期后反而体脂占身体的含量越发增加。儿童少年无论是处在成长期还是青春期,经常参加体育锻炼可以有效减少他们体内的体脂,增加他们的瘦体重。这个时期对于体脂含量的控制,养成良好的锻炼习惯,将会使其受益终生。但与此同时,万事过犹不及,处于儿童少年时期的人群的体脂也不能过少,过少的体脂会影响其身体正常发育。特别是对于女孩来讲,更加不利于其健康成长。另外,体脂过少会影响性成熟,造成性激素分泌紊乱,对健康不利。

(2)运动器官的化学组成特点

骨骼和骨骼肌是人体运动系统中最重要的组成部分。骨骼和骨骼肌的化学组成会随着年龄的增长而改变,如骨骼肌的力量会增大,骨质会变得坚硬等。具体变化如下。

①骨骼肌

随着年龄的增加,骨骼肌中水分有所减少,蛋白质等有机成分相应增加,能源储备增多,酶活性提高,能量代谢速度加快。因而肌肉力量增大,工作能力提高。为了适应儿童、青少年肌肉的发育和力量的提高,在营养上尤其要注意对蛋白质的质和量的保证。儿童少年骨骼肌占体重的百分比较低(表6-1)。其骨骼肌中水分较多,收缩蛋白量相对较少,肌纤维横截面积较小,肌肉中磷

第六章 不同人群体育锻炼的生理生化特点与评定

酸原总量和糖原等含量也会相对较少。因此,儿童少年的肌肉力量素质较低,耐力差,容易疲劳,比较适合进行针对柔韧性、灵敏性等内容的训练。

表6-1 不同年龄骨骼肌占体重的百分比

年龄(岁)	肌肉重量的百分比(%)
4	20
8	27
15	32
17	40
青年、成年人	42～45

②骨骼

水、有机物和无机盐等是骨骼的主要化学成分。成人骨中水约占25%,有机物约占30%,无机盐约占45%。其中,有机物包括胶原、蛋白多糖和糖蛋白,还有少量脂类、肽类和糖原等;无机盐类主要包括磷酸钙和碳酸钙,以及磷酸二氢钠、柠檬酸钙、磷酸镁等。它们大都在骨骼中以羟磷灰石结晶的针状晶格存在,在晶格中吸附Na^+、Ca^{2+}、Mg^{2+}、Cl^-、HCO_3^-等大量的阳离子和阴离子。这些离子通过成骨作用和溶骨作用与体液中离子相互交换以维持酸碱平衡。儿童、青少年的骨骼正处于生长发育阶段。在生长发育过程中,年龄越小,骨组织中水分和有机成分占比例越大,无机盐比例越小,骨钙化程度越低。随着年龄的增长,骨组织中水分和有机成分减少,无机盐相对增多,钙化程度变大。因此,儿童少年的骨质较疏松,硬度小、弹性大,不易骨折,但承重后易变形、弯曲。这些特点决定了儿童少年不宜过多承受大强度的力量训练,以免骨骼发生畸形,影响正常生长。同时,为了加速骨骼的发育和适应运动训练,在食物中要注意保证钙、磷和维生素A、D和胶原蛋白等营养素的供给。

2.儿童少年物质代谢生化特点

儿童少年体内的骨骼肌含量较少,肌肉中能源物质的储备量和可利用量也比成人低,因此他们在运动时物质和能量代谢有其相应的特点。

(1)糖代谢特点

儿童少年骨骼肌中的糖原含量较低,正因如此,使得参与糖酵解的酶活性也较低。与此同时,儿童少年体内可供氧化的糖原储量较成人少,从而限制了糖的有氧氧化的供能能力。因此,儿童少年的糖酵解能力通常低于成人,且这种差距会因为儿童少年的年龄越小而显得越发明显。儿童少年空腹血糖含量几乎与成人相同,且从男女性别上来看也无明显区别(表6-2)。

表6-2 各年龄组空腹血糖含量(毫克/分升)

年龄(岁)	男	女
0—10	86~120	80~114
11—15	80~122	84~114
16—20	78~118	78~110
21~30	76~124	78~132
31—40	78~124	78~132
41—50	82~138	80~132
51—60	84~138	84~128
61—90	86~148	84~154

根据上述这些儿童少年人群机体代谢的特点分析,可以知道由于其体内的糖储量少,在长时间运动时,年龄越小的儿童越容易发生低血糖现象。所以,对于儿童少年的身体锻炼,特别是对在这个年龄段就开始进行某种专项的、系统的运动训练的人来讲,应该重视锻炼或训练遵循科学、合理的方式方法,控制练习时间和练习强度,以保证这一群体能够在体育运动中真的获得对身体有益的东西。

(2) 脂类代谢特点

在运动中,儿童少年更多地依靠脂肪酸氧化来供能,从而可以补偿运动过程中糖酵解能力的降低,维持适当的血糖浓度,对保持儿童少年的耐力性运动能力具有非常重要的意义。儿童少年的脂肪动员能力与肌肉氧化脂肪酸的能力较强,这是儿童少年脂类代谢的一大显著特点,这种能力甚至高于成人。运动时,甘油三酯被动用氧化供能。与成人相比,正常儿童少年的甘油三酯含量低于成人。但是,儿童少年体内的甘油三酯或总胆固醇含量过高,就会导致儿童少年出现肥胖现象(表 6-3)。这种现象对于他们的身体健康极为不利,甚至出现一些诸如心血管粥样硬化的病变。经常参加体育锻炼,可有效地防止肥胖的发生,提高身体素质,有利于儿童少年的身心健康。

表 6-3 正常与肥胖的儿童少年血脂水平的比较

年龄(岁)		TC(毫摩尔/升)			TG(毫摩尔/升)			HDL-C(毫摩尔/升)		
		正常组	超重组	肥胖组	正常组	超重组	肥胖组	正常组	超重组	肥胖组
男生	10—	4.08	4.27	4.56	0.68	0.87	0.93	1.49	1.43	1.34
	13—	3.48	3.51	3.85	0.60	0.74	0.98	1.20	1.13	1.14
	16—18	3.49	3.60	3.80	0.73	1.07	1.07	1.08	0.98	0.85
女生	10—	4.08	4.12	4.10	0.77	0.84	0.96	1.46	1.37	1.33
	13—	3.58	3.78	3.69	0.67	0.76	0.77	1.23	1.15	1.16
	16—18	3.86	4.21	3.78	0.77	0.78	0.83	1.21	1.11	0.92

(3) 蛋白质代谢特点

儿童的成长时期和青春期都是人体最佳的生长时机,这段时期内人体内的蛋白质合成代谢大于分解代谢,处于人生正氮平衡阶段。特别是青春生长突进期,其蛋白质合成代谢尤为旺盛。因此,这一时期儿童少年的身体急需蛋白质的不断补充以满足生长发育的需要,甚至这种对食物中蛋白质的需求量要大于成人。

10 岁以上的儿童少年,血浆总蛋白的含量低于成人,但血浆白蛋白的含量却高于成人。这种原因与人的年龄有关,并且与年龄成反比关系，即年龄越增长，需求越下降。除此之外，它还与性别有关，一般情况下男性高于女性。10岁以上的儿童少年，可能由于其体内含氮化合物的合成比较旺盛，故血尿素略低于成人。运动训练时，蛋白质参与供能增强，血尿素会明显增高。若运动后，血尿素升高超过20毫克/分升，则表示运动量过大。

血浆白蛋白，是脂肪酸和胆红素等代谢产物在血液运输中的载体，也是组织蛋白合成的原料。它具有维持血浆正常渗透压与酸碱平衡的作用。如果保持儿童少年的血浆蛋白含量处于较高的水平，将有利于提高他们的运动锻炼效果。因此，儿童少年在青春发育期参加体育锻炼时，每天蛋白质的摄入量应提高至3克/千克体重。

(4)水、盐与酸碱平衡代谢特点

人体在运动时会产生大量的热，这与安静时候机体产生的热量相比相差近10倍。肌肉收缩会使约75%～80%的化学能转变为热能，从而使体温升高。因此，需要有排热机制以免体温过分升高，这是机体维持运动能力的重要手段。其中，机体散热的最主要方式就是出汗和呼吸。出汗实质上也是机体代谢的一种方式，与汗液一同被排出体外的还有人体的水和电解质，过量的失去水分会使得身体出现运动性脱水的症状，使机体运动能力降低，严重的甚至会危及生命。

与正常成年人相比，相同条件下，儿童少年的排汗量相对较低。但儿童少年的相对体表面积大于成人。因此，传导、对流、辐射等方式成为儿童少年增加散热量的辅助方式。但是由于这些方式散热较慢，虽然能减少体内水分和盐流失，但不利于儿童少年进行运动。儿童少年的体液约占体重的65%，而成人约为60%。故儿童少年每日需水量约为60～80毫升/千克体重，比成人40～50毫升/千克体重的需水量还多。所以，儿童少年在干热环境中进行运动后，应强调补水，以免造成累积性脱水，影响运动能力。

有研究者让8—18岁的受试者在功率自行车上进行负荷运

动,观察其肌肉收缩时耐受酸中毒的程度。结果表明,机体耐受血液 pH 降低的程度与年龄相关。因此,儿童少年调节酸碱平衡的能力与碱储备量都比成人低,肌肉耐酸的能力也较差。年龄每增加 1 岁,机体可缓冲过量氢离子的能力可增加 0.01~0.02pH,剩余碱可减少 1~1.5(毫克当量/升)(正常值为 0±3 毫克当量/升)。

耐酸能力是限制少年儿童运动能力的重要因素。例如,一般成人运动中,血液 pH 下降到 7.1 时,肌肉会明显丧失收缩能力;而一般儿童少年运动中,血液 pH 下降到 7.2 时,肌肉收缩能力即明显丧失。经过良好训练的成人,运动时血液 pH 下降到 7.0 时,肌肉仍能进行有效地收缩;而经过良好训练的儿童少年,耐酸能力虽有较大提高,但仍难以达到训练良好的成人水平。

3.儿童少年能量代谢的生化特点

(1)儿童少年无氧代谢的特点

无氧代谢能力包括磷酸原系统和糖酵解系统两方面的代谢能力。虽然儿童少年骨骼肌中 ATP 的含量及其运动时动用 ATP 的速率与成人相似,但是,其 CP 的含量和运动时动用 CP 的速率较成人低(表 6-4);故儿童少年 ATP-CP 系统供能能力较成人低。因此,在运动过程中要注意调整好运动强度,以保证运动负荷的完成。

表 6-4　儿童少年骨骼肌中能源物质的含量和动用量与成人的对比关系

能源物质	安静肌中的含量	运动时的动用量
ATP	不随年龄变化	与成人相同
CP	低于成人	与成人相同或较低
糖原	低于成人	远远低于成人

运动后血乳酸的浓度变化可以反映运动中糖酵解供能的情况。亚极限强度运动后，儿童少年的血乳酸和肌乳酸的浓度都低于成人；短时间极限强度运动后，最大血乳酸值随年龄的增长而增高，但肌乳酸值则远低于成人；这可能与儿童少年骨骼肌中无氧代谢酶，如乳酸脱氢酶（LDH）和磷酸果糖激酶（PFK）的活性以及肌糖原含量低于成人有关。有研究表明，11—13岁男孩的股四头肌中PFK的活性仅为成人的1/2。

（2）儿童少年有氧代谢的特点

儿童少年的有氧代谢能力会随着年龄的增长而发生变化。对儿童少年跑台耐力测试的结果表明：16—18岁男孩的耐力达到最大，成年后下降；女孩的耐力变化趋势与此相似，不过峰值出现得更早（约在12岁左右），但女孩的耐力始终低于男孩（图6-1）。在青春期前，运动成绩与年龄呈正比关系。

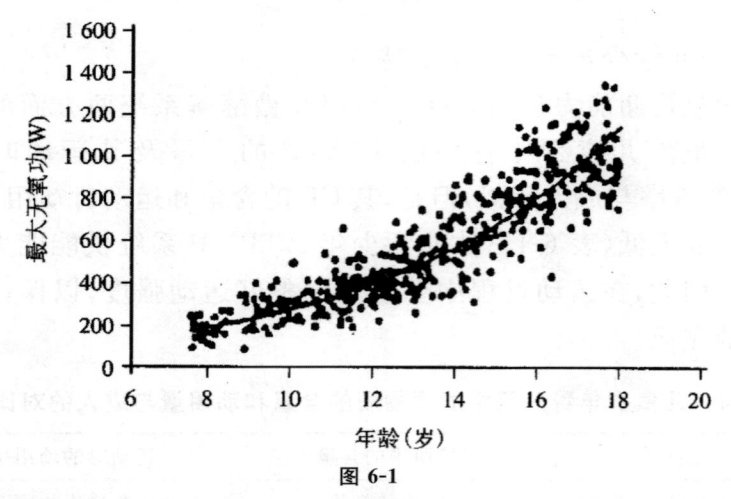

图 6-1

最大摄氧量的增加与年龄成正比。人体的最大摄氧量（VO_{2max}），是反映有氧代谢能力的有效指标。儿童少年单位体重的VO_{2max}与成人的差异并不大，其耐力成绩随年龄增长而提高，这反映出体内氧利用率的提高。由于儿童少年肌糖原储备量较少，所以在长时间运动时，儿童少年的耐力相对较差。青春期前，男、女的VO_{2max}的差别不大。男孩的VO_{2max}在青春前期时与身高

第六章 不同人群体育锻炼的生理生化特点与评定

和雄性激素的分泌量同时出现快速增长,进入到 16～18 岁阶段时的增长较为平缓;女孩在 14 岁时达到最大值,然后随年龄的增长而有降低的趋势。此外,儿童少年的血红蛋白值较成人低,这就影响了氧的运输能力。男、女在青春期前血红蛋白值的差异不大;但男孩的血红蛋白值随年龄的增长而增大,到青春期时激增;而女孩的血红蛋白值在月经初潮时仍与男孩差不多,然后稳定在某一水平上,不再增加(表 6-5)。

表 6-5 我国儿童少年红细胞数量和血红蛋白含量

年龄(岁)	性别	红细胞 (万/立方毫米)	血红蛋白 (克/升)	网织红细胞 (占红细胞%)
3—6	男	447±47	120±9	0.36±0.3
	女	423±34	120±10	0.36±0.3
7—9	男	426±50	120±9	0.15±0.3
	女	425±30	120±8	0.20±0.2
10—12	男	433±34	130±11	0.19±0.2
	女	427±37	130±6	0.22±0.2
13—15	男	456±54	140±11	0.36±0.3
	女	445±49	130±12	0.31±0.04

个体乳酸阈,是反映机体有氧代谢供能能力的重要指标。儿童少年乳酸阈对应的血乳酸浓度较成人低,尽管其乳酸阈的差异很大,但儿童少年的乳酸阈一般都在 2.5 毫摩尔/升左右。因此,应用血乳酸特点结果指导儿童少年的体育教学和业余运动训练时一定要注意到这一点。

(3)运动对有氧代谢、无氧代谢能力的影响

合理的运动训练可以提高儿童少年有氧和无氧代谢的能力。但是,我们必须清楚地认识到,儿童少年有氧代谢能力的可训练性与机体的生长发育程度有关(图 6-1)。青春期前的儿童有氧功峰值的可训练性平均为 5% 左右,而青春期少年的有氧功峰值可训练性可达到 10% 以上,其原因可能是青春期少年体内睾酮等性

激素的分泌增加,引起身体结构发生变化,从而使其具有较高质量的肌肉、较高的心血输出量和较高的血氧含量。为期 4 个月的训练可以使 11—13 岁男孩的股四头肌的糖原、磷酸肌酸的含量增加,还可以使极限强度运动后的血乳酸浓度增加。对 10—11 男孩岁进行为期 9 周的大强度训练,可以使他们的 30 秒运动测试成绩提高 14％、VO_{2max} 提高 8％。从而说明,儿童少年不宜过早地进行大强度的耐力性专项训练。因此,要根据儿童少年的生理生化特征,合理安排运动训练。这样不仅可以提高运动成绩,还能改善他们的身体机能状况。

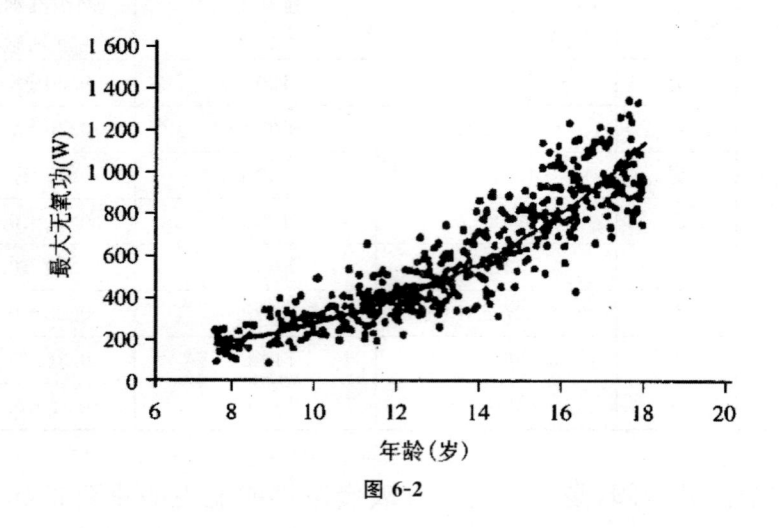

图 6-2

二、儿童少年与体育锻炼

运动能有效促进儿童少年的身体发育,因此儿童少年的运动内容、运动形式、运动量以及运动强度的安排都应该考虑到是否对儿童少年的生长发育有非常积极的影响,要注重培养他们参加体育运动的兴趣和习惯,全面提高其各项身体素质。

(一)儿童少年运动的主要内容

对于儿童少年而言,参加体育运动要注意多样化,同时要以自身爱好、身体条件和家庭条件为依据来选择所要参加的项目，参加体育运动主要以增强体质为目的，跑、跳、投、游泳、球类、体操、武术等形式多样的体育活动都适合儿童少年参加，在运动内容上对其没有太多的限制。

运动过程中，注意要对儿童少年良好的站、立、跑、跳等姿势进行有意识地培养，当发现存在身体姿势不正确或发育缺陷的问题时，需要在体育锻炼中及时加入矫正姿势和克服发育缺陷的练习。对少数在发育或健康上经常或暂时有显著异常现象的儿童少年，视其情况，可减免体育活动，并进行针对性医疗体操，促进其身体康复。

(二)儿童少年运动的形式

由于受年龄因素的影响，儿童少年的神经系统的特点是兴奋过程占优势并容易扩散，活泼好动，注意力不易集中是主要表现特征，所以儿童少年在运动的过程中，每种活动都不要持续太长的时间，儿童少年要通过多种形式的体育活动来进行锻炼，防止只参与单一的体育项目，在更换体育项目的过程中要有适当的间歇，家长或教师可以采用直观和示范性的手段引导和组织儿童少年参与运动，同时注意培养他们的思维、分析能力。随着儿童少年年龄的增长，其神经系统的抑制过程逐渐发展，最后兴奋和抑制之间的关系会达到均衡。

(三)儿童少年的运动量

与成年人相比而言，儿童少年的每搏输出量和每分输出量的绝对值要少，但其相对值(以每千克体重计算)大于成年人，年龄越小相对值越大。这个特点说明了儿童少年的心脏能适应短时期紧张的体育活动。因此，对于他们的运动量要进行合理安排，13—14岁以后，心血管系统机能与成人逐步接近，可以承受较大的运动量训练，但也应注意遵循循序渐进和个别对待的原则。同年龄个子高大的少年，性成熟迟缓，心脏发育也较迟缓，心脏的负担量相对较大,在安排运动量时应注意区别对待。

(四)儿童少年的运动强度

对于 12 岁以前的儿童少年,运动强度一定不要太大,运动时间也不要过长;对于 13 岁以后的儿童少年,在运动强度上可以稍大一些,但密度要小一些,间歇次数要多一些。对负荷过大的力量性练习和消耗过大的耐力性练习则不宜过多采用。一般儿童少年多以心率控制运动强度,120 次/分钟以下为小强度,120~150 次/分钟为中强度,150~180 次/分钟为大强度,180 次/分钟以上为超大强度。

需要注意的是,儿童的肌肉较易疲劳,但恢复较快,因此每周锻炼的次数可较多,一般以每日 1 次或一周 4~5 次的运动强度为宜。

第二节 中老年人体育锻炼的生理生化特点与评定

一、中老年人体育锻炼的生理生化特点

(一)中老年人体育锻炼的生理特点

1. 心血管系统

中老年人的心肌组织退变表现在心肌纤维萎缩、数量减少,结缔组织增生,脂肪沉着,因而使心肌收缩力量减弱,心脏排血量少,对体力活动负荷的适应能力下降。中老年人动脉血管壁的硬化使其弹性降低,管腔变窄,血流阻力增大,血液循环减慢,血压升高。

适当的休闲体育活动可使身体对血液循环系统功能的要求

大大提高,促进心脏工作能力的加强。经过一段时间的锻炼,可使心肌的收缩力加强,心脏每搏输出量增加,心搏频率减慢。据观察,经常进行身体锻炼的男子,60岁时的心脏排血量可相当于40岁不锻炼者的数值。此外,休闲体育活动还可增加心脏冠状动脉的血液循环量,参加血液循环的毛细血管增加,从而改善对心肌的氧气和营养物质的供应。冠状动脉的循环机能得到代偿,增强血管的弹性,改变脂质代谢,降低血脂,有助于防止冠心病,推迟动脉硬化的进展;同时又能锻炼外周血管的收缩和舒张机能,加强血管壁细胞的氧供应,促进代谢酶的活力,防止脂肪沉着。因此,能保证血管壁的弹性,预防血管硬化和狭窄的出现。

2. 中枢神经系统

中老年人大脑细胞随年龄增加而逐渐减少。因大脑细胞的减少,脑的功能便随之减弱,表现为对外界刺激的反应迟缓,记忆力降低,神经系统易出现疲劳且恢复缓慢,大脑对身体各器官系统的调节功能减退。

然而,坚持参加适当的休闲体育活动能延缓中老年人脑动脉硬化的过程,使脑动脉血中的氧含量增加,从而改善脑细胞的供氧状况,减轻脑血管和脑细胞的萎缩,维持其正常的功能。此外,通过肌肉骨骼系统的活动,可刺激和调整中老年人大脑皮层的兴奋和抑制功能,提高大脑对身体各部位和各器官系统的神经支配调节能力,从而使整个集体的功能处于良好的状况之中。事实证明,经常参加适当的休闲体育活动的中老年人大多精神饱满、耳聪目明、判断力强,对周围事物的反应较快。

3. 呼吸系统

中老年人肺组织逐渐纤维化,肺泡壁的弹性降低,胸廓活动的范围逐渐缩小,因而肺功能逐渐减退,进而影响全身的氧气供应。

参加休闲体育活动,特别是坚持以中国传统的医疗体育方法以及专门的呼吸操为锻炼手段,可缓解中老年人肺组织的纤维化过程。气功和专门的呼吸操等还可增强呼吸肌力量,扩大胸廓和横膈的活动限度,大大增加新鲜氧气的吸入量和二氧化碳的排出量。肺通气和换气功能的改善,增加了氧气对身体各个部位的供应,从而推迟了肺部和整个人体的衰老过程。从事休闲体育活动和身体锻炼,对防治老年支气管炎、肺气肿十分有利。

4. 运动系统

中老年人的运动器官随年龄的增长而发生一系列的退行性变化,如骨质疏松、椎关节僵硬、关节活动幅度缩小、韧带的弹性退化、肌肉逐渐萎缩、肌肉力量和弹性降低等,因而中老年人中容易发生骨折、劳损以及颈、肩、腰、背等病症。

体育锻炼和适当的休闲活动能有效地增强肌肉力量,改善韧带弹性和关节的灵活性,防止肌肉萎缩,使动作保持一定的协调和灵活,减慢这些组织的退行性变化而引起的中老年人运动器官的劳损等常见病。

5. 消化系统

中老年人的腹壁肌肉常常出现松弛无力的现象。由于胃肠道运动变弱,消化能力减退,因而易引起内脏下垂和便秘等疾患。

坚持锻炼身体并经常参加休闲体育活动的中老年人多为腹肌不松,胃肠张力和蠕动力较好。同时,休闲体育活动可促进对食物的消化和吸收,可消除因食物引起的胃部不适现象。同时能防止中老年人胃肠功能紊乱,保持大便通畅。

6. 新陈代谢系统

中老年人身体内部整个新陈代谢缓慢,能量转换不畅,脂肪和糖代谢障碍更为明显和突出,因而常引起体质变弱、肥胖和糖尿病等。

身体锻炼和休闲体育活动可活跃体内新陈代谢,加强体内氧化过程,增加细胞的物质能量储备,维持机体工作能力的正常进行。此外,肌肉活动可提高血液内脂肪酸和葡萄糖的利用,这对于防治体内脂肪积聚过多或糖代谢障碍等所引起的各种中老年人常见病可起一定的作用。

(二)中老年人体育锻炼的生化特点

1. 中老年机体的化学组成变化

(1)身体成分的变化
①细胞量逐渐减少
人体在衰老的过程中,体内各器官的细胞数量会发生减少的现象。其中以肌肉纤维的减少最为突出,表现为肌肉萎缩使手腿变细,力量显著减退。

人的大脑是人体最重要的"指挥器",在它内部存在着思维、语言、记忆、情感和运动的中枢。由于中老年人的大脑细胞数量的逐渐减少,会导致脑萎缩和脑重量减轻的情况,最终可能造成脑功能减退。据研究,老年痴呆症患者的脑细胞可能已经减少了30%~70%。

②脂肪含量增加
中老年阶段,由于普遍运动减少等诸多因素,会使得身体内脂肪含量逐渐增加,身体逐渐发福变胖。这会使得身体极易患上脂肪肝、动脉粥样硬化、高血压等疾病。

根据美国国家卫生研究所、心肺血液研究所(1998)调查所提供的综合数据显示:美国1960—1994年间严重肥胖的人数成明显上升趋势(图6-3),严重肥胖是指身体质量指数(Body Mass Index BMI)等于或大于35。

③水分减少
一般成年人体内的水含量约占体重的60%~70%。然而当人来到中老年阶段时,其体内的水分将会逐渐减少。例如,一位60岁以上的老人,身体水分总含量约为体重的51%。体内水分

的减少,会使中老年人易出现如皮肤干燥、皱纹增多、便秘、血液黏稠度增加、流动缓慢等症状。除此之外,体内水分的逐渐减少还会导致脑血管及心血管血栓形成,而发生脑梗死或心肌梗死。

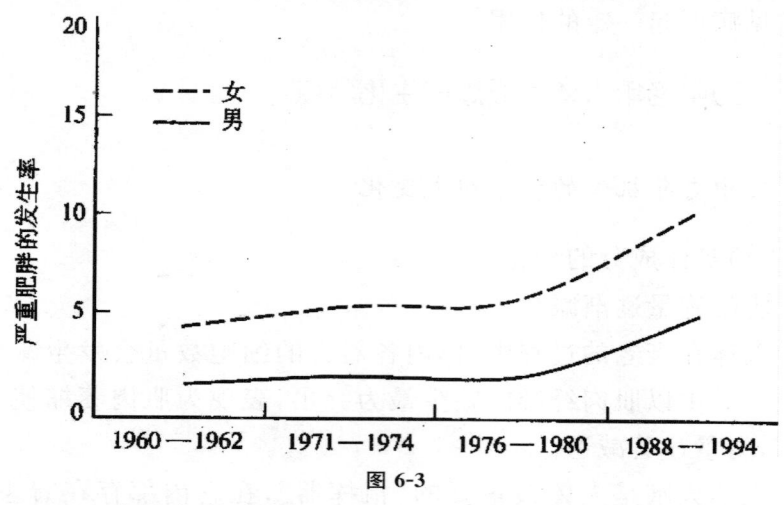

图 6-3

(2)运动器官的变化

①骨骼

骨骼在人体中起到支撑身体、保护内脏和造血的多种功能,因此健康的骨骼对人的多种功能的运转起到关键的作用。实际上,骨骼之所以呈现出坚硬的特性,主要是由于骨骼的无机质决定的,无机质保证骨的硬度。除了无机质外,骨骼的成分中还包含有有机质,它主要的作用是使骨骼附有一定的弹性。随着年龄的增长,人体的运动器官必然会发生衰老和退化,骨组织中基质和骨盐相对减少,引起骨质疏松。因此,骨的弹性和硬度均降低,脆性增加,负荷力弱,易发生骨折。为此,中老年人在进行体育锻炼时,不宜进行强度过大的力量性活动。

②骨骼肌

中老年肌肉的生化特点,表现为肌肉蛋白合成能力降低,肌纤维变细,肌球蛋白 ATP 酶活性下降。因此,肌力下降、工作不能持久。进行较剧烈的运动,常易引起肌肉拉伤。

2. 中老年机体的物质代谢生化特点

(1) 糖代谢

中老年人体内的肝糖原、肌糖原储量逐渐减少,肌肉中的磷酸果糖激酶和肌型乳酸脱氢酶活性降低,糖酵解能力下降。糖的有氧代谢能力也随年龄增加而减弱,但其衰减速度比糖酵解慢。因此,中老年人的力量和速度耐力都随年龄增加而显著降低,但耐力的维持相对较好。

(2) 脂类代谢

由于激素分泌的变化及酶活性降低,中老年人脂肪动员的速度与肌肉氧化利用脂肪酸的能力都有所下降。加之三羧酸循环速度减慢,所以脂肪参与有氧代谢供能的能力减弱。

中老年人血脂往往增加,尤其是不爱参加体育活动且热量过剩者,血脂含量升高成为导致动脉粥样硬化的重要因素。经常进行长跑锻炼的中老年人,其血脂水平常明显低于不活动的中老年人,从而起到预防心血管病发生的作用。

(3) 蛋白质代谢

随着年龄的增加,蛋白质合成能力相应减弱,蛋白质的分解代谢大于其合成代谢,出现负氮平衡。因而,老年人去脂体重逐渐减轻,血红蛋白、血浆蛋白含量逐渐下降,肌纤维萎缩,组织细胞的再生能力与脏器的功能减弱,体力衰退易疲劳,且恢复慢。

(4) 酸碱平衡的调节能力

由于代谢能力、呼吸与循环功能的变化,中老年人体内酸性代谢产物增加。CO_2 排出能力减退,肾脏对氢离子的排出有所下降,故血中 pH 虽在正常范围内,但酸碱平衡的代偿调节能力较差,当额外的生理或病理负担出现时,就容易引起代偿不全而出现酸中毒。

3. 中老年机体系统功能的代谢变化

(1) 内分泌系统的变化

中老年人的内分泌系统普遍出现衰老性变化,从而使生理机能也随之发生改变。而内分泌系统的年龄性改变又是中老年人常见疾病(如动脉粥样硬化、糖尿病等)的重要诱因。

随着年龄的增加,甲状腺可出现轻度到中度的萎缩,甲状腺素分泌减少,故老年人新陈代谢减缓,体重容易增长,易出现心跳缓慢、怕冷、疲倦等症状。

老年时,肾上腺的重量减轻,功能衰退,对外界的应激反应能力显著低于青年人。

胰岛也随年龄的增加而发生老化、萎缩,导致胰岛素分泌减少,引起高血糖和糖尿病的发生。

40岁之后(年龄没有绝对界限)无论男女,由于性激素的分泌减少,出现更年期综合征、骨质疏松等。总之,中老年人的内分泌功能降低,激素代谢紊乱,是造成人体老化、致病的重要因素之一。

(2) 心血管系统的变化

随着老化的进展,心输出量降低,冠状动脉的血流量也减少,60—70岁老年人,心输出量为20—30岁人的30％～40％,平均每年减少0.75％～1.0％。

随着年龄的增长,血管壁弹性逐渐降低,致使血压逐渐增加。由于血压升高,使外周阻力增加,心肌的负担加大,逐渐引起心肌肥大。此时,心肌本身的耗氧量增加,心肌储备能力减退,从而使心肌收缩功能发生障碍,心功能不全在中老年人群中可能不同程度地存在。

(3) 免疫系统的变化

免疫系统是人体抵御外部可能对身体造成侵害或致病的物质的"屏蔽"系统。它的完整性和功能使用的顺畅性是保持身体健康的必要条件。然而随着年龄的增长,人体的免疫系统功能就会出现一定程度的下滑,而这是客观规律,不管使用何种方法都不能避免的。因此,在进入中老年阶段后,由疾病引起的死亡和病残率成上升的趋势,这种病理性衰老主要是由于体内胸腺退化、免疫细胞数量、免疫细胞活性降低等综合效应造成免疫系统功能的减弱所致,因此中老年人易受感染,并且癌症和自身免疫病的发病率增加。

二、中老年人与体育锻炼

(一)中老年人参与体育锻炼的营养需求

1. 中老年人物质代谢特点及营养要求

(1)中老年人能源物质代谢的特点及营养要求
①能量
随着年龄的增长,中老年人的机体机能和年轻人相比有不同程度的下降,如肌肉和其他组织机能下降、代谢过程减慢等,中老年人的基础代谢率比青壮年时期要低10%～15%,因体力渐弱、活动量减少,故能量的消耗也随着减少。调查显示,60—69岁的中老年人,总能量供给约减少15%,70—79岁约减少25%,80岁以上约减少33%。

②蛋白质
人体在衰老的过程中,蛋白质以分解代谢为主,因此需要不断地补充蛋白质,蛋白质具有保护肝脏,增强人体抵抗力,促进血红蛋白合成等功能。因此,蛋白质补充对中老年人是极为重要的。60—69岁中老年人的蛋白质供给量与成年人基本相同,按劳动强度不同,男性每天为70～80克,女性为60～70克;70岁以上,蛋白质的供给量略减少;70—79岁时,男性为65～70克,女性为55～60克;80岁以上时,男性为60克,女性为55克。中老年人对蛋白质的消化、吸收和利用能力较差,所以蛋白补充应优选优质蛋白质,优质蛋白质的供给量应占蛋白质总量的50%左右。

③糖类
糖类是能量的主要来源,易于消化吸收,但不宜过多,中老年人尤其不适宜过多地摄入糖类,一般来说,直接摄入一些单糖(果糖、葡萄糖等)对中老年人更为适宜和重要。中老年人肝糖原贮

存量下降,因此低血糖症状就容易出现。中老年人要经常吃水果、蔬菜和蜂蜜,尽量少吃蔗糖,以免出现血脂升高的情况。

④脂肪

中老年人的脂肪供给量应以满足生理需要为限,不能摄入过多,否则就会引起老年性疾病(如心血管疾病、脂肪肝等),所以对摄入脂肪的质和量都要加以限制,摄入的脂肪量以占摄入总能量的20%~25%为宜,应注意选用一些含不饱和脂肪酸的食油,如豆油、花生油、芝麻油等,尽量少吃动物性脂肪。

(2)中老年人非能源物质代谢的特点及营养需求

①无机盐

中老年人的无机盐需要量与成年人相同,但受机体生理特点的影响,需要相应增加某些无机盐的摄入。

以钙和铁为例,一方面,因为中老年人的胃酸减少,会对钙的吸收利用造成影响,容易发生钙的代谢障碍,甚至出现骨骼脱钙及骨质疏松症,所以钙对中老年人来说尤其重要,因此要在膳食中增加含钙丰富的食物。牛奶及奶制品是钙的最好来源,其次是豆制品,每天应由膳食供给钙800毫克;另一方面,与中青年相比,中老年人对铁的吸收率要比较低,造血机能也开始逐渐衰退,因此老年性贫血是常见的老年问题。为使这一问题的出现得到预防,中老年人应该多吃易被吸收的富含铁的食物,如动物肝脏、瘦肉、豆制品、黑木耳等,每日应由膳食中供给铁12毫克。

②维生素

维生素在中老年人的膳食中占有极其重要的地位,具体如下。

维生素A:有助于维持中老年人上皮组织的完整性,保持皮肤、黏膜的健康方面具有不可替代的作用。胡萝卜素在体内除可转化为维生素A外,还具有抗氧化功能。

维生素B:有助于维持中老年人神经系统的正常功能和体内物质代谢的正常进行,每天必须由膳食中供给充足的B族维生素。

维生素C:有助于增强老年机体对外界环境的应激能力,增强

第六章　不同人群体育锻炼的生理生化特点与评定

老年机体免疫力,提高中老年人对疾病的抵抗能力;维生素 C 还可解除有毒物质的毒性。维生素 C 有助于胆固醇排出体外,能防止中老年人血管硬化过程的加速,还具有抗氧化延缓衰老的作用。

维生素 D:有助于中老年人钙质吸收、防止或缓慢老年性骨质疏松症发生的作用。

维生素 E:有助于刺激老年机体内抗体的产生,促进老年机体的免疫力的提高。同时,具有增加胆固醇生理功能的作用,有利于对血管老化、血栓形成等心脑血管疾病的防治,利于延缓衰老。维生素 E 缺乏会引起中老年人吞噬细胞吞噬细菌的功能受抑制。

叶酸:中老年人神经细胞的维护剂,有助于防止中老年人神经系统的退行性变和防止老年性痴呆的发生与发展。

鉴于维生素对中老年人的重要性,中老年人应多食用绿叶蔬菜、水果、鱼、豆类、瘦肉等,以保证维生素供给量。

③水

研究表明,中老年人体内的总液体量要比成年人少得多,如成年男性体内水分占总体重的 60%～65%,而老年男性身体内水分含量会降至 52%～55%;成年女性体内水分占总体重的 55%～60%,而老年女性身体内水分含量会降至 45%～50%。这主要是因为,随着年龄的增长,细胞逐渐缩小,各器官组织的弹性较差,甚至发生萎缩,造成细胞内液的减少。另外,中老年人的结肠和肠肌肉易于萎缩,肠道中黏液分泌减少,大便容易秘结。因此,中老年人要十分注意水的补充,食用汤、羹等食品,每天的饮水量应在 2 000 毫升左右。

2. 中老年人体育锻炼的物质代谢特点与营养

(1)运动前的物质代谢特点及营养准备

由于中老年人的消化功能相对较弱,因此中老年人在运动前不能过量地摄食,要摄取容易消化的食物,较干较硬的食物不适宜吃,应将饭菜煮软,对营养粥或素汤要多补充,以促进体内水和糖的贮备的增加,运动前可以饮用 100～120 毫升矿质水或果质饮料,以防止发生运动中脱水和运动性低血糖症状。

(2)运动中的物质代谢特点营养补给

有氧运动是中老年人的主要运动锻炼形式,运动强度较小,以糖和脂肪分解代谢供能。运动中,可以实际需要为依据对一些饮料加以补充,可间隔一定时间(通常为 15~20 分钟)喝 100~120 毫升含糖饮料,以对水和糖加以补充,防止脱水。

(3)运动后的物质代谢特点营养供应

中老年人在运动后,一方面应及时补水以加速排出运动中代谢废物;另一方面应注意供给优质蛋白保证身体的恢复和肌肉力量的保持。在膳食方面,运动后应多吃杂食、蔬菜和水果以及海带、紫菜等海生植物和鱼、贝、虾等海产品,以满足机体维生素和无机盐的供给,促进肠蠕动,防止便秘。饮食宜清淡,口味不可太重、不可油腻。

(二)中老年人参与体育锻炼的注意事项

1. 运动前做体格检查

受生理特点的影响,中老年人在进行体育锻炼前,一定要做好体格检查,及时了解自己的身体健康状况,并结合检查结果和医生的建议合理安排运动,以免意外的发生。

中老年人是多种疾病易发的高危人群,如果运动不当,很可能造成不必要的运动损伤和引发运动性疾病。实践证明,中老年人在从事体育运动锻炼时容易发生的心血管疾病,大部分都是在旧有病变的基础上引起的。因此,中老年人参加系统性的运动前和运动期间定期地进行身体检查是十分有必要的。这有利于中老年人了解自己心血管系统功能、呼吸系统以及肌肉、骨骼运动系统的功能状况,有利于中老年人科学锻炼。

2. 走出运动的误区

中老年人在年纪逐渐增大时,都渴望拥有健康的身体。但是在实际中,很多中老年人身体上都会或多或少存在一些问题,如关节炎、肩周炎、耳鸣、眼花等。很多中老年人身体上出现健康问题是因为缺乏锻炼,没有足够的运动基础,即使是每日坚持锻炼的中老年人,也会因为其在锻炼中存在一些误区而无法取得良好的健身效果,甚至会起到消极的作用,影响其身心健康水平。据粗略统计,现阶段有近五分之四的中老年人的健身观念与方式不科学,其主要存在以下误区。

(1) 带病锻炼

一些中老年人在身体患有疾病后,就通过锻炼身体来缓解疾病带来的痛苦,希望通过健身锻炼来达到健康的目的。事实上,中老年人的这一普遍做法是不利于身体健康的。中老年人一旦患有某种身体疾病,需要对运动量进行调整,减少运动量,必要的时候还要暂时放弃健身运动,否则就会使病情加重,甚至导致猝死的发生。如果中老年人在健身运动中一旦感到头晕、目眩、胸闷、呼吸困难等,应需要马上停止运动,静卧或静坐休息。

绝大多数中老年人都会选择通过晨练来锻炼身体,缓解疾病症状,一部分中老年人甚至天不亮就起床到户外锻炼身体。有关专家表明,晨练的科学价值相对较低。早晨,太阳还未升起,大量的二氧化碳在空气中存在,而且空气中堆积了很多各种各样的污染物,中老年人外出健身难免要吸入这些污浊的空气,这就不利于人体的健康,甚至会加重中老年人的病情。

中老年人应该选择在太阳出来后晨练。此外,中老年人选择晨练地点时,要避开马路与树林,因为马路上交通工具集中,大量的二氧化碳聚集与此,树林中同样也有二氧化碳集中,这不利于身体的健康与疾病的恢复。有关专家建议,中老年人尤其是患有身体疾病的中老年人最好不要选择利用早晨的时间锻炼身体,黄昏与晚上更适合锻炼身体,对身心健康更有益。

(2) 空腹晨练

一些中老年人通常在早上不吃早餐的情况下就去锻炼身体,这一锻炼习惯是不利于身体健康的。人体在前一天吸收的营养物质在经过一整晚的消化吸收后,机体处于低代谢状态,如果在次日进行锻炼之前,机体不补充食物,心脑血管疾病就很容易产生。所以,中老年人在早晨锻炼身体之前,尽量不要空腹运动。特别是一些老人得了慢性病后更不适宜空腹健身。但是饱腹运动也不科学,吃得过饱健身,就会使机体各部位得不到充足的供血,影响机体功能的正常发挥。如果中老年人患有高血压及心脑血管疾病,那么早晨锻炼之前需要先吃一些降血压的药物。

(3)饭后疾走

民间有句关于饭后健身走的说法,即"饭后百步走,活到九十九",很多老人都将这句话作为运动养生的格言来奉行。然而,这种说法是不具有科学性的。人的胃在吃饭后会十分充盈,人在自己的胃处于这一状态下步行时,容易导致消化道缺血现象的发生,胃肠得不到顺利消化,功能性消化不良疾病可能由此产生。倘若吃得食物过多,胃肠负担有所加重,胃下垂等疾病发生的概率就会上升。如果中老年人患有心脑血管疾病,饭后运动更是万万不可的,这是由于吃饭后脑部血流不足,如果马上锻炼身体会更加减少心脑的血液供应量,这会使心脑血管疾病不断加重。有关专家建议,饭后40分钟是最适合中老年人散步的时间,如果从事健身运动比较距离,就需要在2~3个小时候进行锻炼。

(4)倒行逆施

近些年,有些中老年人经常通过"倒行逆施"来锻炼身体。所谓的"倒行逆施"就是指倒退行走或慢跑。这一运动方法对提高人的平衡力很有利,而且也具有良好的健身价值。然后,并不是所有的中老年人都适合采取这一方法来健身。有关专家认为,因为中老年人没有较强的心血管系统储备能力,倒退走或跑会加重其心血管系统的负担;同时也容易扭伤颈部,这时颈动脉会感到有压迫力,血流在管腔变窄后会减少,出现脑部供血缺乏现象,大脑一旦缺氧就可能在转头时突然感到头晕而昏倒。所以,中老年人要以自己实际身体状况为依据进行"倒行逆施"。

(5)摇头健身

有些中老年人为了使自己的头脑保持清醒,会经常进行摇头运动,实际上这并不会取得良好的健身效果,反而会感到头晕目眩。有关专家建议,中老年人不要通过过度活动头部与颈部来进行健身与锻炼,患有动脉硬化的中老年人更不适合做活动头部与颈部的运动。日常生活中,中老年人要注意适度扭头,防止颈椎扭伤的问题出现。

3.合理安排运动负荷

中老年人参与运动锻炼,一定要把握好运动负荷的安排,预防过度疲劳。这就要求中老年人在运动中遵守科学锻炼的基本原则,量力而行,循序渐进,持之以恒。

如果不能合理安排运动负荷,在运动中麻痹大意、随意增加运动量和运动强度或改变运动方式,就很有可能引发运动意外,即使是训练有素的人,如果违背了科学锻炼的原则,也容易造成过度劳累,会出现心血管意外。如在停止系统锻炼较久后骤然参加运动,可能造成过度劳累,出现急性心肌梗死;长期从事耐力训练的人突然参加 100 米赛跑,可能在跑后即刻出现急性心肌梗死;饭后即刻参加剧烈运动,可能诱发心肌绞痛,导致急性心肌梗死。因此,中老年人的体育运动锻炼的负荷安排一定要合理,并因人而异,以免产生不必要的运动损伤和意外事故。

4.重视运动卫生要求

中老年人进行体育运动锻炼的卫生原则包括饭后至少间隔 1 小时才锻炼;跑后不要马上大量喝水、洗热水澡等;夏天锻炼时间宜选择在清晨或傍晚,以避免中暑等。

5.加强运动中的医务监督

一般情况下,中老年人在负荷较大的运动过后可能产生身体不适,如大多数中老年人在长跑后会出现膝关节痛的毛病,这属于正常的现象,主要是由于中老年人随着年龄的增长,其骨关节发生退行性改变的缘故。

这里主要以中老年人运动中的膝关节疼痛为例，说明中老年人在运动中如何科学进行医务监督。当中老年人的运动量安排过大时，就会出现过量负荷的各种症状，膝关节痛就是最早出现的一个症状。

中老年人在长跑后出现膝关节的疼痛症状具有一定的差异性，有的表现为锐利的痛，有的是钝痛或酸痛。有时在运动时出现钝痛或酸痛，有时则在长跑后才表现出来。除疼痛外，一般还出现膝打软、腿无力等症状。引起膝关节锐痛并与长跑密切相关，除了急性肌肉拉伤外，一般是膝部外侧痛，它是膝外侧韧带上下的滑囊、软组织和腘肌腱损伤的总称，是一种参加长跑后逐渐引起的慢性损伤。其表现是向前摆腿伸膝时疼痛，疼痛剧烈时走路也困难，甚至被迫停止长跑才行。这是中老年人长跑时膝痛的一个重要原因。

当中老年人在长跑后发生膝钝痛或酸痛时，应先想到中老年人的骨关节病、髌骨软骨病、伸膝筋膜炎和脂肪垫损伤。一般情况下，在运动量安排合适时，中老年人参加长跑是不会引起已有的但无症状的骨关节病或髌骨软骨病的复发。如果排除上述原因，可以初步判断是中老年人运动中跑的量过多或强度太大，再加上跑时步幅较大，半蹲姿势下的跳动过多而引起的这些病的疼痛症状。因此，中老年人在运动期间，一定要遵守循序渐进的原则，不要突然加大运动量（跑得过快或距离太长），以避免运动膝痛的发生；如果是疾病引起，中老年人应及时停止运动并就医治疗。

第三节　女性体育锻炼的生理生化特点与评定

一、女性体育锻炼的生理生化特点

（一）女性体育锻炼的生理特点

在生理和心理方面，女性与男性有较大的区别，这种差异在

第六章　不同人群体育锻炼的生理生化特点与评定

运动能力方面表现尤为明显。女性的身高较男性低,因而女性的上、下肢长度就比较短,加上女性的骨盆较大,这就限制了运动速度。

女性全身肌肉的重量不超过全身重量的35%,而男性能达到40%以上,最高能够达到45%。女性肌肉力量同男性相比,上肢力量大约只有同龄男性上肢力量的2/3,相反腿部的力量却较大。女性的脂肪组织占全身重量的28%,男性只占19%。腹腔肌肉的发展对女性的健康有重大的意义,因为腹腔肌肉是由腹壁肌肉、背部肌肉和骨盆底肌构成,腹腔肌肉发展得好,能保证内生殖器官的正常部位,并对怀孕和分娩过程的顺利进行有很大作用。因此,增强全身肌肉对妇女的健康有着特殊的意义。

根据调查结果显示,经常参加运动的女性在怀孕期间,除了少数人有轻度的妊娠反应外,大部分人都无不良反应,都能坚持正常工作。在被调查的参加运动的女性中,所有分娩者均为纵产式,95%为顺产。由于长期参加锻炼,分娩时应激力强,腹部肌肉和盆腔肌肉有力,利于腹式呼吸和用力。因此,分娩所用的时间明显缩短,平均总产程为10个小时,而非锻炼女性则需16个小时。此外,参加锻炼的女性所生婴儿体重比一般女性所生婴儿要重250克左右。

在安静状态时,女性的呼吸次数比男性多,但呼吸的深度却较浅。女性的心脏容量和肺呼吸量都比男性小,肺活量平均为2 000~2 500毫升,而男性的肺活量要在3 000~3 500毫升。

在心血管系统和呼吸系统的活动方面,女性也有其独特的生理特点。一般来说,女性心脏的体积重量比男性小10%~15%。因此,每次收缩时输出的血量比男性少,但是心脏收缩的频率较快。

女性最为突出的生理特点之一就是月经的变化。研究表明,在月经期间血液的成分往往有所改变,肺活量减低,肌肉力量下降。有些人由于月经期子宫及盆腔充血以性腺分泌,出现腰酸、腹胀及腹部下坠等轻度不适,或出现全身无力、精神不好、头晕、发困、心情烦躁等,这些都属于正常的生理反应,并不是病。在月经期间,应进行适当的体育锻炼,如走步和慢跑,以改善盆腔的血液循环,减轻盆腔充血,这有助于调整大脑的兴奋和抑制过程,减少不舒服感。观察发现,经常参加体育活动的女性在月经来潮期间的工作效能基本上没有改变。

步行和慢跑是十分适合女性生理特点的运动训练项目。女性的耐力好,耐疲劳性高于男性,同时她们的柔韧、灵巧、反应和毅力等方面也比男性强,所以更适合健身跑。这不仅能增强心肺功能,增强下肢及腹背肌和骨盆底肌的力量,还能消除多余的脂肪,保持体形,使她们更青春健美。

(二)女性体育锻炼的生化特点

女性的身体与男性相比有很大的不同,这种不同不止来自于外在的表象,更来自于内在的生理、生化特点。因此,了解女性的化学组成与代谢的特点,对合理安排女性的运动训练和健身锻炼计划,达到预期的运动效果,避免伤病的发生具有重要的作用。

1.女性机体的化学组成特点

12岁以后,男性和女性运动能力就出现较明显的性别差异。引起这种差别的主要原因是女性的骨骼小、皮下脂肪多、肌力相对较低、最大摄氧量低、最大耐力低、某些细胞酶活性低、激素反应的差异,尤其是性激素分泌的差异等。

(1)女性运动系统的生化特点

①骨骼肌的生化特点

肌肉重量:女性全身肌肉的重量不超过体重的35%,而男性全身肌肉的重量却可达到体重的40%～45%,且女性瘦体重丢失时间要早于男性。瘦体重的丢失往往伴随着肌原纤维蛋白的合成及线粒体蛋白浓度下降,所以女性的肌肉力量较差。

能源物质含量:女性骨骼肌中ATP和CP含量与男性基本相同,分别约为每千克湿肌4毫摩尔和16毫摩尔。同时,男、女肌

第六章 不同人群体育锻炼的生理生化特点与评定

糖原储量也无明显的性别差异,均约占肌肉重量的1%。但由于女性骨骼肌重量比男性低,故骨骼肌中 ATP、CP 以及肌糖原的总量比男性低。但由于女性慢肌纤维及体内储存脂肪的能力比男性强,因此更有利于女性进行长时间的运动,可训练的潜能也较大。

②骨骼的生化特点

骨骼的结构特点:女性骨骼细且短,骨密质的厚度薄、坚固性差,重量比男性轻 20% 左右,抗弯能力较差,仅为男性的 67%。女性的关节囊、韧带薄、脊柱的椎间软骨较厚,柔韧性和弹性较好。因此,女性宜从事体操、武术、舞蹈等运动项目,应当谨慎从事举重等运动项目。

骨质丢失特点:女性在 30—35 岁即开始出现骨质丢失,其丢失速度为每年丢失 0.75%~1.0%;男性在 50—55 岁时也未见到明显的骨质丢失现象,此时其骨质丢失的数量不会高于每年 0.4%。女性的骨质丢失率(36 克/10 年)大于男性(30 克/10 年)。一般认为绝经对骨量的丢失的影响比年龄更重要。女性绝经早期骨量快速丢失,在绝经后的 5 年左右的时间达到高峰,约持续5~10年,且女性脊柱的骨质丢失严重于肢体。随绝经时间延长,骨量下降趋于缓慢。65 岁以后,女性骨量丢失速度降低到绝经前水平,80 岁以后的女性骨量有缓慢回升趋势。

③运动对骨骼、肌肉的影响

女性总的肌力约为男性的 2/3,运动训练可以提高骨骼肌收缩时的力量。但由于女性雄性激素水平低,因此力量训练对女性骨骼肌体积的影响小,且女性的力量、速度和耐力素质的提高幅度均低于男性。

骨对运动(机械)负荷产生适应性改变,负荷降低表现为骨量丢失,而负荷增加表现为骨量增加。运动对未成年骨骼的影响表现为促进峰骨量的增加;对成年骨骼的影响表现为一定程度的骨量增加或阻止骨量的丧失;对绝经后妇女骨骼的影响则可能为在一定程度上减少骨量的丧失。从而说明运动可以预防骨质疏松,减少骨折的危险性。

(2)女性体成分的特点

成年女性与男性相比一般表现为身高低 7~10 厘米,体重轻 11~15 千克,脂肪多 4.5~6.8 千克,瘦体重少 18.2~22.3 千克。女性的皮下脂肪比男性显著发达,约占全身体重的 28%,而男性脂肪只占体重的 19%,17—27 岁的女性体脂超过 30% 为肥胖,27—50 岁的女性体脂超过 37% 为肥胖,这不仅可以导致高血症、高血压、冠心病等疾病的发生,而且可以降低机体生长激素的水平,影响生长发育。若体脂含量过低(少于 17%),就会影响卵巢雌性激素的分泌,导致月经紊乱,甚至发生闭经。

体育锻炼是有效改善女性身体成分的方法。就体内的脂肪含量指标来看,一般青年男性体脂占体重的 15%,女性为 25%,运动员的体脂水平较一般人低,男运动员为 6%~12%,女运动员为 10%~18%。

(3)氧运输系统的生化特点

氧运输系统中包含人体的心血管系统、血液循环系统以及呼吸系统。然而对于女性来讲,其氧运输系统在运动过程中会出现很多与男性不同的特点。

①女性心血管系统的特点

女性由于心脏体积小、心肌的收缩力弱,故安静时心脏的每搏输出量低于男性,同时安静时心率普遍高于男性。在定量运动过程中,女性心率增加的幅度高于男性,而每搏输出量的增加低于男性,从而说明在定量负荷的运动中,女性更多地依靠心率的增加来增加心输出量。

②女性呼吸系统的特点

女性的胸廓、胸围和呼吸差均比男性小,呼吸肌力弱,以胸式呼吸为主。女性的呼吸频率快,肺活量为男性的 69.12%,肺通气量和最大吸气量均小于男性。

女性红细胞数量和血红蛋白含量均低于男性,其血液输氧能力较差。因此,女性的氧运输能力弱于男性,导致吸氧量和最大

第六章 不同人群体育锻炼的生理生化特点与评定

摄氧量比男性低15%～25%（表6-6），在一定程度上降低了女性的耐力素质。

表6-6 男女氧运输系统机能的比较

项目	男	女
血量占体重的百分比（%）	8	7
红细胞数目（$\times 10^{12}$/升）	4.5～5.5	3.8～4.2
血红蛋白（克/分升）	12～15	11～14
心脏质量（克）	272	239
心容量（毫升）	600～700	455～600
心率（次/分钟）	60～70	70～80
血压（毫米汞柱）	110/70	100/70
每搏输出量（毫升）	50～70	30～50
呼吸频率（次/分钟）	16～18	18～20
肺通气量（升/分钟）	6～8	5～7
肺活量（毫升）	3 500～4 000	2 500～3 500
摄氧量（毫升/分钟）	180～250	150～160
最大摄氧量（升/分钟）	5～6	3～4

2.女性机体的物质代谢生化特点

（1）糖代谢特点

体内结合状态的糖主要有肝糖原和肌糖原。肝糖原的储量性别差异不大，占肝脏重量的5%，但成年女性肝脏重量比男性轻，所以女性的肝糖原总量略低于男性。同样，男、女肌糖原储量也无明显的性别差异，由于女性骨骼肌的重量与男性相比占体重百分比少。因此，女性肌糖原的绝对储量要低于男性。

安静时成年男、女血糖浓度无显著差异，其正常值范围均在4.4～6.6毫摩尔/升，但运动后，血糖的浓度变化趋势显示出性别差异。在长时间持续运动后，女性血糖水平从未降到基础水平以下，而且往往高于运动前水平。而男性完全相反，在长时间运动时男性血糖水平常明显降低(图 6-4)。运动时女性血糖的上升与血液儿茶酚胺浓度的上升成正相关。由于儿茶酚胺具有促进肝糖原分解、肌糖原酵解、脂肪动员和糖异生作用。因此,长时间持续运动后女性血糖水平高于运动前水平,是由于女性运动时分泌较多的儿茶酚胺所引起的代谢反应。

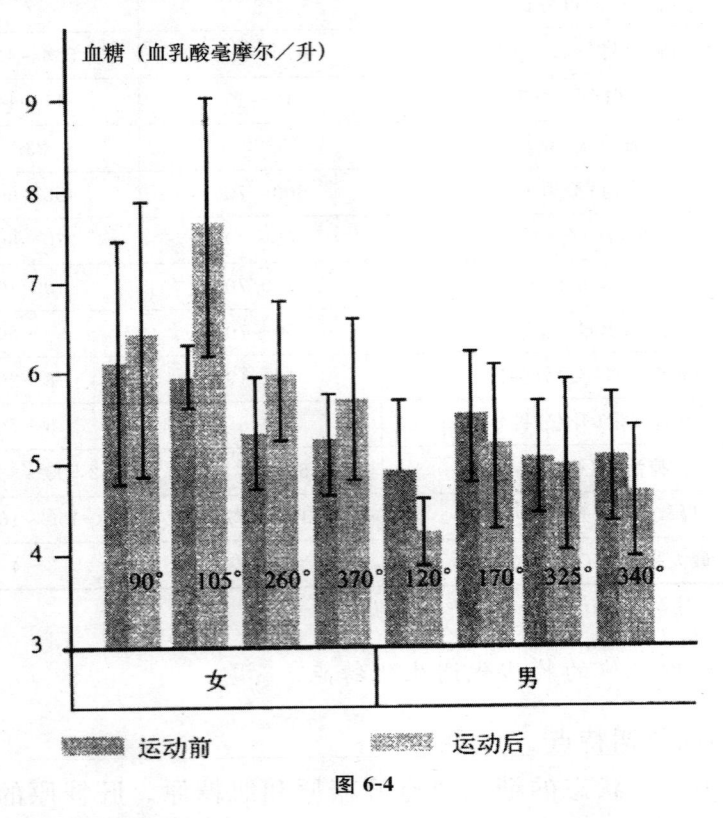

图 6-4

(2)脂代谢特点

脂肪供能的特点在于其并不是第一供能物质,而是在机体处于长时间耐力运动时才开始被分解供能,女性在长时间的耐力运动中比男性更依赖脂肪供能。女性肌肉中甘油三酯比男性多,在低于 80% VO₂max 的耐力运动后,女性血清游离甘油浓度高于男性,而游离脂肪酸浓度则较低,说明女性利用脂肪酸供能的比例明显高于男性。同时,女性肌肉组织利用酮体的能力也比男性高,这对女性的耐力运动来说,无疑提供了良好的物质基础。

第六章　不同人群体育锻炼的生理生化特点与评定

不仅如此,女性脂蛋白代谢能力高于男性,这与雌性激素水平有关。血清低密度脂蛋白(LDL)水平低于男性,而高密度脂蛋白(HDL)高于男性,血清总胆固醇水平在60岁之前也低于男性。但绝经期后HDL下降,LDL上升。可能正是这种原因,女性心脑血管的发病率较男性低,平均寿命比男性长。

(3)蛋白质代谢特点

大强度的耐力运动,骨骼肌工作能力受肌细胞内蛋白质代谢紊乱的限制。作为能源物质,氨基酸是长时间运动时糖异生的重要原料,但蛋白质不是女性运动时骨骼肌主要能源物质,这一点与男性的情况基本相同。

而与男性不同的是,在时间较长的运动时,女性的血尿素不像男性那样随运动时间的延长而增加,而是当其增加到一定程度后便停止增加。在持续运动最初两小时中,女性机体内蛋白质分解代谢增强,血尿素升高。但在持续运动超过300分钟后,蛋白质的代谢出现与男性不同的情况,即女性血尿素不再增加。这可能与女性长时间运动时血糖浓度变化特点及女性更能利用脂肪酸氧化供能,以保证长时间运动时骨骼肌的能量需要有关。因此,在用血尿素指标评定女性长时间运动时的机能变化时,应注意区别于男性。

二、女性与体育锻炼

(一)体育锻炼对月经周期的影响

1.运动对月经初潮的影响

月经初潮的到来标志着女子的性发育进入了一个重要的阶段。影响初潮年龄的因素较多,如运动负荷、环境、营养和健康状况等。一般的,运动员比非运动员的初潮来得较晚,研究表明,运动员月经初潮较晚主要受以下几个因素的影响。

(1)激素分泌

运动训练引起的体内一些激素(如促黄体生成素、黄体生成素、卵泡刺激素、雌激素、孕激素等)水平改变及分泌改变可导致初潮年龄的推后。研究发现,女运动员比普通人初潮年龄要晚2~3年,此外,初潮年龄与开始专项训练的年龄有关,初潮前早已开始专项训练者的初潮年龄是15.1±1.5岁;普通女子初潮年龄是12.5±1.2岁。实践证明,初潮前训练年限越长,初潮越晚,每早1年进行系统训练,初潮年龄会晚约3个月。

(2)营养及体脂率

从事对体型有严格要求的运动项目(如体操、韵律操)女运动员经常需要进行饮食控制,这往往导致脂肪摄入不足。而身体脂肪含量至少占身体总重量的17%是出现月经初潮的必要条件。因此,一些早期接受大运动量训练的女运动员会由于摄入的能量少于身体所消耗的能量,机体体脂率低,初潮较晚。

(3)环境和健康状况

女子的月经周期与体内神经内分泌系统的调节关系密切,因此运动导致的应激对机体内激素分泌的影响也有可能导致初潮延迟。

2.运动对月经周期的影响

月经周期受内分泌、卵巢功能、体脂率等的影响较大,运动负荷会引起内分泌系统发生变化、卵巢功能降低、体脂下降,导致孕激素和雌激素水平降低,进而导致月经周期紊乱和闭经。此外,运动员因训练或比赛的紧张和焦虑情绪的影响,会引发机体内分泌失调,从而导致月经紊乱。

研究表明,运动导致闭经和初潮延迟的情况是不会影响女子生育能力的。患有运动性闭经的女运动员,在减少训练量或停止训练后,一般都能恢复正常的月经周期。但长期闭经对身体健康不利,女运动员应科学进行运动训练。

运动员月经期参加训练和比赛需要一个适应过程,应遵循循

第六章　不同人群体育锻炼的生理生化特点与评定

序渐进的原则。一般来讲,运动年限长、训练水平高、月经期反应轻的运动员,月经期可以参加训练和比赛。经期反应轻、运动能力正常的正常型运动员如训练情况好可以参加比赛;经期抑制型和兴奋型运动员在做好准备活动的情况下,可以参加比赛;兴奋型的运动员月经期的竞技状态较好,运动成绩比平时还高,适合于参加训练和比赛。

(二)女性参与体育锻炼的营养需求

由于特殊的生理特点和运动时能量的代谢特点,女性运动员在能量和营养素的需求上有别于男性及非运动员。调查发现,女运动员较低的能量摄入可导致运动员维生素、矿物质和蛋白质摄入不足,运动能力下降,闭经或月经过少,体重减轻,并危及运动员的营养和健康状况,增加疾病和受伤的情况应予以严格的监控。具体来讲,女运动员的运动营养需求具有以下特点。

1.对机体能量的利用率高

人体的总能量消耗包括静息能量消耗(Resting Energy Expenditure,REE)、食物生热效应(Thermic Effect of Food,TEF)和体力活动。女性运动员消耗的能量低于期望值的原因是 REE 的下降。由于 REE 通常占总能量消耗的 60%~70%,REE 下降可以部分解释女性运动员能量需要低的原因。TEF 的能量消耗比例相对地较小,占总能量需要的 7%~10%。研究发现,女性运动员与一般女性相比,机体能量利用率表现出如下特征。

(1)女性运动员的 TEF 比非运动员低,说明其能量利用率具有高效率的特点。

(2)女性运动员的体力活动能量消耗比例较同性别非运动员的体力活动能量消耗比例高,一般的,参加系统训练的女性运动员的体力活动能量消耗比例高达总能量消耗的 36%~38%,而一般女性体力活动能量消耗比例远低于此比例。

2. 对某些项目能量需求低

女性运动员存在着相应的标准体系,能量摄入低于推荐量时体重不会下降。例如,一些从事某些项目(如花样滑冰、体操、舞蹈等)的女性运动员的摄入能量低于非运动员女性,这是因为这些项目需要运动员控制体重以便更好地完成技术动作,因此她们常常通过持续降低能量摄入来保持体重。

3. 对维生素营养的需求高

实践证明,女性运动员在进行亚高强度运动和高强度运动时,机体会不断出现自由基和发生脂质过氧化,长期如此会损伤机体内 DNA、脂类和蛋白质的正常代谢。

因此,女性运动员膳食中需要增加抗氧化营养素(如维生素 A、维生素 C、维生素 E 等),以减少机体自发产生的自由基损伤,在日常运动训练中,可适当增加水果和蔬菜等摄入量,尤其是控体重项目女性运动员,一定要保证一定量的蔬菜和水果的摄入,以满足机体的全面营养需求。

4. 对铁营养的要求量较高

由于受月经、控制体重等因素的影响,女性运动员在运动训练过程中常常会出现运动性消化道出血、运动性月经量过多、铁大量流失等现象,长期如此会导致运动性贫血和缺铁性贫血,因此,女性运动员对于铁元素的需求高于一般女性。

在运动期间,女运动员增加铁营养的摄入应注意以下几个方面。

(1)加强铁营养的意识、早期检测和具备适当的知识是预防铁缺乏的重要措施。女性运动员最好一年筛查一次,以便检测铁缺乏的早期状态。尤其是长期节食、素食、月经期长和量多、运动训练量大的耐力运动员等更应该重视铁的摄入。

(2)女性运动员的预防性补铁应采用小剂量,每日 0.1~0.3

第六章　不同人群体育锻炼的生理生化特点与评定

克,不可超过 3 个月。

(3)女性运动员的运动贫血应进行科学的补铁治疗。补铁应在严格的医生监督下进行,以免由于大剂量的铁引起中毒。铁中毒时会出现恶心、便秘、胃肠功能紊乱、肝组织中铁沉着,严重时可发生肝硬化。

(4)处于贫血状态而又不愿意服药的女运动员,或对元素铁不耐受,或没有铁补充剂可用的,需要实行强制性膳食补充。膳食补充应注意了解膳食铁的良好食物来源,动物铁主要是血红素铁,比蔬菜来源的铁更易于吸收。肉类膳食(如禽和鱼)与蔬菜混合食用可增加蔬菜铁的吸收;与含维生素 C 的食物(如橙汁)同时食用可增加动物铁的吸收。如果膳食中肉很少或没有肉,多摄入富含铁的食物如水果干、豆类、深绿叶蔬菜、全麦食物和含强化铁的食物,也可以增加铁摄入;尽量选择铁制炊具。

5.对钙营养的需求量较大

对于运动员来讲,钙的摄入量是十分重要的,钙缺乏可导致肌肉抽搐,骨密度下降,骨质疏松和应激性骨折。闭经的女运动员缺钙容易发生应激性骨折。某些女运动员由于限制能量摄入,选择食物不当,很容易出现钙摄入不足问题。因此,要重视运动中摄入充足的钙。

在运动期间,女运动员对钙营养的摄入主要应注意以下几个方面。

(1)女性运动员要增强补钙意识,重视对钙的摄入,日常多食用含钙食物。

(2)女性运动员应了解有关机体摄入、吸收钙的信息,熟悉不同的钙的食物来源。奶和奶制品是钙的良好来源,不仅含钙量丰富,而且容易吸收。除了奶和奶制品外,有些海产品也含有丰富的钙。此外,豆及豆制品、绿叶蔬菜、带小骨头的罐头鱼和强化钙的强化食品(如果汁、面包、活性钙奶)也是钙的一种来源。

(3)女性运动员要注意合理膳食,定期进行自我膳食评估,以便于及时准确地确定目前钙的摄入水平,并根据运动员标准计算出钙补充量,进行膳食调整和改善,注意最高量不超过 2 500 毫克。优选碳酸钙进行补钙。

(4)对于某些对乳糖不耐受,不吃牛奶和奶制品的女性运动员应及时进行其他形式和途径的补钙。对于乳糖不耐受者,可在饭前摄入乳糖片或吃经液体乳糖处理过的食物;对于乳糖完全不耐受者或在应激期间(如重大比赛)有乳糖不耐受程度增加者可以通过钙的其他来源补充钙或使用钙补充剂。

第七章 提高人体运动能力的生化分析

人体的运动能力受多种因素的影响,通过生物化学角度来对人体运动能力进行深入分析,可以有效了解人体运动能力的内在影响因素并有针对性地予以干预,以有效提高个体的运动能力。本章详细分析了人体运动能力的生化影响因素,并对发展人体供能系统机能来提高人体代谢能力和提高人体运动能力的物质条件进行了分析,旨在为个体提高自我运动能力提供生化方面的理论指导。

第一节 影响人体运动能力的生化因素分析

一、运动能力概述

运动能力(Exercise Capacity,EC),具体是指个体参加运动、训练所具备的能力,是人的身体形态、素质、机能、技能和心理能力等因素的综合表现。[①] 人体的运动能力受许多因素影响,包括先天遗传因素和后天环境因素。

(1)先天遗传因素。个体的运动能力,尤其是速度素质受先天遗传因素较大,后天变化不大,但通过科学系统的训练还是有一定的提升空间。

(2)后天环境因素,主要包括训练负荷的安排及训练环境、训

---

① 张蕴琨,丁树哲.运动生物化学(第2版)[M].北京:高等教育出版社,2014.

练营养补充、训练疲劳恢复以及其他物质手段。

由于运动能力受多种因素影响,因此,不同运动个体之间存在着明显的个体差异,如年龄、性别和训练水平差异等。

从生物化学角度来看,个体运动能力的高低主要取决于自身在运动过程中的能量代谢情况,如能量的供给、转移和利用等。运动实践表明,系统、有规律的训练和运动恢复可促进和提高机体的代谢和供能能力,在运动过程中,运动者通过适应不断提高代谢水平和调控能力,同时避免过度运动负荷的疲劳与损伤,可以有效促进自身运动能力的提高。

人体有三大供能系统,这三个供能系统的生化因素变化都会引起人体的运动能力的改变,供能状态不同,运动能力也不相同。

二、磷酸原供能系统及其生化影响因素

(一)磷酸原供能系统概述

在供能代谢中,ATP(三磷酸腺苷)、CP(磷酸肌酸)都通过高能磷酸基团的转移或水解释放能量,通常把 ATP、CP 这种含有高能磷酸基团的物质称为磷酸原。将 ATP、CP 分解释放能量和再合成的过程,称为磷酸原或 ATP-CP 供能系统。

磷酸原供能系统的供能特点是维持运动时间短,通常为 5~8 秒,但输出功率在所有供能系统中是最大的。

(二)ATP 和 CP 的储量

1. ATP

ATP 是肌肉做功的直接能源,ATP 是人体内瞬时能量的供体,而不是能量的贮存形式。运动时,肌肉内 ATP 分解直接供能,这是人体内能量代谢的中心环节。

ATP 是人体内瞬时能量的供体,而不是能量的贮存形式。

运动时,肌肉内 ATP 分解直接供能,这是人体内能量代谢的中心环节。ATP 水解的放能反应可以为各种需要能量的生命过程供能,完成各种生理功能,如肌肉收缩、生物电活动、物质合成及体温维持等。

2. CP

人体内,甘氨酸、精氨酸、甲硫氨酸可合成肌酸,人体总肌酸量约为 120 克,其中 95% 存在肌肉中。CP 是肌酸磷酸化的产物,是肌酸接受 ATP 分子中的高能磷酸键生成的。

CP 作为肌肉细胞中的另一种高能磷酸化合物,其主要功能在于使 ATP 快速合成。肌肉中 ATP 含量约为 4 毫摩尔/千克湿肌,CP 含量约为 16 毫摩尔/千克湿肌。

3. ATP-CP 供能对机体运动能力的影响

肌内 ATP 的分解减少和 ADP 增加可迅速激活肌酸激酶(CK),CK 催化 CP 分解供能,再合成 ATP。CP 为高能磷酸基团的贮存库,其功能为快速补充 ATP,此供能过程是通过 ATP 实现的。

一般来说,运动强度越大,骨骼肌对磷酸原供能的依赖性也越大。短时间全力运动时的能量主要来源于 ATP、CP 和肌糖原。在短时间力竭性运动时,骨骼肌中 ATP 含量下降 40%,CP 含量下降 94%,肌糖原含量消耗不到一半。可见,以磷酸原供能为主的运动项目,运动时肌糖原的储量不是个体无氧运动能力的决定因素,而 ATP 和 CP 储量及其供能能力是短时间无氧运动能力的限制因素之一。运动训练对骨骼肌内 ATP 储量影响不明显,但可以使骨骼肌 CP 储量明显增加。

4. ATP-CP 能力对运动的适应

(1)运动能明显提高 ATP 酶的活性,加快运动中骨骼肌 ATP 利用和再合成的速度,提高肌肉最大做功能力。

（2）运动增加骨骼肌 CP 的储量，延长磷酸原供能时间，但值得说明的是，体能训练对骨骼肌内 ATP 储量的影响不明显。

（3）运动（速度训练）能提高机体肌酸激酶的活性，从而提高 ATP 的转换速率和肌肉最大功率输出，促进 CP 的重新合成，促进机体 CP 的恢复，促进运动员专项速度素质的提高。

（三）ATP 的代谢速率

磷酸原系统供能特点大致为：供能总量不大，持续时间很短。但是它供能快速，是细胞唯一直接利用的能量来源，其能量输出的功率最高。大强度的无氧运动时 ATP 生成速率依赖于 CP 分解的代谢能力。

肌酸激酶（CK）是体内催化 ATP 和 CP 相互转化的一种重要酶，其活性的高低决定运动中 CP 合成 ATP 的速率及恢复期 CP 再合成的速率。肌内 ATP 的分解减少和 ADP 增加可迅速激活肌酸激酶（CK），CK 催化 CP 分解供能，再合成 ATP。CP 为高能磷酸基团的贮存库，其功能为快速补充 ATP，此供能过程是通过 ATP 实现的。在极量运动中，快肌纤维有效募集，更能快速分解和再合成 ATP。

（四）Na^+-K^+-ATP 酶

Na^+-K^+-ATP 酶（$Na^+-K^+-ATPase$），又称为钠钾泵，它是一种蛋白酶，广泛存在于生物膜上，运动过程中，具有催化 ATP 水解释放能量的功能，提供能量驱动 Na^+、K^+ 的主动转运，具体的生化过程为，把去极化进入胞内的 Na^+ 排出细胞外，同时，把排出胞外的 K^+ 重新泵回细胞内，以便于使细胞膜保持良好的兴奋性。

1. Na^+-K^+-ATP 酶对骨骼肌运动能力的影响

人体中，Na^+-K^+-ATP 酶在骨骼肌细胞膜上含量和活性比较高，可以在复极化过程中快速恢复肌膜内外的离子梯度，保

第七章　提高人体运动能力的生化分析

证骨骼肌细胞的持续兴奋性和收缩能力。

研究表明，Na^+-K^+-ATP 酶可以对肌肉的收缩能力产生一定的影响，具体是通过对调节肌膜内外 Na^+、K^+ 离子平衡的能力来实现的。运动过程中，当肌肉反复等长收缩时，Na^+-K^+-ATP 酶活性会有显著的下降，造成骨骼肌内外 Na^+、K^+ 不能顺利进行转运，骨骼肌细胞膜内外 Na^+、K^+ 的浓度梯度会呈现降低现象，因此，人体骨骼肌细胞的兴奋性会降低、人体动作电位的幅度也会有所下降，最终表现为骨骼肌收缩能力下降，即人体运动能力的下降。

2. Na^+-K^+-ATP 酶活性的影响因素

细胞膜 Na^+-K^+-ATP 酶活性受多种因素的影响，如血浆中儿茶酚胺浓度、胰岛素浓度、肌细胞失钾、自由基的产生等。以血浆中儿茶酚胺浓度变化为例，力量训练的应激状态下，激活交感神经系统，因此训练期间儿茶酚胺量升高。训练期间儿茶酚胺量升高的程度与运动强度呈密切的正相关关系，运动强度越大，升高的幅度也越大。当运动强度过小时，血中儿茶酚胺水平不会发生明显变化。实验证实，小强度到中等强度的运动不会引起静脉血浆中肾上腺素水平明显升高。在试验中，让实验者逐渐增加运动负荷量，当强度达到 $80\% VO_{2max}$ 时，血浆儿茶酚胺浓度显著升高，此时，细胞膜 Na^+-K^+-ATP 酶活性降低，可能导致运动性疲劳的发生。

此外，人体在运动过程中，大量自由基的产生可使生物膜发生脂质过氧化，破坏膜的流动性和完整性，可引起 Na^+-K^+-ATP 酶活性降低，进而导致运动疲劳。

(五) $Ca^{2+}-Mg^{2+}-ATP$ 酶

$Ca^{2+}-Mg^{2+}-ATP$ 酶（$Ca^{2+}-Mg^{2+}-ATPase$），又称钙泵，也是人体中一种重要的蛋白酶，它同样主要存在于人体的生物膜上，$Ca^{2+}-Mg^{2+}-ATP$ 酶的基本功能是主动转运 Ca^{2+}，在运动过程中调节机体细胞内 Ca^{2+}。

1. 骨骼肌中的 $Ca^{2+}-Mg^{2+}-ATP$ 酶

$Ca^{2+}-Mg^{2+}-ATP$ 酶在骨骼肌和心肌细胞的肌质网上大量存在。运动实践表明,当肌细胞兴奋时,动作电位可在三联管结构处把兴奋信息传递给终池,使纵管膜对 Ca^{2+} 的通透性增大,贮存于池内的 Ca^{2+} 顺其梯度扩散到胞浆中,使胞浆 Ca^{2+} 浓度升高,Ca^{2+} 与肌钙蛋白结合,肌肉因此可实现收缩。当神经冲动停止时,终池膜对 Ca^{2+} 的通透性降低,同时,在肌质网上 $Ca^{2+}-Mg^{2+}-ATP$ 酶的作用下,终池摄取回收 Ca^{2+},降低肌浆内的 Ca^{2+},Ca^{2+} 与肌钙蛋白分离,肌肉呈现舒张状态。

2. 线粒体膜上的 $Ca^{2+}-Mg^{2+}-ATP$ 酶

$Ca^{2+}-Mg^{2+}-ATP$ 酶在线粒体的细胞膜上也大量存在,作为细胞的呼吸器官,线粒体可以通过氧化磷酸化生成 ATP,为机体的细胞活动提供所需要的能量。线粒体又是细胞钙的缓冲器,具有摄取、释放 Ca^{2+} 以及调节胞浆 Ca^{2+} 浓度的能力。它通过钙的摄取与释放调节钙含量,以维持细胞的功能。线粒体膜的活性能够反映线粒体摄入 Ca^{2+} 的能力。酶的活性越大,单位时间内线粒体通过 $Ca^{2+}-Mg^{2+}-ATP$ 酶摄入的 Ca^{2+} 量越多。

运动过程中,如果机体细胞功能出现异常,当细胞内游离钙浓度急剧升高时,线粒体才作为钙贮存池聚集细胞内多余的钙。细胞内大量钙内流则导致线粒体钙超载,过量的钙以磷酸盐的形式在线粒体中沉积,导致氧化磷酸化解偶联,会导致线粒体能量不足,表现为机体运动能力的下降,严重者甚至会引发运动损伤。

运动实践表明,机体长时间的运动可影响线粒体机能发生变化,主要表现如下,首先,线粒体膜发生脂质过氧化,使膜的流动性降低,影响了膜上酶的功能,或是酶因交联聚合而失去活性;其次,能源物质耗竭,乳酸大量堆积,这些变化很有可能导致 ATP 含量减少,使肌质网上 $Ca^{2+}-Mg^{2+}-ATP$ 酶活性降低,Ca^{2+} 重回肌质网障碍。此外,由于 H^2、Mg^{2+} 浓度过高,对 Ca^{2+} 和调节蛋白结合过程产生竞争性抑制,从而影响 Ca^{2+} 与肌钙蛋白结合,最终影响肌肉的收缩能力。

三、糖酵解供能系统及其生化影响因素

(一)糖酵解供能系统概述

在氧供应不足的条件下进行运动时,骨骼肌糖原或葡萄糖酵解,生成乳酸并释放出能量合成 ATP,用以补充在运动中消耗的 ATP,维持运动的继续进行。这种糖经过一系列代谢反应生成乳酸,并释放能量的过程,称为糖酵解途径或糖酵解供能系统,此过程是在细胞质中进行的一连串复杂的酶促反应,可以简单表示如下。

$$\text{骨骼肌糖原或葡萄糖} \xrightarrow{\text{糖酵解}} ATP + 乳酸$$

高强度运动可提高机体的糖酵解供能能力。通过高强度运动保证运动中的糖酵解供能,运动者体内会有明显量的乳酸积累。在极量强度运动中,随着 ATP、CP 迅速消耗,糖酵解供能过程在数秒内即可被激活,当运动持续 30 秒钟左右时其供能达最大速率,可维持 1～2 分钟,随后供能速率下降,其主要表现为运动强度下降。

(二)糖酵解过程的限速酶

在糖酵解过程,有三步不可逆反应,对这些反应起到催化作用的酶分别是己糖激酶(HK)、果糖磷酸激酶(PFK)、丙酮酸激酶(PK)。糖酵解的速率和反应流量直接受 HK、PFK、PK 的活性高低的影响,其中,PFK 是关键限速酶。

糖酵解过程的加速受 PFK 活性影响较大,ATP、CP、柠檬酸和 pH 值降低可抑制 PFK 活性,降低糖酵解过程。ADP、AMP、NH_4^+、Pi、果糖-6-磷酸和 pH 升高都可激活 PFK,加速糖酵解的

过程。

运动过程中,人体会产生和分泌多种激素与其他调节物质,这些物质都会影响相关酶的活性,而这些对糖酵解有重要影响作用的酶的活性变化会直接导致机体的糖酵解过程(加速或抑制,一般以抑制为主),糖酵解速率的降低会导致机体比例的出现,因此会造成机体的运动能力的降低。

(三)乳酸生成

1. 乳酸概述

乳酸是人体内糖原/葡萄糖在缺氧的条件下氧化分解的代谢产物,是导致疲劳的物质之一。运动中乳酸的产生具有以下特点。

(1)安静状态下,肌肉内的乳酸较少,仅为 1 毫摩尔/千克湿重。

(2)在进行有氧运动时,体内乳酸的含量会相对平稳,只有少量的乳酸存在于机体内部。

(3)在机体缺氧的情况下,体内的糖原会进行无氧分解生成大量的乳酸。并且,体内乳酸的含量会随着运动强度的增加而明显增多。

(4)剧烈运动时,肌肉乳酸含量可达 40 毫摩尔/千克湿重,血乳酸可达 18 毫摩尔/升。

2. 乳酸对机体运动能力的直接影响

乳酸在体内的堆积本身不会导致运动性疲劳的产生,即疲劳不是直接由乳酸的量来控制的,乳酸可以通过多种途径导致运动机能下降,引发疲劳的产生。

(1)乳酸解离后会生成氢离子(H^+),肌肉 pH 下降,影响细胞内酶的活性,抑制糖无氧氧化供能,减少 ATP 的再合成,从而造成能量供应障碍,从而引发疲劳。

(2)乳酸解离后生成的 H^+ 可与钙离子(Ca^{2+})竞争骨骼肌肌

钙蛋白的结合位点,对 Ca^{2+} 的释放和摄取产生抑制,置换肌钙蛋白中的 Ca^{2+},从而阻碍肌肉收缩,导致肌肉收缩机能下降,使肌肉的紧张或放松产生紊乱。产生疲劳。

(3)运动时血乳酸含量的升高会降低血液 pH,造成脑细胞工作能力的下降,引发疲劳。

(4)乳酸含量的升高会使细胞膜通透性的改变,会使细胞内的钾离子(K^+)增加、钠离子(Na^+)减少,导致钠钾泵功能的失调,从而引发疲劳。

3.乳酸对机体运动能力的间接影响

乳酸对机体运动能力的间接影响主要是通过对机体的糖酵解系统供能的影响来实现的。

首先,运动强度不同,对糖酵解的调动也不相同,在最大无氧代谢运动中,糖酵解供能很早启动,肌乳酸浓度明显上升。肌肉乳酸堆积可通过直接或间接引起肌肉工作能力下降。

其次,在运动过程中肌动球蛋白横桥循环的形成和运转速率受到阻遏,导致 ATP 水解速率减慢,肌肉收缩力下降。此外,肌肉中 pH 下降可抑制 HK、PFK、PK 的活性,进而导致糖酵解速率下降,肌肉收缩能力下降。致使机体的运动能力下降。

最后,肌乳酸经过肌细胞膜扩散入血,导致血 pH 下降,使脑 pH 也下降,加强了大脑神经的抑制过程,可导致运动能力的下降。

四、有氧代谢供能系统及其生化影响因素

(一)有氧代谢供能系统概述

1.糖的有氧代谢

运动期间,当氧供应充足时,肌糖原或葡萄糖可被彻底氧化分解成 H_2O 和 CO_2,并释放大量能量的过程,这称为糖有氧代

谢。可以简单表示如下。

$$骨骼肌糖原或葡萄糖 \xrightarrow{有氧氧化} ATP + CO_2 + H_2O$$

2. 蛋白质的有氧代谢

在长时间大强度运动中,人体内存在蛋白质降解和氨基酸参与供能的情况。但即使当食物中供糖不足或糖被大量消耗后,蛋白质供能也很少。蛋白质供能代谢不是人体运动所需能量的主要来源。

3. 脂肪的有氧代谢

作为细胞燃料,人体内贮存的脂肪参与供能只能通过有氧代谢这一途径,有氧运动可有效达到燃烧脂肪的目的。脂肪的有氧氧化过程可简单表示如下。

$$脂肪 \xrightarrow{有氧氧化} ATP + CO_2 + H_2O$$

有氧氧化系统是人进行长时间耐力活动的主要耐力系统。有氧代谢能力和人体心肺功能有着密切的关系,是耐力素质的基础。而良好的耐力素质是运动员专项耐力提高的重要基础。

(二)供能底物

有氧代谢能力与能源物质的储备量,尤其是肌糖原储量有关。在 $60\% \sim 85\% VO_{2max}$ 强度运动时,运动前肌糖原的储备量多少是有氧代谢运动能力的限制因素。在长时间、低强度的耐力运动中,脂肪的动员、游离脂肪酸的转运和利用是影响有氧代谢能力的因素之一。

(三)线粒体氧化磷酸化能力

1. 线粒体有氧代谢酶

线粒体有氧代谢酶活性的高低,直接影响到有氧代谢合成ATP的速度,但发挥酶最大活性的前提是氧转运进入线粒体的速度。在供氧充足、能源物质储备充足时,影响有氧代谢能力的主要因素是有氧代谢酶的活性,如促进长链脂肪酰辅酶 A 进入线粒体的肉碱酰基转移酶、脂肪酸 β-氧化的标志酶羟酰辅酶 A 脱氢酶和异柠檬酸脱氢酶、琥珀酸脱氢酶、苹果酸脱氢酶、α-酮戊二酸脱氢酶等三羧酸循环酶的活性。

此外,影响有氧氧化的效率的还有一个重要因素,即呼吸链中细胞色素 C 含量的高低。同时,机体内部激素、Ca^{2+}、代谢的关键酶、底物等对糖和脂肪的动员和利用也发挥重要的调节作用。

2. 线粒体氧的供应

影响线粒体获取氧的能力的因素众多,起主要作用的有以下几种。

(1)肌肉微血管密度。

(2)肌红蛋白含量。

(3)线粒体有氧代谢酶活性。

(4)线粒体数目和体积。

(5)供能物质的选择性利用等。

(四)高原和高原训练的影响

1. 高原训练概述

(1)高原训练的海拔高度

在高原训练中,海拔高度会对机体的训练效果产生重要的影响。只有在相对适宜的海拔高度进行训练,才能获得更为理想的训练效果。因此,高原训练基地所处的海拔高度要适宜。如果高原训练基地所处海拔太低,运动员机体所获得的相应的能力效果也较低;如果高原训练基地所处海拔太高,运动员机体所承受的运动负荷量就会受到限制,甚至会对其健康产生不良影响。由此可知,适宜的海拔高度是指当运动员处在某一高度时,其负荷量既不会过多地减少,又可以使机体得到所需要的适应。

我国运动训练在云南省昆明市的呈贡(海拔高度为 1 895 米)和青海省西宁市的多巴(海拔高度为 2 366 米)有训练基地,训练实践证明这种海拔高度是适宜的。

(2)高原训练的持续时间

在高原训练中,要想使运动员达到预期的训练效果,就必须要有一定的训练时间来保证,即高原训练的持续时间必须达到一定的限度要求。一般认为 20~25 天是进行高原训练的最佳持续时间。

2. 机体高原训练变化的规律

(1)不适应阶段

初到高原,由于空气中氧含量低,引起人体最大摄氧量下降。大约从 1 200 米海拔高度起,每上升 1 000 米最大摄氧量下降 10%。运动员最为明显的高原反应就是呼吸急促、有力无气,成绩也比平原差。运动员在高原的第一周训练中,通过其机体各项指标也能明显看出这一点,如完成与平原同样强度的训练,血乳酸值明显升高、心率加快,而且血色素也会显著下降。通过高原训练实践证明,运动员高原反应最为严重的阶段是高原训练的 3~5 天时间内。训练初期,不要急着增加运动量。高原训练的前几天应以有氧训练为主,以使有机体更快地适应高原环境,保证高原训练有一个良好的开端。

(2)转让阶段

人对高原缺氧环境可以产生适应,高原训练者普遍存在着红细胞增多的现象,血液流变学多具有"浓"(血细胞压积增高)、"黏"(全血黏度增高)"聚"(红细胞电泳时间延长)的典型特点。

大约在高原训练的 5~6 天后,随着运动员有机体的逐步适应,不适应感觉也开始有所好转。高原训练的强度也逐步增加,此时,机体的血乳酸值虽然仍比平原时高,但和训练强度的提高成同步升高趋势,血色素也开始回升,机体由不适应开始向正常转化,工作能力也有所提高。

第七章 提高人体运动能力的生化分析

高原训练过程中,机体承受高原缺氧和运动缺氧的双重刺激,有利于增强人体的心肺功能,提高血红蛋白含量,提高肌肉的耐酸能力等,有利于机体的氧的转运、释放和弥散,增加机体利用氧的能力及氧化磷酸化能力,提高机体有氧代谢能力。

(3)巩固提高阶段

在高原训练的 10 天左右后,机体已基本上适应了在高原缺氧训练环境。血色素不仅恢复到了平原时的水平,有的还比平原时高,红血球和血红蛋白增加,进一步改善了血的供氧能力,运动员的训练强度也逐步提高。多次高原训练实践表明,大多数的运动员会在这段时间内从质和量上达到高原训练的高峰和整个训练阶段的最高峰。

第二节 提高人体代谢能力的生化分析

一、发展磷酸原代谢能力训练的生化分析

人体有三大供能系统,其中,磷酸原供能系统的输出功率最高,在最大速度或最大力量运动时,能量的供应几乎全部来源于磷酸原供能系统,仅有少量的乳酸生成。因此,发展磷酸原供能能力的训练,也称无氧—低乳酸训练。

提高磷酸原系统的训练方法可采用间歇训练或重复训练。

(一)最大强度的间歇训练

间歇训练是指重复练习之间按严格规定的间歇时间休息后再进行练习的方法。训练中练习间歇时间的长短,取决于训练的目的、训练的强度、运动员的训练水平和身体状况。间歇训练法由五个基本要素构成,主要包括每次练习的数量、每次练习的负荷强度、重复次数(组)、间歇时间和休息方式。

间歇训练法能有效地提高呼吸机能,提高机体糖酵解能力和耐乳酸能力,另一方面间歇训练法在练习期间及中间间歇期间均能使运动员的心率保持在最佳范围之内,有助于改善运动员的心泵功能。

1.间歇训练法的分类

(1)高强性间歇训练法。该方法适用于体能主导类速度性和耐力性运动项群的素质、技术及技能主导类对抗性运动项群中的攻防训练,有助于发展运动员的糖酵解供能系统供能能力、磷酸盐与糖酵解供能混合代谢系统供能能力。

(2)强化性间歇训练法。通过强化运动员间歇来控制训练,在运动训练实践中,一切需要通过混合系统供能能力以及良好心脏功能的竞技运动项目的技术训练、战术训练及素质训练都可采用该训练方法。

(3)发展性间歇训练法。该方法通常用于减少人数且比赛时间分解成阶段性的连续攻防训练。此外,表现难度性运动项群中的各种低强度的技术动作也同样适用该训练方法。

2.间歇训练法的应用

运动训练过程中,运动者应根据超量负荷的原理,训练中可提高每次练习的强度,增加练习的重复次数和调整间歇时间。在规定间歇时间上必须做到科学、合理,训练负荷要符合运动者承受负荷的能力,过大或过小都不利于良好训练效果的实现。此外,运动者必须在机体尚未完全恢复时就进行下一次练习。

(二)最大强度的重复训练

重复训练法是指在不改变动作结构和运动量,在相对固定的条件下,对某种动作采用同一运动负荷和相同的间歇时间进行多次练习,以达到增加运动负荷和巩固技能的目的。在训练实践中,重复训练法主要是通过同一动作或同组动作的多次重复来实

第七章 提高人体运动能力的生化分析

现的,运动员在训练中经过不断重复动作来强化运动的条件反射。

1. 重复训练法的分类

（1）根据练习时间长短,重复训练方法可分为短时间重复训练方法(不足30秒)、中时间重复训练方法(0.5～2分钟)和长时间重复训练方法(2～5分钟)。其中,短时间重复训练法主要用于训练各种基本技术、高难技术的组合练习,以及有关速度素质和力量素质的发展。中时间重复训练法主要用于整套技术动作的练习。

（2）根据训练间歇方式,重复训练法可以分为连续重复训练法和间歇训练法。重复次数不同,对身体的作用不同,对巩固机能的作用也不同。

2. 重复训练法的作用

重复训练法有利于运动员掌握和巩固技术动作,使机体产生较高的适应机制,有利于发展和提高运动员的技术水平和机体机能。

（三）最大强度训练法的生化分析

为了促进ATP-CP供能系统能力,根据磷酸原供能系统的最大输出功率和供能时间,无氧—低乳酸训练应最大限度以磷酸原供能,无论采取何种训练方法,每一次训练的时间都应该掌握在10秒内,具体可采取以下训练。

（1）短跑训练的20～60米进行间跑、30～60米成组跑。
（2）篮球训练中10秒内30米跑、运球跑。
（3）曲线变向跑、10米冲刺跑等。

上述训练方法均以ATP-CP供能为主,在发展磷酸原系统能力的同时,应加强糖酵解系统供能能力的训练。

应该特别注意的是,在重复训练中,要严格掌握次与次、组与组之间的间歇时间(一般以 30 秒左右为宜,重复训练的组间休息间歇应控制在 4~5 分钟,随着运动员训练水平的提高,休息间歇可逐渐缩短,但不能短于 2~3 分钟),这将直接影响到 ATP-CP 供能能力的发展。

二、发展糖酵解系统供能能力的训练的生化分析

对于机体的无氧耐力来讲,糖酵解供能系统的供能能力是重要基础,提高糖酵解供能能力的最有效方法是采用以糖酵解供能为主的高强度运动,达到运动机体内有明显的乳酸积累。

目前,提高糖酵解供能能力的训练方法主要有两种,即最高乳酸训练和乳酸耐受力训练。

(一)最高乳酸间歇训练及其生化分析

1. 最高乳酸间歇训练

在无氧代谢运动中,机体乳酸生成量与糖酵解供能能力成正比关系。最高乳酸训练的目的就是使糖酵解供能能力达到最高水平,提高以糖酵解供能为主的运动项目的运动能力。最高乳酸训练通常采用间歇训练法,即常采用运动时间为 1~2 分钟大强度运动、间歇休息为 3~5 分钟的间歇训练法。

当前,以糖酵解供能为主的运动项目主要有 400 米跑和 100 米,200 米游泳以及其他形式的 1~2 分钟最大强度运动。训练中应注意以下几点。

(1)应通过调整间歇的时间和运动与休息的比例,不断提高乳酸生成能力,刺激机体持续产生乳酸,提高耐受乳酸的能力。

(2)为了使机体获得最大的乳酸刺激,以刺激和挖掘机体糖酵解供能潜力,应采用 1 分钟左右的大强度间歇运动。究其原因,进行持续 1 分钟大强度跑,休息间歇为 4 分钟,跑 5 次后,血乳酸浓度达到 32 毫摩尔/升(图 7-1),在血乳酸的影响下,进而能

间接提高糖酵解的供能能力。

(3)休息间歇不同,训练效果不同。为了掌握适宜的强度和休息间歇,训练中应经常测定血乳酸,以保证训练的有效性。

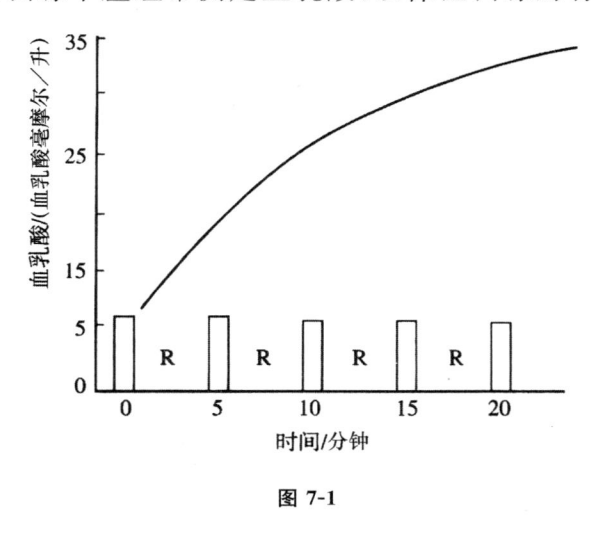

图 7-1

2.最高乳酸间歇训练的生化分析

在持续 0.5～3 分钟的最大强度运动时,糖酵解供能起主导作用。以 1 分钟左右的超大强度间歇跑训练为例,具体分析如下。

第一阶段:第一次跑后,肌乳酸可以升到较高水平。

第二阶段:间歇休息时,骨骼肌细胞内产生乳酸,电离出的 H^+ 向细胞外间隙弥散出一半量的时间为 3～4 分钟,而乳酸根从骨骼肌内弥散出细胞一半量的时间为 9 分钟。在 4～5 分钟的休息期间肌肉中已升高的 H^+ 大幅度下降,甚至接近运动前水平,使 H^+ 对糖酵解的抑制作用明显减弱。

第三阶段:再继续进行运动时,骨骼肌中糖原可持续分解供能,结果使间歇运动时血乳酸要高于一次 1 分钟最大强度运动后血乳酸的浓度,可提高身体的最大乳酸耐受力。

因此,根据生化原理,运动中,乳酸积累可导致机体疲劳和运动能力下降,但也可刺激机体对酸性物质的缓冲和适应,有助于糖酵解供能能力的提高。

(二)乳酸耐受力的间歇训练及其生化分析

1.乳酸耐受力的间歇训练法

个体对乳酸的耐受力与训练水平密切相关，一般来说，运动能力较强者，对乳酸的耐受能力也较强，反之则弱。

在乳酸耐受力训练，通常以血乳酸作为安排运动强度为标准，一般认为，运动中机体达到 12 毫摩尔/升的血乳酸浓度为宜，然后保持在这一水平上继续训练。

2.乳酸耐受力间歇训练的生化分析

1 分钟较大强度的运动可使血乳酸达到 12 毫摩尔/升左右，休息 4～5 分钟，血乳酸浓度有一定的下降，再进行下一次练习，使血乳酸又回升至 12 毫摩尔/升左右。重复进行运动，血乳酸保持在较高水平，使机体对这种刺激产生适应，可逐渐提高机体对乳酸的耐受力。如果运动强度过大，休息时间过短，体力得不到有效恢复，运动 2～3 次后，机体的血乳酸下降，运动能力也会下降(图 7-2)。

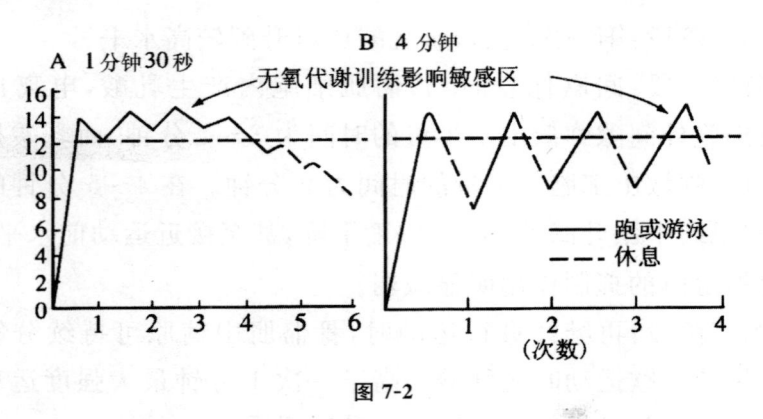

图 7-2

三、发展有氧代谢供能系统能力训练的生化分析

有氧代谢供能是指在有氧条件下能源物质氧化分解，生成二氧化碳和水，同时释放能量的供能过程。田径健身者要想提高有氧代谢供能能力，可通过降低运动强度、延长间歇时间来实现。提高有氧代谢能力的训练方法常有间歇训练、乳酸阈训练、持续耐力训练及高原训练，具体分析如下。

(一)有氧代谢间歇训练及其生化分析

1. 有氧代谢的间歇训练

实践证实，长时间的间歇训练可促进有氧代谢供能能力的有效提高，具体来说，在间歇训练时，运动者运动持续时间较长，强度接近 $80\%\sim85\%VO_{2max}$ 或接近乳酸阈强度，间歇时间与运动时间基本相同。研究表明，用 $80\%VO_{2max}$ 强度跑 $3\sim5$ 分钟，休息 $3\sim5$ 分钟的间歇运动，对机体的骨骼肌的有氧代谢、氧利用能力都有提高作用。

2. 有氧代谢的间歇训练的生化分析

机体的有氧代谢供能需要大量的氧气，输出功率较无氧代谢低，运动时间相对较长，能源物质消耗也较多，且一般不会产生乳酸的积累。因此，发展有氧代谢能力的间歇训练具有以下特点。

(1)强度低。

(2)运动时间长。

(3)有较长的间歇时间，防止乳酸的过多产生，及时清除掉机体运动代谢产生的乳酸。

(二)乳酸阈训练及其生化分析

1.乳酸阈训练

所谓乳酸阈训练,具体是指以血乳酸浓度达到 4 毫摩尔/升时所对应的运动强度作为训练负荷。用经典的乳酸—强度曲线(图 7-3)能够评定运动员的耐力水平。

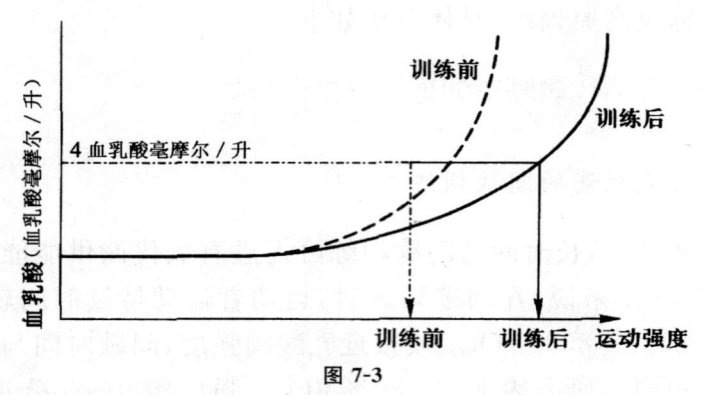

图 7-3

根据图 7-3 分析可知,在运动过程中,随着耐力水平的提高,I－BLA 曲线明显右移,乳酸阈功率增大;假如训练一段时间以后,I－BLA 曲线反而左移,即运动者耐力水平下降;如果 I－BLA 曲线变化不明显,则表明运动员的耐力水平无明显改善。

训练实践表明,长期合理的耐力训练能提高运动员的乳酸阈,当运动员乳酸阈水平提高时,应提高运动强度,以不断地提高机体对新的乳酸阈强度的适应能力,持续提高运动员的运动能力。

2.乳酸阈训练的生化分析

运动中,当机体血乳酸浓度达到 4 毫摩尔/升时,是机体由有氧代谢向无氧代谢供能为主转变的转折点。因此,进行乳酸阈训练,机体处于最大有氧供能状态,机体不会产生过多的乳酸,能维持较长的时间。如果运动强度大于乳酸阈,机体运动所需能量增多(主要依靠糖酵解供能),会导致乳酸的堆积,可加速运动疲劳的产生。

(三)持续性耐力训练及其生化分析

1.持续性耐力训练

所谓持续性耐力训练,具体是指在相对较长的时间里,用较稳定的中等强度,不间歇地连续训练的方法,目的在于促进机体有氧代谢供能能力的提高。

2.持续性耐力训练的生化分析

由于持续性耐力训练要求完全依靠有氧代谢供应能量,因此,运动过程中血乳酸浓度低于乳酸阈(4毫摩尔/升)。马拉松训练中,当达到比赛速度时,运动员血乳酸值在3毫摩尔/升左右,训练强度是最适宜的,因此采用血乳酸水平在3毫摩尔/升的强度,并要求极限跑速应低于个体的乳酸阈速度。

(四)高原训练及其生化分析

高原低压低氧环境,能刺激机体产生抗缺氧生理反应,提高机体血红蛋白含量和心血管系统功能,提高人体运动时氧的利用能力和肌肉的耐酸能力,因此,可提高周期性耐力项目运动员的运动能力。

高原训练提高机体有氧代谢能力的生理机制在于,高原训练可改善心脏功能及提高红细胞和血红蛋白水平,有利于氧的传送;同时,红细胞内2,3-二磷酸甘油酸浓度增加,骨骼肌毛细血管数量和形态的改善,机体氧的释放与弥散活跃,因此机体的耐力会有所增加和改善。

第三节 提高人体运动能力的物质手段分析

一、糖类与人体运动能力

(一)糖类的生化功能

糖是最重要的经济热能物,又称碳水化合物。糖类主要包括葡萄糖、麦芽糖、乳糖、蔗糖、淀粉和纤维素等。糖类是人体内主要的能量来源之一,它可以节省体内蛋白质的消耗,并对肝脏起到较好的保护作用,促进人体消化。在糖类中,纤维素与其他几种糖类有着较大的区别,它不能够被肠胃消化吸收,所以不具有营养价值,但其有着较大的生理价值,主要表现在它能够刺激肠道的蠕动、排空,避免因食物长时间在肠道中停留而腐败产生毒素,降低结肠癌、结肠炎的病发率,降低血清胆固醇,防止形成胆结石和动脉粥样硬化。

(1)糖在体内可迅速氧化及时提供能量。脂肪和蛋白质氧化供能受机体氧供条件的限制,但肌糖原在肌肉活动时能快速氧化供给能量,不受机体氧供条件的影响和制约,满足机体需要。如果糖类摄入不足,就会导致水分的流失和新陈代谢的减慢。糖类提供了人体每日摄取的总热量的 $50\%\sim55\%$,它主要来自人们的主食。糖类可以避免蛋白质的分解,供给脂肪新陈代谢中所需要的热量,给中枢神经系统提供所需的热量。

(2)糖类对减肥和形体的保持有重要作用。糖类能够促进脂肪的新陈代谢。饿肚子减肥是人们认为的一种减肥方法,其实这是不划算的,这就涉及糖类的作用。减肥者身上脂肪多,如果采用饿肚子减肥方法,不进食,糖类也就无法摄入,少了糖类提供的能量,脂肪代谢无法进行,因此是不消耗的,并未达到减肥的效

第七章 提高人体运动能力的生化分析

果。当然,饿肚子也会变瘦,但是这主要是因为水分和蛋白质的流失,脂肪不代谢,蛋白质的分解在所难免。而减肥主要是减脂肪,可见糖类的重要作用。人体能量不摄入,身体便要减少能量的消耗以延续生命,从而新陈代谢就要减慢下来。由于人体摄取能量时间的不确定性,身体发挥自我保护作用,便将摄入的能量大量储藏起来,以保证机体活下去。这也解释了节食减肥易反弹的原因。此外,人体不进食,糖类未进行摄取,人便会没有精神,没体力,也就无法保证挺拔的身姿。因此,要获得减肥的效果,必须摄取适量的糖类。

(3)糖类通过转化为葡萄糖而被身体吸收。胰岛素正是发挥着把这些葡萄糖运进细胞、供给人体活动所需要的热能的作用。胰岛素可以运送葡萄糖进入细胞,同时还具有降低血糖的作用,促进血糖储存成肌糖和脂肪,减少脂肪细胞释放脂肪酸。胰岛素与低血糖和糖尿病有着密切关系,对于这两种患者,必须及时注意胰岛素问题。

(4)保肝解毒作用:糖与蛋白质结合成糖蛋白,通过保持蛋白质在肝中储备量,摄取充足的糖量,能够使肝糖原的储备量有所增加,从而使肝对某些化学毒物等有毒物质的解毒作用进一步加强。此外,糖原对各种细菌引起的毒血症也有解毒作用。

(二)糖类消耗与运动能力下降

运动过程中,机体的糖储备可影响运动者的运动耐久力,研究证明,糖储备与运动能力呈正相关。而且,肌糖原降低与运动性疲劳和运动性损伤的发生有密切关系。

糖类易于消化吸收,是身体热能的主要来源,在日常进食的大多数食物中几乎都含有糖。在没有及时补充而又继续运动的情况下,对糖类的大量需要只能来自体内贮备的糖原,从而造成糖原枯竭。严重的糖原枯竭可能对运动者造成致命的伤害。

在运动训练中,运动者需要参与较强的身体负荷,运动频率和强度非常大,因此对能源的需求也很大,对糖的补充非常重要,但在补充糖类时要注意控制,不宜过多,否则过多的热量堆积在体内不仅不利于身体健康,甚至最终还会导致疾病,如糖尿病、高血脂等症状。

(三)糖类补充与运动能力恢复、提高

糖类易于消化吸收,是身体热能的主要来源,在日常进食的大多数食物中几乎都含有糖。在没有及时补充而又继续运动的情况下,对糖类的大量需要只能来自体内贮备的糖原,从而造成糖原枯竭。严重的糖原枯竭可能对运动员造成致命的伤害。

在运动训练中,运动员需要参与较强的身体负荷,运动频率和强度非常大,因此对能源的需求也很大,对糖的补充非常重要,但在补充糖类时要注意控制,不宜过多,否则过多的热量堆积在体内不仅不利于身体健康,甚至最终还会导致疾病,如糖尿病、高血脂等症状。

膳食中糖类的主要形式是淀粉,果糖很容易被吸收和利用,且在体内变成脂肪的可能性比葡萄糖要小,运动员可经常吃一些水果、蔬菜和蜂蜜等食物。

据营养学家推荐,人体每日摄入糖类的量为每千克体重 8~10 克。糖类可从植物性食物中的谷类、根茎类和各种食糖,蔬菜和水果中获得,主要是从面粉、大米和马铃薯等食物中获得。

二、脂肪与人体运动能力

(一)脂肪的生化功能

脂肪是人体必需的营养素之一,减肥主要是减脂肪,但不能抑制机体对脂肪的必要摄取。

(1)人体细胞的重要组成成分。脂肪类营养素是组成每个细胞的细胞膜的不可缺少的成分之一,它还对脑、外周神经组织、肝等组织细胞具有重要作用。细胞存在着新陈代谢,新旧细胞的更替需要脂肪提供原料。

(2)人体主要的能量来源之一。脂肪具有非常高的热量,每克脂肪经过氧化可以产生 9 千卡热量,比同量糖和蛋白质所产热量的两倍还多。因此,脂肪有人体"能源库"之称。

(3)调节人体新陈代谢和生长发育的肾上腺皮质激素和性激素,这些激素的主要成分便是脂肪类物质。另外,维生素 A、维生素 D 等一些重要的脂溶性维生素都以脂肪作为其存在的必要条件并且脂肪还可以促进脂溶性维生素 A、D、E、K 的吸收。

(4)脂肪分为饱和脂肪酸和不饱和脂肪酸。大量饱和脂肪酸的摄入会导致各种心血管疾病,而不饱和脂肪酸可以增强细胞的结构,运送胆固醇,帮助胆固醇代谢,延缓血液凝固。因此,要注意饱和脂肪酸和不饱和脂肪酸的摄取,少食用富含饱和脂肪酸的肉类。

(5)保持体温和保护内脏器官。大部分的脂肪主要分布在皮下、肠系膜、大网膜和肾脏的周围,它能够阻止体能散发大量的热量,能够固定脏器的位置,并减少摩擦,起到缓冲的作用。

(二)脂肪消耗与运动能力下降

脂肪是运动的主要能源之一。脂肪不仅可以提供较多的能量,还可维持饱腹感。运动训练可增加机体对脂肪的氧化利用能力,脂肪供能的增加可节约体内的糖原和蛋白质。

运动强度不同,脂肪的动员和供能也不同。当运动强度为 25% 最大摄氧量时,脂肪组织动员利用的脂肪供能量多,随着运动强度增大,呈减少趋势。而骨骼肌脂肪在 25% 最大摄氧量强度时利用减少,当强度达到 65% 最大摄氧量时,动员利用最多,在 85% 最大摄氧量强度时出现减少。

适当摄入脂肪可延迟胃的排空,增加饱腹感。但脂肪的供给量应以满足生理需要为限,不能摄入过多,否则就会引起心血管疾病、脂肪肝等疾病。而对于运动者来讲,摄入过多脂肪、会影响体重,体重过重会导致运动者运动速度的下降,这对运动者专项能力的提高非常不利。

(三)脂肪补充与运动能力恢复、提高

适当摄入脂肪可延迟胃的排空,增加饱腹感。但脂肪的供给量应以满足生理需要为限,不能摄入过多,否则就会引起心血管疾病、脂肪肝等疾病。而对于运动员来讲,摄入过多脂肪、会影响体重,体重过重会导致运动员运动速度的下降,这对运动员专项能力的提高非常不利。

运动训练期间,运动员在补充脂肪时,对摄入脂肪的质和量都要加以限制,摄入的脂肪量以占摄入总能量的 20%～25% 为宜,应注意选用一些含不饱和脂肪酸的食油,少吃动物性脂肪,如果偏好肉类可以多食用鸡肉、鱼肉等。

人体每日所需热量的 20%～30% 来自脂肪,而在花生、玉米、大豆、芝麻、橄榄、豆腐等素食中含有丰富的不饱和脂肪酸。

三、蛋白质与人体运动能力

(一)蛋白质的生化功能

研究表明,蛋白质占人体重量的 18%,如果按比重来计算,约占人体重的 50%。

(1)构成细胞组织。蛋白质是构成人体细胞的物质基础,是人体的基本建筑材料。它的功能主要是合成和修补细胞,如肌肉、血液、身体器官、激素、酶、抗体、皮肤、保持水分的平衡、酸碱度。人体不断地生长,细胞数量增多,细胞也在进行着新陈代谢,新旧细胞持续更替,这都需要蛋白质的及时供应和补充。肝脏是人体内蛋白质代谢比较旺盛的组织,红血球更新的速度也较快,头发、皮肤的生长也与蛋白质有关;生命只要存在,细胞就在不断代谢,蛋白质就需要持续供应。如供应不足,人体发育便受到影响,运动员运动水平的提高也会受到影响。

(2)供能:蛋白质还是一种能量来源,但往往在糖类和脂肪不足时分解,与糖类与脂肪相比,蛋白质供能极不经济。

(3)蛋白质有完整蛋白质和非完整蛋白质之分。完整蛋白质包含人体不能自行制造的所有重要氨基酸,要通过食物或补剂供给,对身体内蛋白质的合成有重要影响。肉类等动物性食品多含完整蛋白。非完整蛋白质不包含所有重要氨基酸,如进食足够的氮质身体可以制造非重要氨基酸。蛋白质制造及新陈代谢的维持需要同时拥有足够的重要氨基酸和非重要氨基酸。

(二)蛋白质消耗与运动能力下降

一般来说,运动过程中,运动者机体的蛋白质以分解代谢为主,因此此时就更加需要补充蛋白质以应对较多的代谢消耗,可见,蛋白质的适时补充是极为重要的。

运动期间如果机体的蛋白质长期供给不足,机体将发生蛋白质缺乏症:肠粘膜首先受到影响,出现消化吸收不良,慢性腹泻等症状;肝脏机能下降,出现血浆蛋白合成障碍;血浆蛋白浓度下降,可出现浮肿;酶的活性降低;球蛋白减少,抵抗力下降;机体应激能力降低;出现体重下降,肌肉萎缩、贫血;女子还可发生月经障碍等。

(三)蛋白质补充与运动能力恢复、提高

运动训练过程,运动员机体的蛋白质以分解代谢为主,因此此时就更加需要补充蛋白质以应对较多的代谢消耗,可见,蛋白质的适时补充是极为重要的。

对于提高力量素质和速度素质的运动训练来说,运动员在训练期间的蛋白质供应量应达到 2 克/千克体重,优质蛋白质应占 1/3。

需要特别注意的是,由于蛋白质食物的特别动力作用强,蛋白过多能提高机体的代谢率,增加水分的需要量,因此,运动前蛋白质的摄入不宜过多。

非比赛期的运动训练,运动员每日总热量摄取的20%来自蛋白质,每千克体重,每天大约进食一克蛋白质就够了。过多摄入的蛋白不能进行储存,会再经肝脏代谢进而转化成尿素,长期大量地进食蛋白质,容易造成人体钙质流失并给肝脏造成负担。奶制品和每餐不同豆类及谷物的组合摄入可以保证完整蛋白的摄入量。

四、维生素与人体运动能力

(一)维生素的生化功能

维生素是维持人体生命和正常功能不可缺少的一种营养素,是人体所必需的一类有机化合物。人体内不能合成维生素,尽管人体对维生素的需求量非常小,但是,维生素也是必需营养,是需要通过食物供给的。

(1)维生素具有调节和维持机体的正常代谢、促进生长发育的作用。人体内所进行的各种生化反应都是在酶的催化作用下进行的,而许多维生素是酶的辅酶或者是辅酶的组成分子。

(2)维生素对机体的能量代谢及其调节过程有着重要的作用。在人体中,大多数维生素都会参与辅酶的组成,因此,如果缺乏维生素就会对酶的催化能力产生影响,引起代谢失调,从而使机体运动能力有所降低。

各种维生素在结构上没有共性,以溶解性质为主要依据可以将维生素分为水溶性维生素和脂溶性维生素两大类。其具体的分类与营养功用如表7-1所示。

第七章 提高人体运动能力的生化分析

表 7-1 维生素的主要营养功用与缺乏症状

	种类	主要营养功能	缺乏症状
脂溶性	维生素 A	维持正常视力	夜盲症、角膜炎、皮肤角化
	维生素 D	促进钙吸收,骨骼与牙齿及发育	龋齿,成人软骨症,小儿佝偻症
	维生素 E	增强抵抗力,延缓衰老	细胞寿命缩短
	维生素 K	防止异常出血	容易瘀伤,过量出血,骨骼度低等
水溶性	维生素 B_1	辅助糖代谢、减缓疲劳	疲劳,肌力下降、心悸、气短、胸闷,下肢水肿等
	维生素 B_2	维护眼、皮肤、口舌及神经系统的正常功能和体内酶的重要成分	角膜炎、口舌炎症,神经机能低下,体内代谢不正常
	维生素 B_6	在蛋白代谢中起着预防神经衰弱、眩晕、动脉粥样硬化的作用。	神经机能低下,有时抽搐
	维生素 B_{12}	抗脂肪肝,促进细胞成熟和抗体代谢,促进肝脏对维生素 A 的贮藏,防治恶性贫血。	恶性贫血,胎儿红细胞及血小板再生不良,脑与神经障碍
	维生素 C	提高生物氧化能力与机体抵抗力	牙龈出血,关节肿胀,精神异常
	维生素 PP	促进体内物质代谢	癞皮病(皮炎、舌炎、食欲不振、烦躁失眠、腹泻等)

(二)维生素消耗与运动能力降低

运动训练需要消耗大量的能源物质,运动中,运动者体内物质代谢过程会加强,对维生素的需要量也会增加。

维生素营养具有特殊的作用。由于运动时物质代谢加强,使维生素的需要量也随之增加。如果运动后不注意补充维生素,就会产生维生素不足的症状。诸如运动能力减弱、抵抗力下降、感到倦怠、无力、食欲下降、头晕、便秘、注意力不集中、烦躁、疲劳等症状。

(三)维生素补充与运动能力恢复、提高

剧烈运动可使维生素缺乏症提前发生或症状加重,且由于运动者对维生素缺乏的耐受力比正常人差,所以应及时补充维生素。

维生素通常存在于天然的食物之中,不能在人体内合成或合成的数量非常少。因此,必须要从食物中摄取。

主要脂溶性维生素食物来源:维生素 A 只存在于动物性食物中,如动物的肝脏、鱼肝油、鱼卵、奶油禽蛋等;维生素 D 存在于肝脏、鱼肝油、禽蛋等。

主要水溶性维生素食物来源:维生素 B_1 存在于动物肝脏,植物中的谷类、豆类、干果及硬果,酶母中;维生素 E 存在于麦芽、植物和绿叶蔬菜;维生素 B_2 存在于动物性食物,如动物的内脏、蛋和奶,其次来源于豆类的新鲜绿叶菜;维生素 C 主要来源于新鲜蔬菜和水果。

五、矿物质与人体运动能力

(一)矿物质的生化功能

矿物质,也称"无机盐",原指地壳中天然存在的化合物或天然元素,人体内约有 50 多种矿物质。矿物质是人体重要组成部分,有些元素是身体保持适当生理功能所必需的,能够维持生理系统,强化骨骼结构和肌肉、神经系统,辅助酶、激素、维生素和其他元素发挥作用,需要不断地从食物中摄取。

根据人体中矿物质的含量多少,可以将矿物质分为常量元素和微量元素,以它们在膳食中的需要量为标准。其中含量较多的有钙、镁、钾、钠、磷、硫、氯七种元素,每日需要量在十分之几克到 1 克或几克,称为"常量元素";其他元素如铁、铜、碘、锌、锰和硒,由于含量极少,每日需要量从百万分之几克(以微克计)到千分之

几克(以毫克计),又称"微量元素"。如表 7-2 所示是人体主要元素正常含量(以体重 70 千克计算)。

表 7-2 人体主要元素含量[①]

元素	钙	磷	硫	钾	钠	氯	镁
%	1.5	1.0	0.25	0.2	0.13	0.15	0.05
元素	碘	锰	钼	钴	铁	锌	铜
%	5.7×100^{-5}	3×100^{-5}	7×100^{-6}	4.3×100^{-6}	5.7×100^{-3}	3.3×100^{-3}	1.4×100^{-4}

以人体常见的常微量元素为例,对其生理作用和食物来源具体分析如下。

(1)钙:钙是人体牙齿和骨骼的重要构成成分,在体内含量相对较多,约 1 300 克,占体重的 1.5%～2%,集中在骨骼和牙齿中,约 99% 的含量。食物中钙的主要来源有蛋黄、乳类、小虾皮、海带、芝麻酱等。

(2)铁:铁在成人体内的含量为 3～4 克,它是人体重要的必需微量元素之一,是构成细胞的原料,并参与肌红蛋白、血红蛋白、细胞色素及某些酶的合成。食物中铁的主要来源有动物的肝脏、肉类、蛋类、鱼类和某些蔬菜等。

(3)碘:碘主要来源于海产的动植物食物,其主要作用是用于机体甲状腺素的合成,促进能量代谢。

(4)锌:锌主要存在于骨骼、皮肤和头发中。它与酶的合成有密切关系,是酶保持活性所必需的元素。锌主要来源于牛肉、猪肉、羊肉和其他鱼类、海产品。

(二)无机盐补充与运动能力恢复、提高

运动中,运动员应特别注意以下几种无机盐的补充。

(1)钾(K^+):训练期间,口服钾可迅速恢复生长素水平和促胰岛素样生长因子的水平。

[①] 庄建国.新编大学体育教程[M].北京:北京体育大学出版社,2005.

(2)铁(Fe^{2+},Fe^{3+}):运动训练中,运动员对铁的需要量较高,铁丢失严重,再加上摄入不足,普遍存在铁营养状况不良。因此,运动员在膳食中应加强铁的摄入。

(3)锌(Zn^{2+}):锌与运动能力之间的关系非常密切,它是多种酶的组成成分和激活剂,能调节体内各种代谢,并影响睾酮的产生和运输,可饮用含锌饮料来补充锌。运动员锌的推荐摄入量与铁相同,为每天 20 毫克,如果在大运动负荷训练或高温环境下训练,应每天摄入 25 毫克。

(4)硒:硒是机体内谷胱甘肽过氧化物酶的辅助因子,由于具有消除过氧化物,增强维生素 E 的抗氧化能力等作用,因此它与运动关系密切。训练期间,建议运动员硒的摄入量应为平时的 4 倍,每天约 200 微克。

(5)镁:骨骼和肌肉中含有一定量的镁。镁离子不仅参与维持神经肌肉的兴奋性,还是体内多种酶的激活剂。镁是常量元素中体内含量和需要量最少的,通常情况下,是不会缺乏的,但如果在运动时出汗过多,就会有较多的镁流失,如果缺镁,情绪易激动,肌肉容易发生抽搐。

六、水与人体运动能力

(一)水的生化功能

人体中的 60% 都是水,水是维持人体正常生命活动的一种特殊的营养素。水分的流失会对人体产生非常大的影响。当失水占体重的 1% 时,就会降低 2% 的运动速度,而当人体失水达到 10% 时,会影响到生命安全。

水在人体内发挥着非常重要的作用。由于水的比热值较大,所以它具有较好的调节和维持体温的作用;水分能够为人体新陈代谢的过程提供较好的环境,从而促进呼吸、消化、吸收和排泄等物质代谢;水还可以改善肝脏的功能,降低食欲,有利于脂肪转化成能量;水还具有润滑的作用,如眼泪、唾液、关节滑液和浆液等。运动训练过程中,合理补水非常重要。

饮水是每日水分摄入的主要途径,正常成人每日水摄入量不得少于 2 500 毫升。几乎所有食物中都含有水分,而一般食物提供的水分大致为 900 毫升。因此,除了靠食物来补水外,每日的饮水量还应控制在 1 300~1 500 毫升范围内,即通常的 6~8 杯水。而饮用的水以凉开水为最佳,一般在运动训练开始前 30 分钟饮水为宜。

(二)补水与运动能力恢复、提高

运动过程中,摄入水分不足或排出水分过多(如出汗、腹泻等),会使机体失水,从而影响生理机能(表 7-3)。

表 7-3 失水(占体重％)对机能的影响

失水	对机能影响
2％	强烈口渴、不适感,食欲下降,尿少
4％	不适感加重,运动能力下降 20％~30％
6％	全身乏力,无尿
8％	烦躁、体温升高、心率加快、血压下降循环衰竭,乃至死亡

运动中的补水非常重要,训练过程中运动员机体水分主要是通过出汗流失的,因活动量大,机体会排出大量的汗。

1. 补水原则

(1)预防性原则:体育教学训练前,提前补水,避免脱水的发生,防止运动能力下降。

(2)少量多次原则:避免一次性大量补液,以免对胃肠道和心血管系统造成的负担加重。

(3)补大于失原则:为了在体育教学训练中能保持最大的运动能力和最迅速地恢复体力,补液的总量一定要大于失水的总量,尤其是钠的补充量一定要大于丢失的量。

2. 补水方法

(1)运动前补水:运动前 2 小时饮用 400～600 毫升的含电解质和糖的运动饮料,也可于运动前 15～20 分钟补液 400～700 毫升,要少量多次摄入。

(2)运动中补水:如果运动中出汗量大,有必要在运动中补液,补液的量要根据出汗量的多少而定。在一般情况下,补液的总量不超过 800 毫升/小时。

(3)运动后补水:运动后的补液也称复水。运动后也要进行补液,使进出机体的液体达到平衡。运动后补液也要遵循少量多次的原则,应补充含电解质的饮料。补充的液体应为含有糖和电解质的运动饮料。补液中钠含量的高低也会影响补液的需要量。当钠浓度高时,尿量会减少,因为钠离子在体内能留住水分,从而帮助体液的恢复,减少补液量。运动后的体液恢复以摄取含糖和电解质饮料效果最佳,饮料的糖含量可为 5%～10%,**钠盐含量为 30～40 毫摩尔/升**。

第八章 人体体能素质的提高与运动处方的制定

提高人体的体能素质是进行运动训练的一个重要目的,体能素质的发展与提升需要科学的理论作指导。本章将首先对体能素质的含义进行阐述,然后对体能素质训练的基本方法以及提高体能素质的运动处方进行分析。

第一节 体能素质概述

"体能"一词源于美国,其英文是 Physical Fitness,它在英文文献中指的是身体对于某种事物的适应能力。"体能"一词在不同的国家和地区有不同的名称,法国人将其称为身体适性,德国人称其为工作能力,日本人将其称为体力,而在中国的香港与台湾地区则被称为"体适能"。

关于体能的概念,目前学术界还没有给出一个统一的界定。不同的学者对于体能的概念有着不同的见解,以下是关于体能概念的较为典型的阐释。

董国珍等学者认为,体能指运动员机体的基本运动能力,是运动员竞技能力的重要构成部分。

学者王兴认为,体能是体力和专项运动能力的统称。体力包括身体素质与潜力,身体素质特指专项身体素质;专项运动能力是指在对抗或与比赛相似的情境下掌握各种技术的能力。

王向宏等学者认为,体能是指有机体在先天遗传的基础上,通过后天训练而获得的在形态结构、功能和调节方面及其在物质能量的贮存与转移方面所具有的潜在能力以及与外界环境相结合所表现出来的综合运动能力。

郭恩显等学者在综合国内外学者研究的基础上,将"体能"定义为"机体在先天遗传因素的基础上经后天训练获得的在各项活动中承受负荷与适应环境变化的能力。在结构上,它包括身体形态、身体机能、运动素质和健康水平四部分,其中,运动素质是体能的核心。

综上所述,体能素质指的是人体通过先天遗传以及后天的训练所获得的在形态结构、功能调节方面,物质能量的贮存和转移方面所具有的潜在能力以及与外界环境结合所表现出来的各种身体运动能力的综合。体能素质主要包括身体形态、身体机能、运动素质以及心理意志品质等方面。身体形态指的是反映人体生长发育状况的各环节的围度、长度、充实度等外部形态特征,以及心脏的大小和肌肉横断面等身体内部形态特征;身体机能指的是人体呼吸、循环、运动、神经、消化等各系统机能的工作能力;运动素质指的是人体在中枢神经系统的支配下通过肌肉活动在运动过程中所表现出来的运动能力。其中,运动素质起着决定性作用,而身体形态、身体机能和心理素质等则是形成良好运动素质的重要基础。

第二节 体能素质训练的基本方法

人的体能素质一般包括力量、速度、耐力、柔韧以及灵敏等方面,体能素质水平的高低受到遗传的影响,但是通过科学的训练也能够获得有效的提高,本节就对体能素质训练的基本方法进行阐述。

一、力量素质的训练方法

力量素质训练是任何运动项目的身体训练不可缺少的重要

第八章　人体体能素质的提高与运动处方的制定

内容。力量是指某肌肉群对抗阻力的能力,从生理和解剖的角度还可以称肌肉力量是在完成某一动作时,相关肌群通过骨杠杆克服阻力的能力。肌肉的收缩力量为人体进行活动提供了动力来源,它维持着人体的基础生活能力。

在体能训练实践中,根据力量的不同训练特征可以将力量素质划分为最大力量、快速力量以及力量耐力三种。

(一)快速力量的训练方法

快速力量是速度与力量的一种综合表现,因此快速力量的发展会受到速度素质与力量素质两种因素的影响。要想在各种外部负荷的情况下使动作速度得到提高,就一定要使速度与最大力量两方面都得到提高。运动实践证明,速度素质的提高具有很大的难度,而力量素质的提高则较为容易。

肌肉收缩速度是速度力量的决定因素,很多运动项目都是在快速节奏或者爆发用力的情况下完成的。具体来讲,提高快速力量的训练方法主要包括以下几种。

1.起动力的训练方法

起动力就是在最短的时间内最快地发挥下肢的肌肉力量。运动实践证明,最大力量水平是起动力的基本成分。发展起动力的方法多种多样,以下几种练习对于发展起动力具有很好的促进作用。

(1)利用同伴的各种加阻力(助力)的加速跑、牵引跑、听信号改变起跑的准备姿势跑等。

(2)利用地形地物的各种短跑练习,如上(下)坡跳、跑阶梯、沙地跑等。

(3)利用器械、仪器的各种跑的练习,如加速跑突然改变动作方向跑、计时短跑、穿加重背心的起跑加速、系铅腰带的加速跑、负轻杠铃短跑等。

另外,发展起动力的有效手段还有发展弹跳反应力的超等长练习法等。

2. 弹跳力的训练方法

力量素质的发展与弹跳力存在着一定的关联,弹跳力本身就是一种弹跳反应力量或者快速力量。远度跳跃与高度跳跃是竞技体育中的两种跳跃形式,这两种跳跃形式既要求神经肌肉系统以最快速度发挥出尽可能大的力量,同时还要求神经肌肉系统在极短的时间内完成拉长、缩短周期的弹跳反应力。具体来讲,发展快速力量与发展最大力量是弹跳力训练的两个主要方面。

(1) 发展快速力量

发展快速力量,提高高度与远度的跳跃能力。

快挺、蹲跳、负重提踵、抓举是发展快速力量的主要训练内容。

发展快速力量的训练方法是以重量小、计时计次数、次数较多、爆发式完成动作。

(2) 发展最大力量

发展最大力量也就是发展跳跃运动员所需的最大力量的练习,它是通过增加中枢神经系统发放冲动的频率提高最大的力量,其负荷的强度应该尽量达到本人能力的上限,重复次数少,能够防止过分发展肌肉横断面,要求完成动作速度是爆发式的。深蹲、高翻以及半蹲是发展最大力量的主要训练内容。

发展最大力量的训练方法就是进行80%的大阻力训练5组,每组6次;进行90%~100%的最大阻力训练4~8组,每组1~4次。

3. 爆发力的训练方法

爆发力指的是以最短的时间、最大的加速度克服一定阻力的能力。在速度力量运动项目中,爆发力决定着运动员的运动水平,其大小是由参与活动的所有肌肉群的协同用力决定的。其中,超等长训练法与快速用力法是发展爆发力的两种主要的训练方法。

(1) 超等长训练法

超等长训练法又称"超长训练法",它实际上是一种把退让练习与克制练习结合在一起的训练方法,使纯力量转变成爆发力是这种练习的目的。超等长训练法的生理机制是牵张反射,即肌肉在退让工作时,肌肉被拉长得超过自然长度,从而引起牵张反射,这样可以产生一种更强有力的克制性收缩,从而有效发展自身的爆发力。超等长练习的内容、组数以及次数可以根据训练要求以及运动员个人的具体情况选定,跳深练习以及各种跳跃练习是通过超等长训练发展爆发力的具体训练方法与训练内容。

(2) 快速用力法

这种训练方法的特征是以最快的收缩速度,克服一定的器械重量,以发展运动员的爆发力。快速用力法的原理在于,速度的增长就是力量增长的标志。快速用力法有利于培养运动员的速度意识及快速运动反射的传播。其主要包括小强度快速用力法和中等强度快速用力法两种训练形式。

(二) 最大力量的训练方法

最大力量就是指运动员以最大肌肉力量与意志收缩对抗一种刚好还能克服的阻力时所发挥的最高力值,所有的或者绝大多数的运动单位都参加运动是最大力量的训练特点。最大力量的力值主要取决于肌肉的生理横截面和及时动员尽可能多的肌纤维参加用力的能力,以及最大意志紧张的能力。同时,最大力量的力值还随着工作肌的关节角度而发生变化。一般来讲,发展最大力量的训练方法主要包括强度法、重复法、极限强度法、极端用力法、退让练习法、电刺激法等。

1. 强度法

强度法能够保证神经肌肉用力的高度集中以及绝对肌力的发展,能够使运动员的相对力量在肌肉体积没有特殊增加的情况下得到明显提高,其特点是以大的、亚极限和极限重量(即85%～100%的强度)进行优势工作,训练时逐渐达到用力极限,以后继续用对体力来说是强的、中上的和中等强度的负荷量,直到对这种刺激产生劣性或者接近劣性反应时为止。

2. 重复法

重复法又称为持续不断地重复用力的方法,其负荷特征是以75%～90%的强度进行练习,每组重复3～6次,每组间歇3分钟,随着肌肉力量的增加,负重量的大小逐渐加大。由于训练时增加试举重量和重复次数是力量提高的标志。因此,当运动员能重复更多次数时,便表明力量有了提高,即应增加负荷重量。重复法不仅可以加强新陈代谢,活跃营养过程,引起工作肌群增长,并迅速有效地提高肌肉的力量,而且还可以有效地发展运动员的爆发力,改进用力技术的协调性,加强支撑运动器官的机能。随着技术水平的提高,重复法需与极限重量结合进行训练。

3. 极限强度法

极限强度法又称"阶梯式训练法",其特点表现为突出强度,几乎每周每天每项都要求达到、接近甚至超过本人当天的最高水平,之后减10千克进行两组练习,再减10千克做两组。然后开始递增重量,直到当天最大重量,然后接着递减重量。在计划规定的时间内要求组数越多越好,组与组之间的间歇以能够休息过来为准,整个训练全年都是这样的安排,并不进行大的调整变动。

4. 退让练习法

退让练习法也称"离心收缩法",它是在收缩的同时或者收缩之后被更大的外力拉长,肌肉的起止点被彼此分离。退让性练习的强度一般以140%～190%或者120%～190%为宜。另外,从0.4～1.1米的高处下跳(跳深)也会使腿部的力量得到很好的发展。退让练习对于发展力量具有非常积极的作用,在力量训练中

第八章　人体体能素质的提高与运动处方的制定

应该适当安排此练习。

5.电刺激法

电刺激是一种能够引起肌肉产生收缩的技术。电刺激法使大脑发出的中枢神经冲动被一种迫使肌肉收缩的电刺激所取代，电刺激引起的肌肉收缩本质上与训练时的肌肉收缩是相同的，即消耗能量并产生代谢产物，引起相同的内环境改变，获得的力量一样。一定强度的电刺激获得的力量也能够促进运动成绩的提升。电刺激可以划分为直接刺激法与间接刺激法两种。

电刺激发展力量的方法可作为力量训练的一种辅助手段，其主要应用于因创伤而不能正常训练，又特别需要保持竞技状态的运动员。

（三）力量耐力的训练方法

所谓力量耐力，就是在静力性或者动力性工作中可以长时间保持肌肉的工作能力而不降低其工作效果的能力。它是力量与耐力的综合素质。根据肌肉工作方式，力量耐力又可以分为静力性力量耐力和动力性力量耐力两种类型。静力性力量耐力又可以细分为最大静力性力量耐力和接近最大静力性力量耐力两种。动力性力量耐力又可以细分为最大力量耐力（重复发挥最大力量的能力）和快速力量耐力（重复发挥快速力量的能力）两种。

要想发展一般力量耐力，根据肌肉物质交换的关系可以采取循环训练法、等动训练法、负荷强度较低的静力性练习法（静力性练习法详见最大力量训练部分）、极限用力的极端数量练习法等。

1.循环训练法

依据训练的具体任务建立若干练习站或者练习点，运动员根据规定的顺序、路线依次完成每组所规定的练习与要求，周而复始地进行训练的方法，即所谓的循环训练法。循环训练法能够系统地、有序地进行两臂、肩带、两腿以及腹部肌肉的练习，因此对于发展人体的多个部位的力量耐力具有非常重要的作用。循环训练的内容组织需根据练习的设想以及训练目的而定,同时根据"递增负荷"与"渐进负荷"的原则安排训练。循环训练法的负荷强度可依据个人的实际情况进行制定,其主要采用以下几种方法发展力量耐力。

(1)训练方法一

训练方法可以分为8站,每站练习的具体内容包括站立推举、颈后宽握引体向上、颈后负重深蹲、卧推、立卧撑、弯举、负重山羊挺身(或腰部肌群练习)、划船(或俯卧提拉杠铃)。

(2)训练方法二

训练方法可以分为10站,每站练习的具体内容包括推小车、背人走跑、俯卧撑、负重蹲跳、负重仰卧起坐、颈后推举、助木上蹬腿拉臂克服同伴阻力、高立翻挺举、俯卧提拉杠铃、负重山羊挺身。

2. 等动训练法

等动训练法就是利用一种专门器械(等动练习器)进行力量训练的方法。等动练习器的基本结构是在一个离心制动器上联结一条尼龙绳,拉动尼龙绳时的力量越大,由于离心制动的作用,器械所产生的阻力就会越大。因此,器械所产生的阻力总是与用力大小存在着很大的关系。

进行等动训练时,需要特别注意以下几个方面的问题。

(1)训练周期至少是6周或者6周以上。

(2)以每周进行2~4次训练为宜。

(3)要结合专项特点进行练习,训练时完成动作的速度应尽可能和专项运动动作一样快,或者更快。

(4)每一种练习应保证做2~4组,每组以最大力量做8~15次(负荷较大时)或者15次以上(负荷较小时)。

3. 极端用力法

极端用力法要求在训练过程中进行极限数量的重复,即每组

第八章　人体体能素质的提高与运动处方的制定

试举允许重复 10~12 次,直到完全不能做为止。即便是参加训练的肌肉再也不能收缩,肌肉越来越疲劳,需要从大脑皮层发出补充的神经冲动去激发新的运动单位,从而更好地调动身体的每块肌肉,同时激发新的肌群——即兴奋过程的扩散。运动实践证明,极端用力法对于力量耐力的发展具有显著效果,同时还有助于最大力量的发展,以及运动员的意志品质培养和心理稳定性的提高。

二、速度素质的训练方法

速度素质是人体进行快速运动的一种能力,其基本的表现形式包括反应速度、动作速度以及周期性运动中的位移速度。

(一)反应速度的训练方法

反应速度是速度素质的一种表现形式。由于反应速度受到遗传因素的影响,因此它是一个后天练习改变不明显的指标。反应速度实际上是有机体神经系统反射通路的传导时间,这种反射通路的传导是人体的纯生理过程,是某一个神经系统受遗传特征决定固有的时间过程。

生理学研究表明,纯生理过程在后天是不能改变或者只能产生极微小的变化。由此可见,源于遗传因素的反应速度,即便通过运动练习也不能改变和提高人的反应速度。运动练习的作用只是把受遗传因素所决定的最高反应速度表现出来,并使其稳定下来。例如,人体本能的反应速度为 0.05~0.09 秒,世界上优秀短跑运动员的最快反应速度大约为 0.05~0.07 秒。对于一般人来讲,如果遗传决定他的反应速度是 0.09 秒的话,那么通过练习将能够使其表现出来,并使之具有较高的表现频率。最高反应速度的次数出现得多,则表示反应速度有较好的稳定性。

在运动中,反应速度最终须通过某一部分肌肉工作的形式反映出来。因此,为了能够表现出最高反应速度,加强后天的反应速度与肌肉工作形式的练习就非常必要。

1. 简单反应速度的训练

简单反应就是以早已熟悉或者掌握了的动作回答预先已知的但又是突然出现的信号。

(1)简单动作反应速度练习的基本原理

①简单反应速度存在着转移现象,即人们若对一些事物产生的反应较快,那么他们对另一些事物也会有较快的反应。各种各样的位移速度和动作速度练习可以逐步地提高这些简单反应速度,但是简单反应速度并不能影响到动作速度和位移速度的发展。因为反应速度与动作速度、位移速度之间的转移是不能逆转的。

②简单反应速度与心理素质练习有关。在运动中,练习者对细微时间间隙的感觉(0.1秒以内)越精细,准确辨别这种时间差的能力就越强,就越能把这种准确时间差的感觉转移到反应速度上来。

③简单反应速度的提高多取决于练习者对信号做出应答反应的动作的熟练程度。这是由于动作熟练后,一旦出现信号,中枢神经系统就不需要再花费较多时间去沟通与运动器官之间的反射联系。

(2)简单反应速度的训练方法

体育科学研究表明,视觉—动作反应的时间:普通人平均为0.25秒(0.2~0.35秒之间),运动员为0.15~0.2秒。听觉—动作的反应时间(较短):普通人平均为0.17~0.27秒,运动员大约为0.10~0.15秒。对于未进行过简单反应速度专门训练的练习者来说,只要对他们进行一般的速度练习,或多种多样的游戏活动及球类或者对抗性的练习等,也可以发展简单动作的反应速度,而且可以收到良好的效果。如果把专项运动所需要的简单动作反应速度提高到一定的程度或较高水平,就需要采用专门的练习手段和方法。发展简单动作反应速度有下面几种方法。

第八章　人体体能素质的提高与运动处方的制定

①分解练习法，即分解回答反应的动作，使之处于较容易完成的条件下，通过提高分解动作的速度来提高反应的速度。例如，蹲踞式起跑时，反应时间要比站立式起跑长，这是因为练习者的手臂支撑着较大的重量，要较快地离开地面有一定的困难。因此，练习时，可先练习对起跑信号的反应速度（高姿势起跑或扶其他物体），而后不用信号单独练第一个动作的速度。

②重复练习法，即对突然发出的信号，快速地做出应答反应，以提高练习者的动作反应能力。还可以根据瞬间信号（听觉、视觉），变换动作或改变运动方向；对对方的各种动作做出预定的反应动作等。

③变换练习法，即根据动作的强度和具体时间变化的信号刺激，明显地改变练习的形式和环境来提高简单动作的反应速度。应用变换练习法还可以辅以专门的心理素质练习来发展简单动作反应速度的练习（比赛的条件、模拟接近测试）。这样可从使练习者逐渐地适应多变的环境，消除妨碍实现简单动作反应的多余的紧张，避免兴奋的极度扩散。

④运动感觉法，即心理素质练习与运动实践相结合的一种方法。运动感觉法的练习可分为三个阶段：第一阶段，练习者听到信号后，用最快的速度对信号做出应答反应（如做5米的起跑），并获得实际的时间，以提高练习者的应答反应能力。第二阶段，让练习者自我判断反应时间，并与实际时间进行比较，以提高练习者的时间感觉能力。第三阶段，要求练习者按照预先规定的时间去完成某一反应的练习，以提高练习者的时间判断能力。

运动心理练习同样是提高简单动作反应速度的一个方面，如注意力集中的目标、对等待信号的时间判断、采取合理的动作等，这些都有助于反应速度的提升。

2. 复杂反应速度的训练

复杂反应速度指的是对瞬间的（运动、动作）变化做出相应动作的回答。例如，在球类运动（如篮球、排球、足球、羽毛球、网球、垒球、乒乓球等)以及一对一的对抗项目(如击剑、拳击、摔跤、跆拳道、空手道、散打、合气道等)中,由于竞争和对抗程度的激烈,经常会出现应急而变换动作的情况,这就对复杂反应速度有着非常高的要求。

复杂动作反应在运动中大部分属于"选择"反应。选择反应主要包括两种反应形式:一是对移动目标的反应,对移动目标的反应过程主要是指对运动客体的变化做出反应;二是选择动作的反应,其主要是根据对手动作的变化而做出相应的动作反应。

复杂反应速度的培养是运动技术与战术练习的组成部分,尤其是在球类运动以及格斗运动项目里显现得尤为突出。复杂动作反应的提高最有效、最主要的方法就是在练习中模拟实战演练或者整个竞赛活动的情况,以及参加测验和比赛。因为对方所产生的变化只有在激烈竞争中才能充分地显现出来,而自己所选择的反应动作是否有效也只有在实战的应用中才能得到检验。发展复杂反应速度的练习方法有下面几种。

(1)移动目标的练习

移动目标的练习也就是对移动目标产生应答反应并做出选择反应。在运动中,对移动着的目标进行应答反应需要经过四个阶段。

①看到目标移动或听到信号。

②判断目标移动的速度和方向。

③选择应答动作的方案。

④实现动作的方案。

以上四个阶段组成了运动条件反射的潜伏期。例如,对球类运动中"传球"的反应过程,是由看到球—判断球速、方向—选择动作—完成动作等,来实现动作应答反应的。整个反应过程时间约为 0.25~1.0 秒。其中,第一阶段所需时间最长,其他三个阶段的时间要短得多,约为 0.05 秒。因而,强调第一阶段练习,即观察移动物体的练习,对提高人体的反应能力是十分重要的。快速移动目标练习方法有下面两种。

第八章　人体体能素质的提高与运动处方的制定

第一,"预料"能力的培养,即培养在视野中预先"观察到"和"盯住"运动着的物体,以及预先推测和确定该物体可能移动的方向、位置的能力。这种能力需要在技术动作和战术动作的练习过程中不断地强化练习,才能得到一定的提高。

第二,有意识地引入和增加外部刺激因素。例如,在球类项目练习时增加球的数量,采用多球的游戏练习;缩小练习的场地;安排一对二或一对三的练习等。还可以采用带有程序设计装置的练习器和其他专门设备(如排球发球机、乒乓球发球机等),来提高练习者在运动中辨别和确定运动物体的能力。

缩短选择动作反应时间,提高反应速度,需要练习者能够巧妙地利用对手可能发出动作的"潜伏信息"。这种潜伏信息是从观察对手的面部表情、身体姿势、准备动作等得来的。实践证明,一旦准确地意识到了对手可能采用的进攻方式,就能准确地选择相应的应答动作来缩短反应时间。

(2)选择性反应能力的练习

选择性反应能力的练习,即在同伴或对方瞬间做出动作时,迅速地选择和做出应答性动作的练习。要完成这种练习,就必须在提高复杂动作反应速度的同时提高自身的技术动作,培养动作的协调能力。例如,在格斗练习中采取防守动作时,对对方的进攻动作做出的选择动作的应答反应。这种选择性反应能力的形成,是随着运动技能的熟练性和自动化,以及动作技术的常规反应和快速反应的练习而逐步提高的。

(3)选择性的练习

选择性的练习,即让练习者随着各种信号的变化,做出相应的与逆反的应答动作。在练习时,同伴发出向左转的口令,练习者则向右转;或者同伴发出蹲下动作口令,则站立不动;或者在跑动中听哨音,变化着继续向前跑、向后转跑、转身360°跑等事先规定的相应动作。这种练习动作简捷、易做,但要求练习者注意力高度集中、反应快。

总之,应该有目的地发展复杂反应速度的练习,这就要求训练者多模拟运动中容易产生的这些复杂反应的条件以及类似的形式，通过反复适应促进反应时间的缩短。由于运动中的复杂反应速度的转移范围非常广泛，所以可以采取多种形式的练习。

(二)动作速度的训练方法

动作速度是速度素质的一种表现形式。在运动中，单纯的动作速度是不存在的。我们所观察到的运动的某一部分或者动作的某一环节表现出来的速度实际上是由力量、协调、耐力、技术等因素以及速度素质来决定的。因此，动作速度的练习与其他运动素质的练习及技术练习存在着密切的关联。

提高动作速度的练习方法有很多，针对实践活动的需要可以选择不同的练习方法，其中较为常见的练习方法有以下几种。

1. 负重物的练习法

由于运动中动作速度与力量水平有着极为重要的关系，因此发展动作速度需要与发展力量结合起来。一般情况下，在运用举重物做专门性动作速度练习时，重物的重量应比培养单纯力量和速度力量时的重量要轻一些。为了使速度力量和速度能同时产生影响，可以将各种负重与不负重的专门练习结合起来进行练习。但是，有些比赛中的专项动作则需附加重物，即一种专项力量和速度同时出现的动作形式。因此，当采用专项动作本身作为练习手段时一般不负重。这样可使专项力量和动作速度有机地结合在一起，使得动作速度在体育比赛中完美地显现出来。

2. 加速度的练习法

在体育运动中，加速度不单指物体运动速度大小的变化，而且还包括物体运动速度方向的变化等。例如，100米从起跑到途中跑阶段为跑的加速阶段，助跑跳跃的踏跳速度和举重的发力的动作过程等，都显示出练习者的动作速度和运动速度发生了明显的变化。为了促进运动速度和动作速度不断提高，许多项目已把加速阶段的练习列为主要练习内容,并作为发展速度的重要练习手段。

3. 减少阻力的练习法

减少阻力的练习法,即减少外界自然条件阻力和人体本身体重阻力的练习。在克服自身体重的练习中,可以采取助力来减缓身体的重量帮助练习者完成技术动作的动作速度。但是在采取助力与帮助时,需要把握好助力、帮助的时机和用力的大小,有利于达到动作速度的要求。

4. 巩固技术的练习法

动作速度的提高在很大程度上取决于已熟练掌握的运动技术。这是由于动作幅度的大小、工作距离的长短以及运动的方向、工作的时间、动作的路线、角度和用力等都与动作速度的大小密切相关。因此,采用已经巩固和熟练了的动作完成动作时,练习者可不考虑这些因素,而把精力集中在完成动作的速度上,轻松、协调地发挥动作的水平。

5. 利用后效作用的练习法

利用后效作用的练习法,即利用动作加速及器械重量的变化所获得的后效作用提高动作速度的练习。也就是说,在完成上一次负重量的动作影响下,可以使动作速度暂时得到提高,如在跑步前先负重跑,跳高前先负重跳,推铅球先加重铅球推等。这是由于在第一次动作完成后,中枢神经的"兴奋"仍保持着运动指令,可大大地缩短下一个动作的时间,提高动作的速度。这种后效作用的产生取决于负重量的大小和随后减轻的情况,以及练习重量的数量和采用的标准的、加重的、减轻的重量的练习交换的次序。例如,在短跑练习中合理安排顺序是上坡跑—水平跑道跑—下坡跑,推铅球的正确安排顺序是加重—标准—减轻。这种练习安排都是由后效作用所决定的。

6.体育游戏的练习法

体育游戏指的是以愉悦身心、增强体质、陶冶情操为目的的一种游戏方法,由于在平常练习的条件下,速度练习的时间短,动员有机体表现出最大限度的速度并不容易,而采用体育游戏法可以激发练习者高涨的情绪,同时,由于游戏过程中能够引起各种动作的变化,表现出最大速度的可能性就会增加。例如,"迎面接力",发展速度,培养团队精神;"二不成三"(贴膏药),发展反应、躲闪及奔跑能力等。

(三)位移速度的训练方法

位移速度在某种意义上说是一种综合运动能力的表现。它与练习者的力量、柔韧、速度耐力和协调性等存在着密切的关联。一般来讲,发展位移速度可以采用以下几种方法。

1.发展力量练习法

发展力量是练习位移速度的一种基本途径。力量练习的目的在于提高练习者的速度素质,但是最终的目的是将练习者所获得的力量与速度素质用于提高位移速度。在进行力量练习的过程中,一般应该注意以下几点内容。

(1)力量练习应能使练习者的力量素质得到全面、均衡的发展。

(2)力量练习应要求练习者以较快的速度重复一定负重的练习,以获得速度力量储备,继而促进位移速度的提高。

(3)力量练习应是培养练习者预防运动损伤和自我保护的能力,强调科学、安全的力量练习。

(4)发展基本力量的练习应采用适中的强度(约 40%～60%的强度)进行快速的重复(负重)练习,使得肌肉力量和肌肉横断面增大;或者采用极限、次极限负荷的练习也能发展位移速度。

(5)力量练习应侧重速度力量的发展,一般可采用超等长的

第八章 人体体能素质的提高与运动处方的制定

力量练习,如立定跳远、单足跳(跳上跳下台阶)、跳深等。

在力量练习中,如果要将力量的提高转化到位移速度上,通常是在力量练习负荷减少后出现的。力量向位移速度的转化大约需要2～6周的时间。例如,跑步练习阶段的几种情况,第一,在跑的时候要感到有一种贯穿于全身的力;第二,跑动中要富有弹性感;第三,跑起来要有一种有力的跨度感;第四,跑后肌肉酸痛感有所减轻。也就是说,这个阶段的练习,只有在以上几种情况出现后才能实现力量向位移速度的转化。

2. 重复练习法

重复练习法是位移速度的一种练习方法,也就是以一定的速度、多次重复一定距离的练习,这也是位移速度练习的一种基本方法。采用重复练习法时需要注意以下几点内容。

(1)练习强度

练习强度是练习负荷的主导因素,同时也是提高练习者快速移动能力的一种有效手段。例如,在采用90％～100％的强度进行速度练习时,练习者需要高度集中注意力,从而最大限度地动员肌肉力量,使得动作幅度大、频率快,并达到最高的速度水平。位移速度练习也不只局限于最大强度和接近最大强度的练习,有时还可以采用85％～95％的强度进行练习。这种练习不但能够保持ATP的供能,延长练习的时间,预防练习者过早出现疲劳或产生损伤,同时还有助于改进和巩固技术动作,避免速度障碍的出现。在练习过程中,练习的强度并不是一成不变的,有节奏、合理地变换练习强度,不但能够提高力量速度,同时还有助于轻松自如地完成动作,避免动作速度恒定在同一水平上。反之,固定练习强度,或过多地采用极限与接近极限的练习,或长久地采用较低速度的练习,就会大大地限制练习者速度水平的提高,产生速度障碍,迫使绝对速度停滞不前。

(2)练习持续时间

位移速度的练习时间与其他练习的要素相同,练习的刺激持续时间也应该达到最佳化。一般情况下,最低持续时间应该从起动到加快至最高速度所需的时间。如果持续时间太短,没有达到最高的速度,其练习的功用只是改善了加速度过程,而并非获得了最佳速度效果。通常改善和提高绝对速度练习的持续时间一般在5～30秒以内。例如,在20秒以内的短时间练习时,人体无氧代谢主要靠ATP和CP直接分解供能,所以不会出现运动能力过分降低的现象。反之,较长的练习持续时间会有助于提高无氧耐力,但由于运动能力降低,所以不能保持最大速度。因此,速度练习持续的时间还是要根据运动的项目和练习者的具体情况等来确定。如果练习中出现疲劳,运动能力下降,不能继续保持最大速度的状况,则应终止练习或休息调整。

(3)重复练习的次数与组数

与耐力素质练习相比较,位移速度练习所消耗的总能量要低一些,但是单位时间内消耗的能量远比其他练习形式的练习要高得多,这也是移动练习时练习者较快地出现疲劳的原因。可见,位移速度练习的重复次数不能过多。如果练习重复次数过多,间歇时间不合理,就会使训练强度呈现下降。为了保证有效的练习时间,可以适当地增加练习组数。

(4)练习的间歇时间

通常来讲,运动中的间歇时间应该以练习者机体相对达到完全恢复的状态为原则。也就是说,能够使练习者在下一次练习开始时中枢神经系统再度兴奋,机体的功能变化得到中和,从而适应每一次练习的物质供能。如果间歇的时间不够,机体的疲劳没有获得休整与恢复,就会使得练习的功效发生变化,导致每次练习的强度下降,抑制位移速度水平的发展。通常间歇时间的长短与练习者的练习强度、身体状况和练习持续时间等有关。一般练习持续时间短,休息时间相对也短;练习持续时间长,休息时间相对也长。例如,练习持续时间为5～10秒,每次间歇时间约为40～90秒,组与组之间的休息时间约为2～5分钟。间歇时可以进行放松、伸展、按摩等恢复性的活动,为后续练习创造适宜的

第八章 人体体能素质的提高与运动处方的制定

条件。

3. 综合性练习法

综合性练习法是移动素质的一种练习方法,同时也是若干练习方法结合的运用,常用的综合性练习法包括循环练习法与组合练习法等。综合性练习法能够显著改善练习的整体效能,更好地调整练习负荷与休息,不断提高练习者的运动素质、速度能力以及技术动作。在进行练习时,通常可以采取以下程序。

(1)肌肉建设性练习,主要采用40%～60%的强度多次重复负重练习,使肌肉力量和肌肉横截面持续增大。

(2)肌肉内协调性练习,使肌肉用力时能够最大限度地动员更多的肌纤维同时强力收缩。通常可采用75%～100%的大强度练习法以及跳深、负重物蹲跳等练习。

(3)"金字塔式"练习法,即肌肉建设性和肌肉内协调性两者兼顾的练习。

(4)柔韧素质练习,生理学研究证明,柔韧素质提高后可以增加力的作用范围与时间,使运动速度增加,同时能使肌肉协调性得到改善,从而减少肌肉阻力和增大肌肉合力。因此,经常采用发展髋关节柔韧素质的体前屈、弓箭步肩后仰、转髋走,以及胶皮带抬腿送髋等练习,对位移速度的提高具有积极的作用。

(5)改进技术动作发展位移速度。位移速度的提高在很大程度上取决于完善的技术动作。如技术动作的幅度与半径的大小、工作距离的长短、运动时间的多少等都与位移速度快慢有关。只有掌握了合理的技术动作,轻松自如地完成动作,消除多余的肌肉紧张,才能够充分地发挥速度水平。例如,短距离跑的发展步频练习,把注意力集中到快速前摆和积极着地上,改进技术动作对运动速度提出更高的要求。

(6)采用设若干练习点(每个点用不同的练习手段)进行循环练习,是当今世界时尚体育练习的主要方法之一,也是发展动作速度和位移速度的有效手段。

4.发展步频、步长的练习法

一般来讲,步长与步频是影响跑动中位移速度的两个主要因素,只有将高频率和大步幅融合到跑动中去才能表现出高水平的位移速度。而影响步长和步频的共同因素则是力量的协调性。其中,影响步频的因素有肌纤维的类型和神经系统的灵活性;影响步长的因素包括柔韧素质、后蹬技术以及腿长等。需要注意的是,柔韧素质与后蹬技术通过练习能够实现明显的改进,而腿长、肌纤维类型、神经系统灵活性则主要取决于遗传因素。遗传因素通过后天的练习只能发生极微小的变化。因此,对于一般的练习者而言,如果步频不太理想,通过加大步幅也是提高位移速度的有效方法。

三、耐力素质的训练方法

耐力素质是指有机体长时间工作不断克服工作过程中产生的疲劳的能力。耐力素质是反映人体健康水平或者体质强弱的一项重要标志,它在人体体能素质中发挥着非常重要的作用。

(一)循环训练法

循环训练法是在训练前设立几个不同的训练点(或称作业站),并按照既定顺序和路线,依次完成每个训练点的训练任务。在进行耐力素质训练时可以采取循环训练法进行,这样能够有效激发运动者的训练情绪,累积负荷"痕迹",交替刺激不同的身体部位。

循环训练法的结构因素主要包括每站的训练内容、每站的运动负荷、训练站的安排顺序、训练站之间的间歇、每遍循环之间的间歇、练习的站数与循环练习的组数等。运用循环训练法能够有效提高运动者的训练情绪与积极性,还能够合理地增大运动训练过程的训练密度,依据不同个体的具体情况进行相应的调整,从

第八章　人体体能素质的提高与运动处方的制定

而做到区别对待。另外,还可以有效避免局部负担过重,延缓疲劳的产生,有助于全面身体素质的提高。

(二)变换训练法

变换训练法是指在体能训练过程中有目的地变换单个动作结合、练习的负荷(运动量、运动时间、运动频率等)以及变换训练的条件、环境等的方法。

在体能训练过程中,对运动负荷进行变换能够使机体产生一定的适应性变化,从而帮助机体提高自身承受运动负荷的能力。科学运用变换训练法有助于提高人的兴趣,同时对神经调节与训练效果有很好的帮助。根据所变换内容的不同,可以将变换训练法划分为负荷变换训练法、内容变换训练法以及形式变换训练法。

在降低训练负荷强度时,变换训练法还有利于学习和掌握运动技术;在提高训练负荷强度及密度时,有利于机体适应能力的提高,使机体能够在较大运动强度的情况下继续运动。另外,可通过变换练习动作的负荷强度、练习时间、间歇时间、间歇方式、练习次数、练习组数及练习质量等变量方式,促使运动素质、能量代谢系统的发展与提高。

内容变换训练法能够对训练内容的动作结构进行固定组合和变异组合,使训练的负荷性质符合专项特点,采用这种训练法对提高动作的衔接能力具有重要的意义,同时对多样的技术动作要求更高。

形式变换训练方法的运用主要是变换练习环境与条件。改变练习条件的训练法,如改变干扰的条件、场地器材条件、不同技术特点的对手在对抗条件下练习以及有无对手的条件等。这种训练的主要目的就是提高适应条件变换的能力,使身体素质和技术能力在不同的条件下都能够发挥稳定。改变练习环境的训练法常用在适应比赛环境的训练方面,如根据比赛地点的情况,寻找相似的地方进行训练。

(三)持续训练法

持续训练法是指负荷强度较低、负荷时间较长、无间断地连续进行练习的方法。体能训练中采取持续训练法进行一般耐力素质的训练能够有效地提高运动者机体的有氧代谢系统供能能力以及该供能状态下有氧运动的强度,同时还能够为无氧代谢能力与无氧工作强度的提高奠定坚实的基础。

持续训练方法具有技术动作可以单一亦可多元,平均强度不大,负荷的时间相对较长,以有氧代谢系统供能为主的特点。一般情况下,在进行一组练习的持续负荷时间应该最少保证在10分钟以上,负荷强度心率指标控制在160次/分钟左右,训练过程不发生中断。持续训练方法能够有效提高以有氧代谢系统供能状态下所表现出来的专项耐力,增加运动者技术应用的稳定性以及抵御疲劳的耐久性。

(四)间歇训练法

间歇训练法是指对多次训练时的间歇时间进行严格的规定,使机体处于不完全恢复状态下反复进行训练的方法。这种方法的关键在于要求每次训练的负荷时间较长、负荷强度适中。这种方法能够明显增强机体的心脏功能,使机体能够产生相应的适应性变化;有效提高并发展糖酵解代谢供能能力、磷酸盐与糖酵解混合代谢的供能能力、糖酵解与有氧代谢混合供能能力和有氧代谢供能能力;提高机体抗乳酸的能力,使其具备在较高强度的情况下还能持续运动的能力。

间歇训练法对于短距离跑和中长距离跑项目的速度耐力和耐力水平的提高都具有很好的促进作用。间歇的方法都是采取积极性的休息方式,如采用慢跑或者走,还可以采用一些放松性的练习。当心率恢复到120～130次/分钟时就开始下一次的练习。

由于采用间歇训练法训练时,其机体未能完全恢复就进行下

第八章 人体体能素质的提高与运动处方的制定

一次的练习,因此会对机体产生以下几方面的影响。

(1)可以提高机体的呼吸系统功能,特别是其最大吸氧量水平。

(2)可以提高机体每分钟的血液输出量,提高心肌收缩力水平和心脏输出量水平。

(3)可以有效提高机体在负荷时间较短、负荷强度相对较高的中距离跑及部分距离相对较长的短跑项目中的有氧无氧混合供能的能力和无氧耐力水平。

(4)可以有效提高机体在负荷时间较长、负荷强度相对较低的长距离跑或部分距离相对较长的中距离跑项目中的糖原有氧分解能力和有氧耐力水平。

(五)重复训练法

重复训练指的是按照固定不变的动作结构与负荷量重复进行训练,形成固定的条件反射,从而使技术动作定型。在耐力素质训练中,可以通过多次重复训练不断强化运动条件反射的过程,这样有利于掌握和巩固技术动作;能够使机体尽快产生较高的适应性机制,有利于发展和提高身体素质。其中,单次(组)训练的负荷量、负荷强度及每两次(组)训练之间的休息时间是重复训练法构成的主要因素。一般休息的方式可以采取静止、肌肉按摩或者散步的方法。

(1)以无氧代谢为主的项目,如中距离中的较短距离项目(800米),运动中会产生较大氧债,且乳酸的堆积量也较大。因此训练时可以通过重复跑500～1 500米的段落,在提高人体对氧债和大量乳酸堆积耐受力的同时,还可以提高无氧耐力和速度耐力。

(2)短距离跑中的较长距离跑(200米、400米),该项目要求具备较高的速度耐力,可以通过较长距离(300～500米)段落的重复跑,来有效地发展乳酸能供能系统的水平和提高机体负氧债能力。

(3)长距离跑项目的运动负荷较大,每分吸氧量以及循环系统要全力动员,又因跑的时间较长,使循环系统和呼吸系统有时间克服惰性逐步提高其工作水平。因此在体能训练时可以通过较长距离的反复跑,对循环、呼吸系统的机能水平进行有效发展,努力提高专项耐力水平。

重复训练法的特点是在心率恢复至100～120次/分钟时,再进行下一次训练。其训练的时间、距离、重量及动作等要求专项特点明显,训练的强度较大,训练的次数较少。

(六)高原训练法

高原训练法是机体在海拔高度较高,空气中氧含量较少的高原地带进行训练的方法。这种方法主要是利用空气稀薄,在缺氧的情况下进行训练,并多被一些专业运动队所采用,如在我国的青海多巴、云南昆明等地都设有高原训练基地。

高原训练法是一种提高机体耐力水平非常有效的训练方法,通过在海拔高度2 000米左右的地带进行高原训练能够有效发展机体的有氧代谢能力,提升机体回到平原后承担大负荷训练与参加大强度比赛的能力。

在进行高原训练时,由于身处高原中,其空气中的含氧量要比平原少,对心血管系统和呼吸系统提出了较高的要求,通过一段时间的训练和适应过程,机体肺通气量和呼吸效率会得到明显提高,使其呼吸、循环系统的机能得到很好的改善。

在进行高原训练之后,会增加循环血中红细胞和血红蛋白的数量,使机体的血液输氧能力得到很大的提高。同时还能使肌肉中的毛细血管增生变粗,使肌细胞的新陈代谢有氧供能能力得到显著提高。

四、柔韧素质的训练方法

所谓柔韧素质,是指人体关节活动幅度的大小以及跨过关节的韧带、肌腱、肌肉、皮肤及其他组织的弹性和伸展能力。柔韧素质的训练方法主要包括主动性拉伸法与被动性拉伸法两种。

(一)主动性拉伸训练

主动性拉伸训练指的是训练者依靠自身的力量,通过各关节及其相关肌肉的主动收缩来改善关节灵活性与肌肉伸展性的方法。在训练中,主动性拉伸训练又可以分为主动性动力拉伸和主动性静力拉伸两种训练形式。

1. 主动性动力拉伸训练

主动性动力拉伸训练是指练习者依靠自己的力量,使肌肉、肌腱、韧带等软组织急骤地牵拉长,从而有效提高柔韧的伸展能力。根据完成动作的特点可将其分为:负重和不负重的拉伸练习;单一和多次的(如两次重复和多次重复的体前屈)拉伸练习;摆动的和固定的(如固定支撑点的拉肩)拉伸练习。

2. 主动性静力拉伸训练

在动作最大幅度的情况下,训练者依靠自身肌肉力量保持静止姿势的练习方法就是主动的静力拉伸法。这种训练既拉长了肌肉又不会引起伸展肌肉的反射性收缩,是一种安全、有效的提高柔韧素质的方法。

采用主动性静力拉伸训练法时,当肌肉软组织拉伸到某一程度时,保持静止状态的时间一般约为 8~10 秒,重复次数为 8~10 次。

主动性静力拉伸训练法对于发展运动者肌肉、韧带等的伸展性有较好的作用,是发展柔韧素质的主要方法。主动性静力拉伸的训练强度比较小,而且动作幅度较大,有助于节省体能,不需要专门训练场地和训练器械,方便易行。

(二)被动性拉伸训练

被动性拉伸训练指的是训练者借助外力或同伴的作用,帮助进行伸展的训练。这种训练又可以分为被动性动力拉伸和被动性静力拉伸两种训练形式。

1. 被动性动力拉伸练习

依靠教练或者同伴的助力来拉长韧带、肌肉的练习方法就是被动的动力拉伸法。例如,借助同伴的帮助来增大压肩、举腿的动作幅度等。在被动性拉伸的训练过程中,练习者应重点注意与同伴的不断交流,以确保在训练中肌肉、韧带拉伸的安全性,预防拉伤。

2. 被动性静力拉伸训练

由外力来保持固定姿势的练习方法就是被动的静力拉伸法。例如,借助同伴的帮助来保持体前屈的最大幅度。

运用被动性静力拉伸训练方法发展柔韧素质时应该注意:第一,应该逐渐地加大动作的幅度,使动作到位;第二,受力应该由轻到重,使肌肉、韧带缓慢地被拉长;第三,应该做到循序渐进,主动性拉伸练习与被动性拉伸训练要兼顾使用,防止运动损伤的发生。

(三)柔韧练习的参数

发展柔韧素质通常不应该出现间断训练,而应该将柔韧素质训练或者伸展性训练贯穿于体能训练的整个过程。一般来讲,提高柔韧素质需考虑到以下基本参数。

1. 柔韧训练的强度

柔韧训练应该采用中等强度进行。强度过大、过猛都容易造成拉伤;强度过小,则不易达到很好发展柔韧素质的目的。柔韧训练的强度主要反映在动作频率、用力大小和负重等方面。

(1)柔韧训练的动作频率一般采用匀速或较慢的频率进行,不宜太快,因为匀速和缓慢的频率能延长力对关节的作用时间,

第八章 人体体能素质的提高与运动处方的制定

避免肌肉和韧带的拉伤。

（2）借助外力进行被动性拉伸训练的用力,一般应逐渐地加大,当练习者感到肌肉酸痛或不适时应适当减轻用力,若练习者感到肌肉胀痛、麻木时则要终止用力或停止练习。

（3）采用负重进行柔韧训练时,负重量不能超过被拉长肌肉力量能力所能承受的50%,一般负重量取决于柔韧训练的性质和需要来增减。例如,在进行静力性拉伸的慢动作时,负重量可相对大些;在进行动力性摆动动作时,负重量则相对小些。

2.柔韧素质训练的重复次数、组数与持续时间

柔韧素质训练的重复次数应根据运动员的性别、年龄、项目特点以及不同训练阶段的任务进行安排。练习时每组动作可以安排10～15次练习。每组练习的持续时间可以保持在6～12秒,摆动动作可达10～15秒,静力性拉伸练习的停留固定时间可以控制在15～30秒。练习的性质、动作的持续时间、参与工作的肌肉数量决定了练习的间歇时间。确定间歇时间的基本原则是应该保证运动员在完全恢复的条件下去从事下一组练习。间歇时间通常控制在10秒至3分钟之间。间歇时间一般不能太长,否则会减少关节的活动性,降低训练效果。在间歇时,可以安排一些肌肉放松练习或者自我按摩练习,以便为下一次加大关节活动幅度提供条件,从而收到更好的训练效果。

3.柔韧训练的密度

柔韧训练的密度主要反映在每天或者每次训练课都进行柔韧训练。

（1）在准备活动中,做柔韧训练可使肌肉、肌腱、韧带在进行激烈运动和做专项动作前充分活动开,从而适应运动的需要,有助于预防与减少受伤率。

（2）在整理活动中,进行柔韧素质训练能够放松肌肉和有助于恢复肌肉疲劳,保持柔韧素质。

五、灵敏素质的训练方法

灵敏素质是指运动员在各种条件变换的情况下协调、快速、准确地完成动作的能力。具体来讲，灵敏素质的训练方法主要包括徒手训练法、器械训练法、组合训练法以及游戏法。

(一)徒手训练法

徒手训练法主要是通过身体各部位的相互配合运动来进行灵敏性训练的方法。徒手训练法主要包括单人练习法与双人练习法两类。

1.单人练习法

单人练习法是训练者通过协调自身的各部位来增强灵敏性的，主要方法包括快速后退跑、燕式平衡、跳起转体、障碍跑以及快速折回跑等练习。

2.双人练习法

双人练习法是通过两个人之间的配合运动来进行灵敏性训练的，如过人、障碍追逐、躲闪摸肩、模仿跑等练习。

(二)器械训练法

器械训练法就是训练者通过运用一些运动器械来达到提高灵敏素质的目的的方法，具体包括单人训练与双人训练两类。

1.单人训练

单人训练包括多种形式的传球、运球、顶球、托球、追球、颠球、接球、多球练习、滚翻传接球练习、悬垂摆动、杠端转体跳下、钻栏架、翻越肋木、钻山羊以及各种专项球类练习和技巧、体操练习。

第八章　人体体能素质的提高与运动处方的制定

2.双人训练

双人训练也包括多种形式的运球、吊球、接球滚翻、扑球、俯卧传球、抢球、跳起踢球、抢断球,以及跳障碍球、踢过顶球接滚翻等练习。

(三)组合训练法

组合训练具体包括两个动作组合、三个动作组合以及多个动作组合的练习。

1.两个动作组合

两个动作组合练习的主要形式包括交叉步接后退跑、后踢腿跑接圆圈跑、俯卧膝触胸接躲闪跑、坐撑举腿接俯撑起跑、侧手翻接前滚翻、转体俯卧接膝触胸、变换跳转髋接交叉步跑、盘腿坐接后滚翻、立卧撑接原地高频跑等。

2.三个动作组合

三个动作组合练习的主要形式包括立卧撑接高频跑和跑圆圈、弹腿接腾空飞脚和鱼跃前滚翻、转髋接过肋木和前滚翻、交叉步侧跨步接滑步和障碍跑、旋风脚接侧手翻和前滚翻、滑跳接交叉步跑和转身滑步跑等。

3.多个动作组合

多个动作组合练习的主要形式包括倒立前滚翻接单肩滚翻→侧滚→跪跳起、腾空飞脚接旋子→前滚翻→乌龙绞柱、跨栏接钻栏→跳栏→滚翻、悬垂摆动接双杠跳下→钻山羊→走平衡木、摆腿接后退跑→鱼跃前滚翻→立卧撑等。

(四)游戏法

灵敏训练的游戏方法很多,如各种应答性游戏、集体游戏、追逐性游戏等。游戏法的主要特点是让训练者在娱乐的同时提高灵敏素质水平,这种训练法主要针对初学者和水平较低的训练者。

第三节 提高人体体能素质的运动处方

一、运动处方概述

运动处方于 20 世纪 50 年代由美国的生理学家首先提出,最初是作为一种体育医疗的措施。运动处方类似于医生给病人开的医疗处方,由医生以及体育工作者根据运动者自身的情况,以处方的形式规定适当的运动内容以及方法等。

具体来讲,运动处方是指针对个人的身体状况而制定的一种科学的、定量化的周期性锻炼计划。根据对运动者所测试的实验数据,按其身体健康状况、体力情况及运动目的,用处方的形式制定适当的运动类型、强度、时间及运动频度,使运动者进行有计划的、科学的、周期性的运动指导方案。

二、运动处方制定的步骤

在发展体能素质的运动中,制定相应运动处方的具体步骤如下。

(一)健康诊断

健康诊断是对运动者的健康状况以及健康程度进行的判断,这是制定运动处方的一个重要程序。在进行健康诊断时,可以对运动者进行直接的医学检查,也可参考近期的身体检查证明。

第八章　人体体能素质的提高与运动处方的制定

（二）运动负荷测定

运动负荷测量是对运动者身体机能的测定和评定，通常是进行身体在安静状态下的生理机能检测，主要的检测项目包括心跳频率、最大吸氧量等生理机能指标。

（三）体力测定

体力测定主要是对运动者的身体素质进行检定，主要包括力量素质、速度素质、耐力素质、灵敏素质以及柔韧素质等。

（四）制定运动处方

制定运动处方就是根据运动者检测的结果，依据身体锻炼的基本原则和基本规律来为运动者提供包括锻炼的内容、强度、时间在内的锻炼方案。

（五）实施锻炼方案

运动者在按照相应的锻炼方案锻炼一段时间之后，再次进行上述几方面的检查，评定运动处方的锻炼效果，并根据身体的状况来对运动处方进行调整或制定新的运动处方。

三、制定运动处方的方法

运动处方的制定方法主要包括健康调查与评价、运动试验以及体质测试。

（一）健康调查与评价

进行健康调查主要是为了了解训练者或者病人的基本健康状况与运动情况。具体来讲，健康调查的内容主要包括以下几个方面。

1. 询问病史以及健康状况

询问病史以及健康状况具体包括既往病史、现有疾病、家族史、身高、体重、目前的健康状况、疾病的诊断和治疗情况等。

2. 了解运动史

运动史的内容包括运动者或者病人的运动经历、运动爱好和特长、目前的运动情况（是否经常参加锻炼、运动项目、运动量、运动时间、运动中和运动后的身体反应等）、在运动中是否发生过运动损伤等。

3. 了解运动目的

了解运动目具体为了解参加训练者和病人的健身或康复目的、对通过运动来改善健康状况的期望等。

4. 了解社会环境条件

了解的社会环境条件具体包括参加训练者或者病人的生活条件、工作环境、基本的经济状况、可利用的运动设施和条件、有无健身和康复指导等。

进行上述调查的目的在于对受试者的健康状况进行初步的评价，评价范围包括身体的健康状况、精神状态、社会适应能力以及运动动机等。

(二)运动试验

运动试验是评定心脏功能以及制定健身处方的重要方法与主要依据，选择的运动试验方法应该根据检查的目的以及被检查者的具体情况来确定。运动试验主要应用于以下范围。

(1)为制定健身处方提供依据，提高健身处方实施中的安全性。

(2)评定体力活动能力。

(3)评定心脏的功能状况。

(4)冠心病的早期诊断、评定冠心病的严重程度及心瓣膜疾病的功能。

(5)运动试验可用于发现运动诱发的心律失常,其检出率比安静时的检查高16倍。

(6)运动试验的重复性较好,可用来作为康复治疗效果的评定指标。

当前,较为常用的运动试验是逐级递增运动负荷的方法,测定时采用跑台与功率自行车。递增负荷运动试验是指在试验的过程中,逐渐增加负荷强度,同时测定某些生理指标,直到受试者达到一定运动强度的一种运动耐量试验。

(三)体质测试

体质测试是选择运动项目、运动强度、运动密度以及制定科学有效的运动处方的重要依据。体质测试的内容主要包括运动系统测试、心血管系统测试、呼吸系统测试以及有氧耐力测试。

1. 运动系统测试

运动系统的测试主要是进行肌肉力量的测试,肌肉力量的检查方法主要包括手法肌力测试与围度测试。

(1)手法肌力测试

手法肌力测试是最早应用的肌肉力量的测试方法。其基本方法为:让受测试者在适当的位置,使肌肉进行最大程度的收缩,使关节远端作自下向上的运动,同时由测试者施加阻力或者助力,观察其对抗地心引力或者阻力的情况。

(2)围度测试

围度测试就是根据肌肉力量的大小与肌肉的生理横断面有关的生理常识来测试肌肉力量的方法,通过测量肢体的围度能够间接了解肌肉的状况。常用的指标包括上臂围度、前臂围度、大腿围度、小腿围度、髌骨上5厘米的围度、髌骨上10厘米的围度等。需要注意的是,使用肢体围度指标时肌肉和脂肪的变化都会影响肢体围度的大小。

2. 心血管系统测试

静态检查与动态检查是进行心血管系统测试的两种主要形式,常用的心血管系统的指标包括心率、血压、心电图等。通过心血管系统的测试可以有效反映人体心脏的功能,对运动处方的制定也有着非常重要的指导意义。

3. 呼吸系统测试

呼吸系统的测试主要包括肺活量测定、通气功能检查、呼出气体分析、屏气试验、日常生活能力评定等多方面。呼吸系统是人体运动能力的重要反映,尤其是对于一些激烈的有氧运动项目,对呼吸系统功能的要求非常严格。

4. 有氧耐力测验

全身耐力测验的运动方式是有氧运动,包括走、跑、游泳三种方式。当前,较多采用的包括定运动时间的耐力跑(如 12 分钟跑测验),以及定运动距离的耐力跑(如 2 400 米跑)。

通过以上几个步骤可以对受试者的健康状况、体力水平以及运动能力等方面进行一个全面的了解,同时可以根据相应的结果制定出运动处方。制定处方时应该按照处方的内容逐项决定运动目的、运动种类、运动强度、运动密度、持续时间、运动频率以及注意事项等。

参考文献

[1]李古强,李渤.人体运动学[M].武汉:华中科技大学出版社,2015.

[2]师永斌,邱良武,王涛.运动生理学实验技术与应用[M].长春:东北师范大学出版社,2015.

[3]张蕴琨,丁树哲.运动生物化学(第2版)[M].北京:高等教育出版社,2014.

[4]吴薇,李建国,杜新星.运动人体科学的原理分析与实践应用[M].北京:中国商业出版社,2014.

[5]封飞虎,凌波.运动生理学[M].武汉:华中科技大学出版社,2014.

[6]邓树勋等.运动生理学[M].北京:高等教育出版社,2005.

[7]杨翼,李章华.运动性疲劳与防治[M].北京:北京体育大学出版社,2008.

[8]顾丽燕.运动医务监督[M].北京:北京体育大学出版社,2009.

[9]王健.运动人体科学概论[M].北京:高等教育出版社,2003.

[10]于少勇,赵志明.基础体能训练[M].北京:中国原子能出版社,2008.

[11]王东亮,赵鸿博.现代大学生体能训练理论与方法指导[M].北京:中国书籍出版社,2014.

[12]王杨,张林.医用运动生理学[M].北京:中国医药科技

出版社,2010.

[13]王步标,华明.运动生理学[M].北京:高等教育出版社,2011.

[14]吕新颖.简明运动生理学教程[M].合肥:合肥工业大学出版社,2005.

[15]田野.运动生理学高级教程[M].北京:高等教育出版社,2003.

[16]姚鸿恩.体育保健学(第4版)[M].北京:高等教育出版社,2006.

[17]季成叶.儿童少年卫生学(第6版)[M].北京:人民卫生出版社,2007.

[18]杨静宜,徐峻华.运动处方[M].北京:高等教育出版社,2005.

[19]赖爱萍.运动生理学基础[M].杭州:浙江大学出版社,2012.

[20]王瑞元,苏全生.运动生理学[M].北京:人民体育出版社,2012.

[21]杨锡让.实用运动生理学[M].北京:北京体育大学出版社,2007.

[22]《运动人体科学基础》编写组.运动人体科学基础[M].北京:北京体育大学出版社,2014.

[23]《运动生物化学》编写组.运动生物化学[M].北京:北京体育大学出版社,2013.

[24]谢敏豪,林文弢.运动生物化学[M].北京:人民体育出版社,2011.

[25]翁锡全,林文弢,曹建民.运动生物化学实验[M].北京:人民体育出版社,2011.

[26]张爱芳.实用运动生物化学[M].北京:北京体育大学出版社,2005.